La revolución
de la gracia

LA REVOLUCIÓN DE LA GRACIA

JOSEPH PRINCE

NEW YORK   BOSTON   NASHVILLE

ÍNDICE

PARTE 4

Hablar el lenguaje de la fe

PARTE 5

Recibir su restauración abundante

INTRODUCCIÓN

Una revolución de la gracia está barriendo el mundo entero en la actualidad. Es una revolución que está derribando los muros de la religión cristiana legalista y llevando a toda una nueva generación de creyentes a una relación profunda e íntima con la persona de Jesús. Como resultado, vidas preciosas están siendo transformadas, matrimonios están siendo restaurados, enfermos están siendo sanados, y muchos están siendo liberados de la atadura del legalismo. Esta libertad a su vez les ha dado la fortaleza y el poder para elevarse por encima de sus desafíos.

En este libro escuchará sus historias y descubrirá cómo un encuentro genuino con su hermoso Salvador lo cambió todo en sus vidas. Si usted está afrontando algunos desafíos en su propia vida, no tiene que llegar al final de este libro para encontrar la respuesta. Quiero que sepa desde un principio que Jesús es su solución. Él es su respuesta, su esperanza, su gozo, su paz y su seguridad. Cuando lo tiene a Él, lo tiene todo.

La revolución de la gracia se trata de llevar a Jesús de nuevo a la primera línea. Por demasiado tiempo la fe cristiana ha sido reducida a una lista de cosas que hacer y no hacer. Esa no es la razón por la que vino Jesús. No se trata de eso el cristianismo. Jesús no vino para señalar nuestras faltas. Ciertamente, muchos de nosotros sabemos cuáles son nuestras faltas, y si no, ¡nuestro cónyuge hace un trabajo bastante bueno con respecto a destacarlas para que las veamos!

Jesús vino para que pudiéramos tener vida, y tenerla en abundancia. Él vino para salvarnos, redimirnos y reconciliarnos con Dios para que "todo aquel que en él cree [Jesús], no se pierda, mas tenga vida eterna" (Juan 3:16). Aquí tenemos el evangelio, envuelto en la hermosa simplicidad llamada "gracia": vida eterna para nosotros pagada mediante el sacrificio manchado de sangre en el Calvario. La cruz es la obra maestra de Dios; es también su plan maestro para salvar a la humanidad de sí misma. Es un plan infalible sin páginas de complicadas advertencias que solamente un abogado con entrenamiento puede descodificar. La verdad es que pescadores sin educación formal, desventuradas prostitutas y los pobres podían todos ellos entenderlo a Él.

Una marea creciente de predicadores de la gracia en todo el mundo está predicando el evangelio no adulterado de Jesús. Un pastor que escucha mis mensajes regularmente se hizo cargo de una iglesia como su pastor principal cuando tenía una asistencia promedio de aproximadamente mil miembros. Él y su esposa comenzaron a predicar con fuerza sobre el evangelio de la gracia y a revelar el amor de Dios. Él compartió conmigo que en menos de seis meses, su congregación multiplicó por dos su tamaño, y ahora tienen más de dos mil personas asistiendo cada fin de semana, y rápidamente se están extendiendo a nuevos campus. ¿Por qué? ¡Porque el evangelio funciona! ¿Por qué deberíamos sorprendernos de que cuando Jesús es predicado y exaltado, vidas son tocadas, cambiadas y transformadas? ¡Vamos, esta es la revolución de la gracia!

La gracia no es un tema, y la revolución de la gracia no es un movimiento. La gracia es una persona, y su nombre es Jesús. La revolución de la gracia es una revelación explosiva que ocurre en el lugar interior y más íntimo de su corazón cuando tiene un encuentro con Jesús. No es una revolución externa, sino algo que es engendrado desde dentro hacia fuera.

Incluso cuando usted cae, cae hacia adelante. Y cuando cae, no queda destruido. La gracia imparte esperanza a quienes están sin ella, y ayuda a quienes están indefensos. Cuando usted está agotado, derribado, aplastado, exhausto, y al borde de abandonar, la gracia es la mano que le saca del fangoso pozo de la derrota. La gracia es la provisión que inunda cada lugar de necesidad. La gracia es la Persona que fue clavada a la cruz por su redención.

Mi querido lector, quiero darle las gracias por escoger este libro. Se publican miles de libros nuevos cada año, y la realidad de que usted y yo estemos manteniendo esta conversación no es una coincidencia. Esta es una cita divina. Es mi oración que este libro se abra camino hasta la persona correcta en el momento correcto. Puede que esté usted pasando por un grave desafío en su vida en este momento; las cosas pueden parecer sombrías y lúgubres. El informe que acaba de recibir puede que sea desalentador y decepcionante. Puede parecer que no hay manera de salir de la ciénaga en la que está metido.

La verdad es que no está usted al límite. Ahora es el momento de apoyar todo su peso sobre Jesús. Ahora es el momento de dejar de intentar salvarse a usted mismo y dejar que su Salvador le salve. Ahora es el momento de acercarse al amor de Él y permitirle que le transforme desde dentro hacia fuera.

¿Querrá dar una oportunidad a estas páginas? Creo que las verdades que se encuentran aquí le darán nuevas perspectivas que le desafiarán a vivir más allá de la derrota y experimentar victorias duraderas. Para ayudarle en este viaje, he identificado cinco claves prácticas y poderosas:

- Crecer en valentía y confianza

- Edificar un fundamento para victorias duraderas

- Valorar la persona de Jesús

- Hablar el lenguaje de la fe

- Recibir la abundante restauración de Él

A medida que tome tiempo para entender e interiorizar estos cinco principios bíblicos sencillos y a la vez muy eficaces, no tengo ninguna duda de que será muy alentado y fortalecido. Las verdades bíblicas compartidas en este libro no sólo le inspirarán a vivir más allá de la derrota, sino que también servirán como una poderosa guía paso por paso para fijar en lo profundo de su corazón un fundamento inconmovible, sólido como la roca e inamovible para obtener victorias duraderas.

De esto se trata la revolución de la gracia. Se trata de que su vida sea tocada, cambiada y transformada desde dentro hacia fuera. Se trata de vivir una vida victoriosa; una vida que gana; una vida que reina triunfante sobre la derrota, el fracaso y la frustración. Cuando usted tiene un encuentro con la persona de gracia y cuando el velo de la religión cristiana es quitado, no hay vuelta atrás. ¡Comenzará a alejarse de la derrota y dar un salto masivo hacia su victoria!

PARTE 1

CRECER EN VALENTÍA Y CONFIANZA

CAPÍTULO 1

QUE COMIENCE LA REVOLUCIÓN

La revolución de la gracia comienza con Jesús. No es un movimiento, una enseñanza o un tema a ser estudiado. Se trata de una persona. Lo que usted crea sobre esta persona marca toda la diferencia. Estoy seguro de que habrá oído acerca de Jesús y estará familiarizado con su nombre. Puede que incluso haya asistido a las clases de escuela dominical cuando era niño y haya oído todas las historias de la Biblia sobre Él. La pregunta es: ¿conoce usted a Jesús personalmente? ¿Es Él una figura histórica, un destacado rabino judío, o simplemente el hijo de un carpintero galileo? ¿Quién es Él para usted? ¿Es Él tan sólo otro maestro? ¿O es Él su Salvador?

En cualquier adversidad, desafío o circunstancia a la que pueda enfrentarse en este día, su respuesta se encuentra en la persona de Jesús. Hoy, una revolución de la gracia está barriendo el planeta, porque la persona de Jesús es valientemente predicada, proclamada y exaltada.

En cualquier adversidad, desafío o circunstancia a la que pueda enfrentarse en este día, su respuesta se encuentra en la persona de Jesús.

Estamos recibiendo un testimonio tras otro acerca de cómo han sido tocadas las vidas de personas y transformadas por la gracia de Dios. Muchos están encontrando libertad de sus enfermedades, adicciones y ataduras de mucho tiempo. Ellos comparten con alegría con nosotros cómo el Señor los liberó de modo sobrenatural de ataques de pánico, consumo de sustancias y décadas de depresión. Otros escriben rebosantes de gratitud, porque Dios ha restaurado su matrimonio y sus relaciones con sus hijos alejados, y ha sanado sus cuerpos cuando los médicos no les habían dado ninguna esperanza.

Me gustaría poder leer todas sus cartas, porque notará que hay un hilo común entrelazado en todas ellas. Un denominador común llevó a esas personas de la derrota a la victoria, de estar abatidos a tener victorias: todos ellos tuvieron *un encuentro con Jesús*. Todos captaron una revelación de su gracia.

El poder de un encuentro con Jesús

Dean, de Maryland, me escribió para compartir cómo su vida fue transformada por la bondad de Dios. Dijo: "Querido pastor Prince, me causa mucha emoción compartir con usted el cambio radical en mi vida que se produjo en el último año. He estado viendo su programa de televisión durante un año entero y he leído *Destinados para reinar*, *Favor inmerecido*, y acabo de terminar *El poder de creer correctamente*. Eso supone mil páginas de un solo mensaje: gracia. No sé cómo pude pasarlo por alto todos estos años. Su enseñanza sobre la gracia y la verdad ha sido tan revolucionaria para mí que quiero darle las gracias personalmente".

En las doce páginas que seguían, Dean compartió conmigo la historia de su vida y cómo el Señor le había transformado. Cuando descubrió a los doce años de edad que había sido adoptado, comenzó una batalla de toda la vida con sentimientos de rechazo, abandono, incapacidad y temor. Incluso pensó en el suicidio y comenzó a creer que no valía la pena vivir. En sus años de adolescencia comenzó a mezclarse con todas las personas equivocadas y desarrolló varias adicciones: "A los catorce años comencé a beber los fines de semana, a los quince, fumaba hierba, y consumía cocaína cuando tenía unos dieciséis. A los diecisiete, sin ninguna duda estaba atado a las adicciones y en descarada rebelión contra Dios y el hombre".

Conforme fue creciendo, más intensificó Dean la bebida y el consumo de drogas para apaciguar su dolor y confusión. Estaba en una espiral fuera de control y perdió todo respeto por las figuras de autoridad que había en su vida. Justamente antes de su dieciocho cumpleaños fue arrestado por conducir ebrio.

Para empeorar aún más las cosas, descubrió la meta (metanfetamina) después de casarse. Al relatar esa parte de su vida, compartió conmigo: "Hasta ese momento, no tenía idea alguna de su poder destructivo y demoníaco. Al principio era estupendo, ya que parecía llevarse todo mi dolor: la depresión, opresión, rechazo, incapacidades, soledad y temor. Incluso refrenaba la bebida. Desarrollé confianza y un sentimiento de tener el control completo. Pensé que había encontrado la cura, y no quería estar nunca sin ella. Así que continué tomando meta durante los siguientes nueve años y comencé a traficar con pequeñas cantidades para alimentar mi hábito. Me agarraron, tuve mi primera condena por delitos de drogas, e hice mi primer viaje a la rehabilitación en la cárcel durante 120 días". Después de su primer encarcelamiento, Dean siguió batallando para encontrar paz y respuestas, y pasó por muchos altibajos mientras entraba y salía de la cárcel.

El punto de inflexión para Dean se produjo solamente cuando comenzó a oír sobre la gracia de Dios. Entendió que "la gracia no se trataba de lo que yo merecía, sino que se trataba del amor del Señor y el favor no ganado e inmerecido que Él da gratuitamente sin demandar nada". Esta revelación simplemente le dejó asombrado, en especial porque estaba lleno de culpabilidad por el daño que había hecho a todas las personas en su vida. Fue la luz que brilló en su oscuridad y el comienzo de su liberación. En palabras sencillas, la revolución en su vida comenzó con una revelación de la increíble gracia de Dios.

Su punto de inflexión se produce cuando usted comienza a oír sobre la gracia de Dios.

Lo que creer sencillamente en la gracia de Dios puede hacer

Dean siguió compartiendo conmigo:

Días después de esta revelación, se produjo otro punto de inflexión. Había tenido encendido mi televisor en un canal cristiano. Estaban poniendo su programa, y usted comenzó a hablar sobre el "reposo". Cuando oí esa palabra, reposo, captó mi atención. Usted hablaba de Hebreos 4, y cuando habló sobre reposo, me levanté y fui a mi Biblia en mi computadora y comencé a estudiar el pasaje. Rápidamente descubrí que la palabra reposo *utilizada en Hebreos 4 era un sustantivo, y que al entrar en este lugar de reposo, nunca más tengo que abandonarlo. Sin duda, vi que la única manera de entrar en ese lugar era creer simplemente lo que Dios estaba diciendo sobre la gracia.*

Mi problema era que yo no podía creer simplemente, o realmente aceptar a Dios según su palabra. Yo creía que era su hijo y que tenía perdón de pecados, pero también había llegado a creer que tenía que llevar mi propio castigo por los repetidos fracasos en mi vida.

Me sumergí en la Palabra, y en los días y meses

siguientes mi vida comenzó a cambiar. Comencé a ver en las Escrituras la simplicidad del evangelio de Cristo, y la revelación de la gracia de Dios comenzó a transformarme desde dentro hacia fuera. Me arrepentí cambiando mi modo de pensar, y eso comenzó a cambiar lo que había estado creyendo. Mis emociones y mi conducta comenzaron a cambiar sin esfuerzo. No tenía que intentar sentirme bien o actuar bien; sencillamente lo hacía, y lo sigo haciendo. Y aunque sigo teniendo mis momentos, cada vez son menos y más alejados entre sí.

Entendí que lo único que tenía que hacer era enfocarme en la obra terminada de Jesús en la cruz y mantener mis ojos y mis oídos abiertos a su evangelio, las buenas nuevas de la gracia. Estaba viendo cosas que nunca antes había visto en la Palabra y entendiendo lo que significa la gracia y cómo esta verdad nos hace libres. Comencé a entender que la gracia es favor inmerecido, y que no había nada que yo pudiera hacer jamás para ganarme o volver a ganarme este favor inmerecido en mi vida, independientemente de mis pecados o esfuerzos para enderezar las cosas. Comencé a entender que soy muy favorecido y aceptado en la amada familia del Señor.

Para resumirlo todo, diré lo siguiente: cuando era un muchacho, creía en Jesús como mi Salvador. Conocía muchas de las historias en la Biblia. Asistía a la iglesia, pero viví la vida con una mentalidad de esclavo y huérfano durante más de treinta años porque no podía entender o creer la verdad completa de la gracia de Dios; esta gracia, que es poder de Dios para salvación, esta gracia que es la luz que brilla en la oscuridad.

Podía aceptar que yo era su hijo para siempre y que iría al cielo, pero debido a mis repetidos fracasos, creía que nunca tendría amor, favor y aceptación en esta vida. Creía que tenía que sufrir por mis errores. Finalmente, creí que tenía que cargar con mis fracasos todo el tiempo hasta llegar al cielo, dando como resultado mucho dolor y daño que casi me aplastó hasta morir.

Al escribir esto, he sido liberado del alcohol y el consumo de drogas por más de dos años, y he sido libre de la dependencia a los medicamentos por más de un año. La mayor parte de mi vida aborrecía irme a la cama porque no dejaba de dar vueltas atormentado al pensar acerca de todos mis fracasos y debilidades. Aborrecía despertarme porque sabía que todo volvería a comenzar otra vez. En el último año, todo eso ha cambiado. Me voy a la cama sin tener pensamientos de mi pasado. No puedo esperar a despertarme cada mañana para esperar más de su gracia. La culpabilidad, vergüenza, el peso demoledor de la condenación, y la depresión siempre al acecho debido al temor, el fracaso y el castigo, han desaparecido como la oscuridad a la luz del sol que sale.

¡Qué historia tan revolucionaria de transformación y victoria! Gracias, Dean, por tener la valentía de compartir su historia. Me siento verdaderamente conmovido y honrado por haber sido una parte de su viaje hacia la recuperación señalándole a la persona de Jesús.

Mi querido lector, quiero alentarle a creer que también usted puede experimentar la libertad que Jesús produce. Dean experimentó victoria sobre cada derrota en su vida, y *usted* también puede hacerlo. Cualquier cosa que le esté derribando, ya sean frecuentes arrebatos de depresión, duda de usted mismo o temor, hay una Persona que tiene el poder de darle la vuelta a todo para bien de usted. Su nombre es Jesús.

Vea victorias debido a lo que Jesús hizo

Al emprender este viaje para entender la gracia de Dios, es esencial que entienda la diferencia entre el viejo pacto de la ley y el nuevo pacto de la gracia. Para ayudarle a acelerar su comprensión de la ley y la gracia, quiero compartir con usted uno de mis pasajes favoritos de la Escritura. He predicado este versículo por todo el mundo, desde la conferencia Hillsong en Sídney, Australia, hasta la iglesia Lakewood en Houston, Texas.

> *Pues la ley por medio de Moisés fue dada, pero la gracia y la verdad vinieron por medio de Jesucristo.*
> —*Juan 1:17*

La ley fue dada mediante un siervo. La gracia y la verdad vinieron mediante el Hijo. La ley habla de lo que el hombre debiera ser. La gracia revela quién es Dios. En el primer milagro de Moisés, él transformó el agua en sangre, dando como resultado muerte. En el primer milagro de la gracia, Jesús transformó el agua en vino, dando como resultado vida y celebración. La letra mata, pero el Espíritu da vida (véase 2 Corintios 3:6).

Bajo la ley, Dios demanda justicia del hombre en bancarrota por el pecado; pero bajo la gracia, Dios proporciona justicia como un regalo. Ahora, ¿bajo qué pacto le gustaría estar? ¡La respuesta es obvia!

---

*Bajo la gracia, Dios proporciona
justicia como un regalo.*

La verdad es que por medio de la cruz en el Calvario, todo aquel que cree en Jesús y lo reconoce como su Señor y Salvador está bajo el nuevo pacto de la gracia. Sin embargo, hoy día muchos creyentes siguen viviendo en confusión, y mezclan ley y gracia al aferrarse a algunos aspectos de la ley y algunos aspectos de la gracia en su caminar cristiano. Jesús dijo que no se puede poner vino nuevo en odres viejos. El vino nuevo fermentará y romperá los odres, y se perderán ambos (véase Mateo 9:17). De la misma manera, no se puede poner el vino nuevo de la gracia en el odre viejo de la ley. Uno cancelará al otro (véase Romanos 11:6).

Bajo la ley, Dios dijo que no tendrá por inocente al malvado, y que visitará la iniquidad de los padres sobre los hijos hasta la tercera y cuarta generación (véase Éxodo 34:7). Pero bajo la gracia, Dios dice: "Porque seré propicio a sus injusticias, y nunca más me acordaré de sus pecados y de sus iniquidades" (Hebreos 8:12).

¡Ha habido un cambio! ¿Puede ver con absoluta claridad de alta definición que *ha habido un cambio radical*, y que todo se debe a Jesús?

Sin embargo, hay muchos que siguen predicando la ley. Siguen predicando que si usted obedece a Dios, Dios le bendecirá; si desobedece a Dios, Él le maldecirá.

Ahora bien, eso suena correcto, pero es una enseñanza peligrosa porque anula la obra terminada de Jesús. La ley está orientada al hombre y dice: "*No tendrás* dioses ajenos delante de mí. *No te harás* imagen...*No tomarás* el nombre de Jehová tu Dios en vano" (Éxodo 20:3–4, 7, énfasis del autor). La gracia está orientada a Dios, y dice: "*Pondré* mis leyes en la mente de ellos, y sobre su corazón las escribiré; y *seré* a ellos por Dios, y ellos me serán a mí por pueblo...*seré* propicio a sus injusticias, y nunca más *me acordaré* de sus pecados y de sus iniquidades" (Hebreos 8:10, 12, énfasis del autor).

La ley está centrada en el hombre mientras que la gracia está centrada en Jesús. La ley se enfoca en lo que usted debe lograr; la gracia se enfoca enteramente en lo que Jesús ha logrado. Bajo la ley, usted está descalificado por su desobediencia; bajo la gracia, está calificado por la obediencia de Jesús. Bajo la ley, usted es hecho justo cuando hace lo correcto; bajo la gracia es hecho justo cuando cree correctamente. Eche un vistazo a la siguiente tabla, que enumera las diferencias clave entre ley y gracia.

Bajo la ley, usted es hecho justo cuando hace lo correcto; bajo la gracia es hecho justo cuando cree correctamente.

LEY	GRACIA
Dada de modo impersonal mediante Moisés, un siervo de Dios.	Vino personalmente mediante Jesús, Hijo de Dios.
Revela lo que el hombre debiera ser.	Revela quién es Dios.
Resulta en milagros de muerte.	Resulta en milagros de vida.
La letra de la ley mata.	El Espíritu de gracia da vida.
Demanda justicia del hombre en bancarrota por el pecado.	Proporciona justicia como un regalo para el hombre.
Odre viejo y rígido.	Vino nuevo y embriagador.
Pecados recordados y castigados por Dios.	Pecados perdonados y no recordados más por Dios.

LEY	GRACIA
Da bendiciones y maldiciones.	Da solamente bendiciones.
Centrada en el hombre: lo que usted debe hacer por Dios.	Centrada en Dios/Jesús: lo que Dios hará por usted/lo que Jesús ha hecho por usted.
Está descalificado por su desobediencia.	Está calificado por la obediencia de Jesús.
Es justificado por sus obras.	Es justificado por la fe.

Las diferencias clave entre ley y gracia.

Amado, ¿no se alegra de que el Señor Jesús viniera y muriera por sus pecados en la cruz para que ahora pueda usted situarse bajo la gracia de Dios y experimentar las victorias que necesita?

El Rey descendió

Cuando Jesús predicó el Sermón del Monte, dijo: "ama a tus enemigos" (véase Mateo 5:44). Hoy en día tenemos problemas para amar a nuestro prójimo, y mucho más a nuestros enemigos. Jesús también dijo: "si tu ojo derecho te ofende, arráncalo, tíralo lejos de ti. Si tu mano te ofende, córtatela (véase Mateo 5:29-30). ¿Ha visto a alguien que esté batallando por la ley hacer eso? ¿Ha visto a alguna iglesia practicar eso? ¡Vamos, esa iglesia se parecería a una inmensa sala de amputaciones! Entonces, ¿qué estaba haciendo Jesús cuando dijo esas cosas?

Jesús estaba llevando la ley de regreso a su norma más pura, ya que los fariseos la habían hecho descender hasta donde era humanamente posible guardarla. Por ejemplo, Jesús dijo que si alguien mira a una mujer para codiciarla, ya ha cometido adulterio con ella (véase Mateo 5:28). Los fariseos pensaban que a menos que alguien cometiera adulterio físicamente, no había pecado. Mire, Jesús es un experto en utilizar la ley de Dios para llevar al hombre al límite de sí mismo de modo que pueda ver su necesidad del Salvador. Amigo mío, Él no quiso decir que usted se sacara un ojo o se cortara una mano (espero que no esté usted gritando: "pastor Prince, ¿por qué no escribió este libro antes?").

Los fariseos presumían de que guardaban la ley; de ahí que Jesús les demostrara lo que es verdaderamente necesario para ser justificados por la ley. Él les mostró que era imposible para el hombre ser justificado por la ley. Por ejemplo, en el momento en que usted se enoja con un hermano en su corazón, ¡ha cometido asesinato (véase Mateo 5:22)! Ahora, con una rápida mirada, basándonos en la interpretación definitiva e impecable de las leyes santas de Dios, ¿quién puede mantenerse en pie? ¡Nadie! Sin embargo, muchos siguen predicando la ley y queriendo que las personas estén bajo el antiguo pacto de la ley.

Sígame ahora, pues quiero que capte una hermosa imagen de la gracia de Dios. La buena noticia es que Jesús no se detuvo ahí. Él predicó el Sermón del Monte y después descendió. Hablando espiritualmente, si el Rey se hubiera quedado en el monte, no habría habido redención alguna para nosotros.

¿Está entendiendo esto? Si Jesús se hubiera quedado en lo alto en el cielo y hubiera decretado las santas normas de Dios desde allí, no habría habido ninguna esperanza y ninguna redención para nosotros. ¡Pero toda la gloria y la alabanza al Rey que decidió descender del cielo a esta tierra! Él descendió del monte. Descendió al sufrimiento, el clamor y la humanidad moribunda. Al pie del monte vemos que se encontró con un hombre que tenía lepra, una imagen de usted y yo antes de que fuéramos lavados por su sangre preciosa. Imagine: un pecador impuro, de pie delante del Rey de reyes. No había manera alguna de que las normas del Sermón del Monte pudieran haberle salvado. No había manera alguna de que las normas claras y perfectas de los santos mandamientos de Dios pudieran habernos salvado. El Rey sabía eso, y por esa razón descendió hasta donde nosotros estábamos.

Él descendió al sufrimiento, el clamor
y la humanidad moribunda.

En aquella época, las personas con lepra eran consideradas inmundas, y dondequiera que iban tenían que gritar: "¡Inmundo! ¡Inmundo!" (véase Levítico 13:34) para que la gente supiera que tenía que salir corriendo en dirección contraria para no llegar a contaminarse por la enfermedad. No es necesario decir que quienes tenían lepra no eran bienvenidos en los lugares públicos; sin embargo, aquí el hombre estaba delante del Rey, diciendo: "Señor, si quieres, puedes limpiarme" (Mateo 8:2). Observemos que no dudó de que Jesús *pudiera*; dudó de que Jesús *quisiera*.

Sin un momento de vacilación, nuestro Señor Jesús se acercó y *tocó* al hombre afligido, diciendo: "Quiero; sé limpio". Y de inmediato fue limpiada su lepra (véase Mateo 8:3). Ahora observemos esto: bajo la ley, quienes tenían lepra, los inmundos, hacían que los limpios fuesen inmundos. Pero bajo la gracia, Jesús limpia al inmundo. Bajo la ley, el pecado es contagioso. Bajo la gracia, ¡la justicia y la bondad de Dios son contagiosas!

Bajo la ley, el pecado es contagioso. Bajo la gracia,
¡la justicia y la bondad de Dios son contagiosas!

La gracia trae victoria

No tenemos que temer que estar bajo la gracia cause libertinaje, porque la Palabra de Dios afirma claramente:

> *Porque el pecado no se enseñoreará de vosotros;*
> *pues no estáis bajo la ley, sino bajo la gracia.*
>
> —Romanos 6:14

Desgraciadamente, hay personas que tuercen la Palabra de Dios hoy día. Predican que cuando estamos bajo la gracia, el pecado tendrá dominio sobre nosotros. ¡Eso no puede estar más lejos de la verdad! Muchos han sido embaucados por esta falsa enseñanza que hace que las personas tengan temor a la gracia de Dios. La Palabra de Dios es muy clara: cuando estamos bajo la gracia y no bajo la ley, el pecado NO tendrá dominio sobre nosotros. La palabra "pecado" aquí es un sustantivo. Es la palabra griega *hamartia*, que significa "fallar el blanco".[1] Por tanto, se puede decir de esta manera: enfermedades, males, trastornos alimenticios, adicciones, y cualquier forma de opresión o atadura (todos ellos ejemplos de fallar el blanco o la norma de Dios para una vida gloriosa), no tendrán dominio sobre nosotros. ¿Cuándo? ¡Cuando no estamos bajo la ley sino bajo la gracia!

Esta idea de que la gracia hará que las personas pequen sin restricciones viene del pozo del infierno. ¡No podemos estar bajo la gracia y no ser santos más de lo que podemos estar debajo del agua y no mojarnos! Estar bajo la gracia es lo que nos da el poder de vivir una vida victoriosa.

¡No podemos estar bajo la gracia y no ser santos más de lo que podemos estar debajo del agua y no mojarnos!

Solamente la gracia produce libertad duradera

Permita que le muestre cómo estar bajo la gracia le capacita para sobreponerse a sus retos y vivir victoriosamente, con un sorprendente testimonio de Anna de Iowa. Anna relata cómo el Señor en su gracia la liberó de muchos años dolorosos de adicción a los cigarrillos y la mariguana:

> *Durante la mayor parte de dieciséis años, he sido adicta a los cigarrillos y la mariguana, pero debido a la gracia de mi Padre, ¡ahora soy libre!*
>
> *Aunque me crié en un ambiente piadoso, asistía a una iglesia carismática, pasaba tiempo diariamente con Dios, e incluso enseñaba en la clase de escuela dominical, ¡era una adicta que sabía cómo ocultar bien mis adicciones! Aunque siempre he sido conocida como alguien que ama a la gente y es amable, me sentía como si no estuviera siendo amable con Dios o conmigo misma; estaba dañando el templo de Dios y siendo una hipócrita. Me sentía absolutamente indigna, y con frecuencia pasaban por mi mente pensamientos de suicidio.*
>
> *A lo largo de los dieciséis años de atadura, intenté muchas veces dejar mis adicciones, ¡incluida la vez en que estaba embarazada de mis dos hermosos muchachos! Lo hice durante un tiempo, pero en cuanto di a luz, rápidamente volví a retomar los hábitos porque los deseos nunca habían abandonado mi corazón.*
>
> *Aunque mis oraciones por otros siempre han sido poderosas y eficaces, yo estaba muy enojada con Dios porque mis oraciones por mi propia libertad parecían no ser escuchadas, o al menos no respondidas.*
>
> *Entonces, hace aproximadamente un año y medio*

comencé a ver el programa de televisión de Joseph Prince cada día. A veces, veía cierto programa varias veces. En un momento dado, Joseph Prince casi llenaba por completo el espacio disponible en mi grabadora digital de video.

También comencé a pedir materiales que el Espíritu Santo me condujo a obtener, y estaba en la palabra de gracia durante horas diariamente, incluso mientras estaba bajo la influencia de los cigarrillos y la mariguana. La esperanza comenzó a llenar mi corazón; no la esperanza en que pronto sería libre, sino la esperanza en que independientemente de cuál fuera mi estado, ¡mi Padre NUNCA estaría enojado conmigo! Su gracia fue suficiente para el apóstol Pablo, ¡y su gracia es suficiente para mí!

Por mucho tiempo intenté ganarme las bendiciones de Dios. Pero después de permitir que el agua de la Palabra me limpiara diariamente, pude recibir su amor, gracia, shalom, y todas sus bendiciones, independientemente de la conducta. Cada vez que fumaba cigarrillos o mariguana, decía: "Gracias, Padre, ¡porque soy la justicia de Dios en Cristo Jesús!". ¡Dejé de intentar dejarlo y decidí que su gracia era suficiente para mí!

Un día, hace varios meses, ¡fui liberada de ambas adicciones! No intenté dejarlo; sencillamente sucedió. Mi Padre celestial ha quitado por completo esos deseos de mí. Incluso cuando estoy en público y expuesta a otras personas que están fumando, ¡sigo sin tener deseos de hacer lo mismo! Incluso en este momento, al pensar sobre esta gran libertad, tengo que clamar, y clamar: "¡mi Padre es MUY fiel!".

Muchas gracias por atreverse a declarar la verdad.

Estoy segura de que a veces no es fácil, pero estoy muy agradecida de que Cristo, mediante su ministerio, me haya liberado. Ahora tengo a mi familia, que está involucrada en el ministerio en cárceles, escuchando y leyendo sus materiales. Yo misma soy ahora parte de este ministerio en cárceles y escribo cartas que contienen la verdad para quienes están detrás de las rejas. ¡Es momento de que los cautivos sean liberados el nombre de Jesús!

¡Vaya! ¡Esa es verdaderamente la revolución de la gracia en acción! Me regocijo y lo celebro con usted, Anna, por ser completamente libre de dos adicciones durante dieciséis años. Gracias por tomar el tiempo para escribir y testificar de lo que Jesús ha hecho en su vida. Creo que muchos serán tocados e inspirados por su testimonio.

Lo que la fuerza de voluntad y el esfuerzo propio no pudieron hacer, Dios lo hizo mediante el poder de su increíble gracia. Su Palabra viva y eterna proclama: "Porque el pecado no se enseñoreará de vosotros; pues no estáis bajo la ley, sino bajo la gracia" (Romanos 6:14). Gracia es el poder sobre toda adicción que le está destruyendo. Solamente la gracia puede darle libertad duradera.

Lo que la fuerza de voluntad y el esfuerzo propio no pudieron hacer, Dios lo hizo mediante el poder de su increíble gracia.

¡Que comience la revolución!

CAPÍTULO 2

TRANSFORMACIÓN DE ADENTRO HACIA AFUERA

Había sido una de esas noches que temían. Con hambre y fatiga debido a haber trabajado toda la noche en el mar y no pescar nada, los pescadores llevaron sus redes de pesca a la orilla mientras el dorado sol salía sobre el horizonte galileo. Aquella mañana, la línea costera del mar de Galilea rebosaba de actividad inusual. Niños renovados después de una buena noche de descanso corrían alegremente por el borde del agua ante sus padres. Grandes números de personas comenzaban a inundar la orilla. Todo el lugar rebosaba de una atmósfera casi festiva.

¿Qué están haciendo aquí todas estas personas?, se preguntaba Simón Pedro, perplejo y un poco molesto por las festividades y el ruido de las multitudes de personas que se dirigían hacia su playa. Privado de sueño y frustrado por no haber pescado nada para mostrar después de su ardua expedición de pesca, meneó negativamente la cabeza y comenzó a limpiar sus redes de pesca.

Entonces vio al hombre al que toda la multitud quería ver.

Antes de darse cuenta, ese hombre caminaba en dirección a él, ¡y se subió a su barca! Entonces le hizo un gesto a Pedro, y Pedro y su tripulación instintivamente agarraron sus redes y regresaron a la barca. El hombre le sonrió cálidamente a Pedro, como si supiera que Pedro era el dueño de la barca, y le preguntó a Pedro si podía alejar la barca a cierta distancia de la orilla. A esas alturas, la línea costera estaba llena de personas que deseaban escuchar hablar a ese hombre.

Sin un momento de vacilación, Pedro se dirigió a su experimentada tripulación y les indicó que empujaran un poco la barca. Ellos obedecieron rápidamente a su capitán y observaron al extraño en su barca atentamente. El hombre asintió a la tripulación como muestra de aprecio, se sentó en el borde de la barca y comenzó a enseñarle a las multitudes reunidas en la orilla.

Cuando terminó de hablar, se dirigió a Pedro y requirió que Pedro y sus hombres fueran a lo profundo y lanzaran sus redes para pescar. Esa petición llegó al corazón de Pedro, y le explicó al hombre que habían estado pescando toda la noche y no habían capturado nada. Sin embargo, estaba dispuesto a cumplir la petición del hombre.

Mientras navegaban hacia aguas más profundas, Pedro estaba seguro de que no pescarían nada. Después de todo, ya lo habían intentado toda la noche. Él había pescado en esas aguas desde que era joven, y sabía que el momento más oportuno para pescar, ¡sin duda alguna no era tan avanzada la mañana!

El hombre al que quiere tener en su barca

Pedro se encontró preguntándose: *¿qué iba a saber de pesca un carpintero de Nazaret?* Cuando la barca llegó a las aguas profundas, Pedro actuó por inercia y echó una red al agua. Una red, pensó, era suficiente para demostrar su punto de que sencillamente no había nada de pesca que atrapar. Si hubiera sido cualquier otra persona, cualquiera menos ese hombre que se comportaba con una tranquila autoridad y una cálida amistad, él se habría burlado de esa petición. Pero ese hombre...algo en su voz y en su comportamiento hizo que Pedro estuviera de acuerdo, a pesar de que todos los instintos le decían que no iba a suceder *nada*.

Lo que sucedió a continuación asombró a Pedro.

¡Era como si la red de repente se hubiera convertido en un imán para peces! Inmensos bancos de grandes tilapias comenzaron a entrar en la red desde todas las direcciones. Un pez tras otro que les había eludido durante toda la noche comenzó a nadar hasta su red, llenando hasta tal punto su capacidad que comenzaba a rasgarse mientras Pedro y sus hombres comenzaban a amontonar esa carga de peces sin precedente. Los sorprendidos y frenéticos pescadores gritaron rápidamente a sus amigos que estaban en otra barca para que se acercaran y les ayudaran. Ahora había dos barcas lado a lado, con ambas tripulaciones cargando sus barcas de peces. Los hombres trabajaban intensamente, cargando en las barcas los peces con sus escamas plateadas resplandeciendo al sol... ¡hasta que *ambas* barcas estaban tan cargadas de peces que comenzaron a hundirse!

Perplejo por lo que estaba viendo con sus propios ojos, Simón Pedro se arrodilló delante de Jesús y proclamó: "Apártate de mí, Señor, porque soy hombre pecador" (Lucas 5:8).

¿Ha estado esforzándose toda la noche? Deje que Jesús le salve

Ahora bien, ¿qué fue primero: el arrepentimiento de Pedro o la bendición de Dios? Bajo el nuevo pacto de la gracia, Dios le bendice a usted primero, ¡y sus bendiciones, su favor y amor rebosante le conducen al arrepentimiento! Pedro y su tripulación de marineros se habían esforzado duramente toda la noche y no habían pescado nada. Entonces, cuando Jesús entró por primera vez en su barca, el negocio de Pedro de repente comenzó a florecer y desarrollarse por encima de lo que él podía imaginar.

> *¡Las bendiciones de Dios, su favor y su amor*
> *rebosante le conducirán al arrepentimiento!*

¿Se siente como si hubiera estado esforzándose toda la noche sin atrapar nada? Quizá se sienta como si estuviera en una situación sin salida en su carrera; o quizá todo lo que ha estado intentando hacer para salvar su matrimonio no ha funcionado. Quizá su afán está en el área de la crianza de los hijos: independientemente de cuánto esfuerzo emplee en acercarse a su hijo, la relación parece ser cada vez más fría y distante conforme pasan los días.

Ahora no es el momento de abandonar, sino de escuchar a su maravilloso Señor y Salvador: Jesús. Óigale. En lugar de depender de su experiencia y su conocimiento, apóyese en Él. Usted no está solo en su barca. Escúchele y haga exactamente lo que Él le diga que haga. Nuestro Señor Jesús le dijo a Pedro que lanzara sus *"redes"*: plural. Pedro dijo: "en tu palabra echaré la *red"*: singular (véase Lucas 5:4–5). No es de extrañar que la red comenzara a romperse y Pedro tuviera que llamar a sus amigos para que acudieran a ayudarle.

Jesús es su pronto auxilio en el momento de necesidad. Cualquiera que sea su lucha hoy, puede usted saber por encima de toda sombra de duda que Él está a su lado y sabe exactamente cómo ayudarle.

> *Cualquiera que sea su lucha hoy, Él está a su*
> *lado y sabe exactamente cómo ayudarle.*

También hay personas que han estado esforzándose sin descanso, probando todo lo que saben para enderezar sus vidas y ganarse la aprobación de Dios. Cuanto más lo intentan, más lejos se sienten de Él. Cuanto más duramente empujan, más sienten que le han fallado y decepcionado. Están tan exasperados, fatigados y frustrados como los pescadores que habían trabajado toda la noche sin pescar nada.

Mi querido lector, si eso le describe a usted, quiero que sepa que Dios le ama incluso con todas sus imperfecciones. Sí, en todos sus fracasos, en todos sus errores, ¡Dios le sigue amando! Acuda a Él tal como usted es.

Dios le ama incluso con todas sus imperfecciones.
Acuda a Él tal como usted es.

Pero, pastor Prince, usted no lo entiende. Yo tengo esta horrible adicción.

Cualquiera que sea esa adicción, amigo, acuda a Jesús. Deje que Jesús le acepte, le abrace y le sostenga. No se preocupe o sea consumido por su debilidad; en cambio, permítale a Él amarle para sanarle. Jesús le transformará con su perfecto amor.

Deje que primero solucione mi vida, entonces acudiré.

Nadie intenta limpiarse antes de darse un baño. ¡Jesús *es* el baño! Acuda a Él con todas sus incapacidades, todas sus adicciones, todos sus hábitos y sus complejos, y permita que Él haga lo que mejor hace. ¡Permita que Él le salve y le devuelva la sanidad!

Cuando piensa en Joe Montana, ¿qué piensa de él? Posiblemente uno de los mejores defensas que haya jugado jamás al fútbol. Cuando piensa en Michael Jordan, piensa: *uno de los mejores jugadores de baloncesto de todos los tiempos.* Ahora, ¿qué piensa cuando piensa en nuestro Señor Jesús? Aunque es estupendo que usted sepa todo lo que esas superestrellas de los deportes hacen, la realidad es que lo que ellos hacen en los campos y canchas no cambiará su propia vida. Es mucho más importante que usted conozca a nuestro Señor Jesús como su *Salvador*. Salvar es su descripción de trabajo. ¡Salvarle a usted es lo que Él mejor hace!

Regresar a la gracia

En este punto puede que esté pensando: *pastor Prince, quiero creer lo que dice y acudir a Jesús tal como usted dice, pero ¿no hay un lugar para el arrepentimiento cuando uno ha fallado? Me han advertido que los predicadores de la gracia como usted no enseñan del arrepentimiento.*

Mi querido amigo, permítame decir esto desde el principio. Yo creo con todo mi corazón en predicar del arrepentimiento. Deje que le muestre algo hermoso sobre la palabra para arrepentimiento en el idioma hebreo. El alfabeto hebreo está formado por veintidós letras, de *aleph* a *tav*. Y cada letra hebrea tiene una imagen, un valor numérico y un significado.

La palabra hebrea para arrepentimiento es *teshuvah*,[1] que está formada por cinco letras hebreas: *tav, shin, vav, bet* y *hei*. La primera letra, *tav*, tiene como su pictograma una cruz.[2] La última letra, *hei*, es la quinta letra en el alfabeto hebreo,[3] y el número cinco en la numerología de la Biblia representa gracia. En medio de *tav* (cruz) y *hei* (gracia) están las letras *shin, vav* y *bet*. Estas tres letras forman la palabra *shuv*, que significa "regresar".[4] Poniéndolas todas juntas, *teshuvah* o arrepentimiento significa esto: "Debido a la cruz de Jesús, ¡regresar a la gracia"!

Hei	Bet	Vav	Shin	Tav
(gracia)	(regresar)			(cruz)

Teniendo en cuenta que el hebreo se lee de derecha a izquierda, vemos que teshuvah *(arrepentimiento) significa esto: "Debido a la cruz de Jesús, regresar a la gracia".*

¿No es sorprendente que ocultos en las letras hebreas acabamos de ver que están el corazón de Dios y la explicación de lo que es verdadero arrepentimiento? El arrepentimiento se trata de regresar a la gracia de Dios debido a su bondad demostrada en la cruz de Jesús. No se trata de regresar a la ley de Moisés; se trata de acudir a la cruz y regresar a su gracia. La gracia de Dios es su fuente de poder y fortaleza sobre todo pecado.

El arrepentimiento se trata de regresar a la gracia de Dios debido a su bondad demostrada en la cruz de Jesús.

Por lo tanto, si ha cometido usted un error, o está batallando con un hábito de pecado hoy, arrepiéntase acudiendo a la cruz, viendo ese error castigado en el cuerpo de Jesús, y recibiendo el favor inmerecido de Dios para vencer esa área de debilidad. Así es como practica el verdadero arrepentimiento cuando ha fallado. No se aleje de Él. ¡Corra *hacia* Él! Él es su solución; Él es su respuesta; ¡Él le ama y anhela que usted regrese a su abrazo amoroso!

Pruebe lo que oye sobre la gracia

Si arrepentimiento es regresar a la gracia de Dios, ¿cómo puede ser la gracia una licencia o excusa para pecar, como algunos afirman? Gracia es el poder de Dios para vencer todo pecado. Pero si cualquiera que esté viviendo en pecado afirma que está bajo la gracia, permítame ser el primero en decirle que esa persona no está viviendo bajo la gracia. La autoridad de la Palabra de Dios proclama que "el pecado no se enseñoreará de vosotros; pues no estáis bajo la ley, sino bajo la gracia" (Romanos 6:14). ¡Nadie puede usar la gracia de Dios para justificar su pecado! Eso es contrario a la Palabra de Dios y contrario al evangelio de la gracia. La verdadera gracia se traga el poder destructivo del pecado.

Algunas personas han estado utilizando la palabra *gracia* libremente. Se denominan a sí mismos predicadores de la gracia, ministros de la gracia o iglesias de la gracia; pero le animo a que tenga discernimiento y pruebe todo lo que oiga. Solamente porque utilicen la palabra *gracia* en sus enseñanzas no significa que estén representando de modo preciso o verdadero el evangelio de la gracia. ¡Pruébelo todo! Asegúrese de que la posición que tienen contra el pecado es clara.

El pecado es destructivo y trae con él una multitud de consecuencias dañinas. La consecuencia de cometer un pecado no es el juicio de Dios o su castigo, no más que poner sus manos en el fuego y quemarse es un castigo de parte de Dios. Los efectos destructivos y dolorosos en su mano cuando es quemada no vienen de Dios; son una consecuencia que usted afronta por utilizar su libre albedrío de modo destructivo. De la misma manera, si alguien está jugueteando deliberadamente con el pecado y viviendo un estilo de vida de pecado, se quemará por las consecuencias destructivas que vienen con el pecado.

No añada más leña al fuego

El único modo de ayudar a personas preciosas a vencer el poder del pecado es predicarles la increíble gracia de Dios. Algunos ministros piensan que donde hay pecado, tienen que predicar con más fuerza y más dureza sermones sobre la ley de Moisés. Yo creo con todo mi corazón que son sinceros; pero la Palabra de Dios nos dice que "el poder del pecado [es] la ley" (1 Corintios 15:56). Predicar más de la ley es como añadir más leña al fuego. Las personas no son liberadas y transformadas cuando se les golpea con la ley de Moisés. ¡Son liberadas y transformadas cuando tienen un encuentro con el amor de su Salvador!

¡Las personas son liberadas y transformadas cuando tienen un encuentro con el amor de su Salvador!

Creo que los creyentes que son verdaderamente nacidos de nuevo no están buscando una excusa para pecar. ¿Cómo podrían hacerlo, si han sido impactados por el amor y el sacrificio de Jesús? Creo que estamos buscando una manera de salir del pecado y de la cárcel de la culpabilidad, el temor y la condenación. Y cuanto más fuertemente predico de la sorprendente gracia de Dios y su amor incondicional, más recibe mi oficina ministerial testimonio tras testimonio de personas que han sido liberadas de todo tipo de pecados y adicciones.

Esos relatos nos dicen que el pueblo de Dios no quiere pecar, y está venciendo el pecado acudiendo a la cruz y regresando a la gracia. Recibimos testimonios de personas que han sido liberadas de pornografía, alcoholismo, drogas e inmoralidad sexual. Ahora bien, *ese es* el poder de nuestro Señor y Salvador Jesucristo. El pecado ya no tiene dominio sobre las personas, ¡y el verdadero arrepentimiento se produce cuando el evangelio de la gracia es predicado!

Cambio de mente para creer correctamente

Hemos visto la palabra hebrea para arrepentimiento. Ahora veamos la palabra griega para arrepentimiento: *metanoia*. *Meta* significa "cambio", mientras que *noia* viene de la palabra *nous*, que significa "mente". Por lo tanto, *metanoia* o arrepentimiento significa "un cambio de mente".[5] ¿Por qué es importante cambiar su mente? Simplemente porque creer correctamente siempre conduce a vivir correctamente.

Cuando usted cree correctamente sobre la gracia de Dios, sobre su justicia en Cristo, y que usted es llamado a ser apartado para santidad, ¡todo cambia! El amor de Él le toca en los rincones más profundos de su corazón y comienza a experimentar transformación de adentro hacia afuera. Esa es la revolución de la gracia en acción. Usted comienza a vivir por encima de la derrota y a experimentar victorias duraderas debido a que el poder para luchar contra cualquier tentación no viene del exterior, sino del interior. No depende de su fuerza de voluntad; depende del poder del Espíritu Santo que vive en usted de manera poderosa y activa, dando testimonio de las verdades del evangelio que usted cree.

El amor de Él le toca en los rincones más profundos de su corazón y comienza a experimentar transformación de adentro hacia afuera.

Permítame compartir con usted un precioso testimonio que recibí de Robert, que refleja este punto de modo conmovedor:

Soy un pastor en Carolina del Norte que trabaja a jornada completa fuera del ministerio. También asisto a un seminario teológico. Estaba predicando sobre vivir correctamente e intentaba vivir correctamente y hacer cada vez más para servir a Jesús. La vida era muy demandante y sentía que estaba llegando al agotamiento. Había pensado en salir del ministerio durante un tiempo para terminar los estudios. Sencillamente, todo era demasiado para mí.

También tenía una lucha de quince años con la adicción a masticar tabaco. Incluso me puse en el púlpito un domingo y confesé mi adicción. Levanté una lata de tabaco y dije que, al igual que David hizo con Goliat, yo le cortaría la cabeza y daría su cadáver como comida para las aves.

Lleno de remordimiento, le dije a la gente que había decidido dejar la adicción, y muchos pasaron al altar aquel día para dejar también sus adicciones. Sin embargo, una semana después yo había regresado a la mía, y sentía una gran condenación. Tengo la seguridad de que muchos otros que pasaron aquel día no tuvieron tampoco una victoria duradera. Yo luchaba y luchaba, lo dejaba y lo dejaba, una y otra vez.

Finalmente encontré el Ministerio Joseph Prince y un amigo me dio algunos de los materiales de enseñanza del pastor Prince. Estaba sorprendido por lo que escuchaba y leía, porque nunca había oído el evangelio predicado de esa manera. Yo sabía que era verdad, y comenzó a hacerme libre. Escuché al pastor Prince predicar un sermón en el que decía que la solución era dejar de intentar ganar con mis propias fuerzas y confesar al Señor: "Señor, yo no puedo pero tú sí puedes".

Eso se convirtió en mi lema, y dejé de intentar no consumir tabaco. Ya no permanecía enterrado bajo el peso de la culpabilidad y la condenación. Creí y confesé que aunque estaba batallando con ese hábito del tabaco, Dios no me ama menos, y que la obra terminada de Jesús sigue estando a mi disposición. Ahora puedo testificar que estoy libre del tabaco hace más de un año ya. Cada vez que me surge el deseo, le digo al Señor que sé que su gracia y lo que Él tiene para mí es mucho mejor que el tabaco, y el deseo se va.

¡Gloria a Dios! Este mensaje del favor inmerecido ha cambiado mi vida y mi ministerio. ¡Ahora predico y enseño de la gracia cada vez que paso al púlpito!

Gracias a Dios y gracias a usted, pastor Prince.

Robert, ¡gracias por compartir su historia y alentar a muchos que están buscando la clave de la victoria duradera!

Embárquese en un ciclo ascendente de victoria duradera

Mi querido lector, independientemente de cuánto tiempo puede que haya batallado con un mal hábito, quiero que sepa que nunca es demasiado tarde para invitar a nuestro Señor Jesús y su gracia a su situación. Nunca es demasiado tarde para volver a su gracia, el único poder que puede darle una transformación permanente de adentro hacia afuera.

Quizá haya estado intentando dejar cualquier cosa que le mantenga atado, pero aun así se encuentra incapaz de ser verdaderamente libre. Quiero que preste atención al modo en que Robert encontró libertad y el poder para permanecer en un *ciclo ascendente de victoria*. Observemos que Robert dijo que en su deseo de dejar su adicción, había "luchado y luchado", solamente para "dejarlo y dejarlo, una y otra vez". A pesar de comprometerse públicamente a "desechar" su adicción delante de su congregación, una semana después había regresado a ello. Robert, al igual que muchos creyentes sinceros, había recorrido la ruta de sentir remordimientos y arrepentirse numerosas veces, y aún así no encontraba la victoria que necesitaba.

Pero el verdadero cambio para Robert sucedió cuando descubrió la verdad de la gracia de Dios, lo que el Señor Jesús ha hecho por él en la cruz, y que Dios le sigue amando y que le ayudaría a pesar de sus fracasos. Y cuando él comenzó a *enfocarse* en esas verdades y a *regresar* a esas verdades de la gracia de Dios cada vez que sentía el deseo de volver a su hábito, comenzó a experimentar victoria sobre su adicción.

Eso es lo que hizo creer correctamente, el verdadero arrepentimiento, para Robert. No le dio una excusa para seguir en su pecado o tomar el pecado a la ligera. No, le convirtió en un vencedor; le hizo ser un testimonio de la increíble gracia de Dios obrando en la vida de alguien que decidió depender de esa gracia. Vemos que el vivir correctamente que Robert quería experimentar se hizo realidad no cuando intentaba por sí mismo hacer que eso sucediera, sino cuando descubrió y siguió regresando a la gracia siempre que era débil. Esto, querido lector, es la clave para vencer el pecado y toda atadura en su vida.

En este día, si ha estado intentando dejar un hábito, le aliento a que regrese a la verdad de la gracia de Dios: que lo que nuestro Señor Jesús ha hecho por usted en la cruz es mucho más grande que todos sus fracasos. Que debido a su obra perfecta y terminada, usted sigue siendo profundamente amado, muy favorecido y muy bendecido. Cuando permita que tal revelación de la gracia de Dios inunde y limpie su corazón una y otra vez, no podrá evitar agradecer profundamente lo que el Señor ha hecho por usted y cómo su gracia le ha apartado para que brille para su gloria. No querrá usted continuar en pecado. En cambio, descubrirá que cada deseo de pecar gradualmente se va hasta que todos ellos se hayan ido. ¡Se embarcará usted en un ciclo ascendente de transformación duradera!

Practique regresar a la gracia

Mi esposa Wendy y yo hemos conocido a muchas mujeres, esposas y madres, que han acudido a nosotros y han compartido el modo en que creer correctamente en la sorprendente gracia de Dios les ha hecho libres de luchas diarias en sus relaciones con sus cónyuges y sus hijos. Nos dijeron que mentalidades establecidas que solían hacerles tropezar y causaban tensión en su familia sencillamente comenzaron a disolverse de manera inexorable cuando permitieron que la gracia de Dios les inundara y comenzaron a creer en su bondad. Cosas que ellas habían intentado cambiar durante años por sí mismas, como un genio explosivo o ansiedad perpetua respecto a su desempeño como madres, desaparecieron sin esfuerzo. Muchas también expresaron que cuando probaron y descansaron en el amor de su Padre celestial por ellas, la culpabilidad y la frustración que venían con el estrés de la crianza diaria simplemente dieron lugar a la paz, a un sentimiento permanente del gozo de Dios, y de modo subsiguiente a una relación más saludable con sus esposos e hijos.

Mi querido lector, ya sea que esté intentando dejar una adicción o quiera ser un cónyuge o padre o madre más amoroso y perdonador, su respuesta se encuentra en la Persona de la gracia y en regresar a su gracia cada vez que se sienta débil o falle. De eso se trata el verdadero arrepentimiento. Cuando haya cometido un error, recuerde y reciba de nuevo el perdón y la justicia que Jesús ha proporcionado para usted en la cruz. Crea que Él sigue estando a su lado, amándole y obrando en usted para que camine en su vida victoriosa y abundante. Es así como usted practica el regresar a su gracia. La increíble gracia del Señor producirá liberación, un nuevo comienzo, y nuevas maneras de vivir y de amar que transformarán radicalmente su vida, su matrimonio, y la crianza de sus hijos para la gloria de Dios.

CAPÍTULO 3

OIGA LA PALABRA DE SU GRACIA

Temblando ante la idea de ser descubierto, el hombre leproso se agachaba detrás de una gran losa de piedra, una de las muchas que salpicaban las pendientes de las pintorescas colinas que enmarcaban el mar de Galilea. Había acudido a ver al hombre a quien llamaban Jesús, de quien había oído que era un sanador. El nombre de ese hombre había estado en labios de todos, y que viajaba con su grupo de discípulos enseñando en sinagogas y espacios abiertos, era bien sabido.

Pero principalmente la gente había hablado de que Jesús sanaba, que todos los que habían acudido a Él buscando sanidad, ya fuera desde la Decápolis, Galilea, Jerusalén o el oriente del río Jordán, recibieron su sanidad. Él no rechazaba a nadie. Cualquiera que fuera su estado, fiebres, parálisis, oídos sordos u opresión demoniaca, Él los sanó a todos.

Él no rechazaba a nadie. Cualquiera que fuera su estado, fiebres, parálisis, oídos sordos u opresión demoniaca, Él los sanó a todos.

Todos. Esa pequeña palabra le daba esperanza de que quizá él pudiera ser sanado. Y por eso había escuchado dónde podría encontrar a Jesús. Y así se enteró de que Jesús se dirigía a las colinas que rodeaban el mar de Galilea.

Cuando este hombre llegó a las colinas, una gran multitud se había reunido para escuchar a Jesús enseñar. Desesperado por ser sanado de su terrible enfermedad, y a la vez aterrado por ser visto y apedreado por las multitudes, había decidido ocultarse.

Dios está dispuesto y puede

Este pobre hombre enfermo no podía ver a Jesús desde donde estaba oculto en temor, a distancia segura de las multitudes. Pero debido a la acústica singular de las colinas, podía escuchar cada palabra que Jesús le decía a las multitudes:

"Por eso les digo que no se preocupen por la vida diaria, si tendrán suficiente alimento y bebida, o suficiente ropa para vestirse. ¿Acaso no es la vida más que la comida y el cuerpo más que la ropa? Miren los pájaros. No plantan ni cosechan ni guardan comida en graneros, porque el Padre celestial los alimenta. ¿Y no son ustedes para él mucho más valiosos que ellos?" (Mateo 6:25–26, NTV).

Él escuchaba con atención; el timbre de la voz de Jesús y cada palabra que Él decía tenía una inmensurable profundidad de comprensión y empatía por sus temores diarios. Rescoldos de esperanza que él había pensado que estaban muertos desde hacía mucho tiempo de repente cobraron vida, abanicados por la autoridad de las palabras de Jesús. Aunque inicialmente había temblando de miedo a ser descubierto, ahora comenzó a temblar con una emoción diferente que le hacía escuchar incluso con más fervor las siguientes palabras de Jesús:

"¿Y por qué preocuparse por la ropa? Miren cómo crecen los lirios del campo. No trabajan ni cosen su ropa; sin embargo, ni Salomón con toda su gloria se vistió tan hermoso como ellos. Si Dios cuida de manera tan maravillosa a las flores silvestres que hoy están y mañana se echan al fuego, tengan por seguro que cuidará de ustedes. ¿Por qué tienen tan poca fe?" (Mateo 6:28–30, NTV).

A medida que asimilaba el significado de las palabras de Jesús, el hombre leproso comenzó a llorar. Por primera vez en años, se preguntó: *¿Es posible eso? ¿Que Dios quiera ser un Padre para mí? ¿Un Padre celestial que me vestirá con mejores ropas que los lirios, que están mejor vestidos que Salomón en toda su gloria, si pongo mi confianza en Él? ¿Es posible que Dios se esté acercando a mí con bondad, aceptación y amor, y me esté invitando a gustar y recibir su bondad?* Después de todos los años de ser rechazado y vivir como marginado, algo en lo profundo de su corazón se quebrantó ante estos nuevos pensamientos, y produjo una nueva inundación de lágrimas.

Movido por la inconfundible compasión en la voz de Jesús que hacía que la esperanza llegara a cada nervio que seguía intacto en su cuerpo, el hombre fue saliendo del refugio que él mismo había hecho en el momento en que Jesús terminó de hablar. Todos los pensamientos de permanecer oculto ya no estaban; lo único que quería era acudir a Jesús y pedirle que quitara su enfermedad.

A medida que comenzó a hacerse camino hasta Jesús, oyó pasos y movimientos delante de donde él estaba. Allí, descendiendo por la colina, un hombre que caminaba ligeramente por delante de los demás lo miró. Se dio cuenta de que era Jesús, que se acercaba directamente hacia él. En lugar de haber ido directamente hasta las multitudes después de predicarles, el Señor se había girado hacia la otra dirección para dirigirse hacia el hombre solo y afligido, como si ya conociera la necesidad del hombre y dónde estaba. Incapaz de retener sus sentimientos, el hombre se postró a los pies de Jesús y le adoró.

Con una voz todavía ahogada por las lágrimas, susurró: "Señor, si quieres, puedes limpiarme". Sin duda alguna, como si esa fuera exactamente la razón por la que estaba allí, Jesús se acercó y le tocó. "Quiero", dijo Él, con la misma compasión y calidez que el hombre había oído anteriormente en su voz. "Sé limpio" (véase Mateo 8:2-3).

Cuando sintió el toque de las cálidas manos de Jesús, el hombre cerró los ojos involuntariamente, y su cuerpo tembló ante ese toque. Había pasado *mucho* tiempo desde la última vez que había sentido el toque de otro ser humano, y mucho menos un toque cálido y amoroso. Entonces abrió los ojos para mirar a Jesús, y le encontró sonriéndole con amor en su mirada. Sintiendo que algo en su cuerpo era diferente, el hombre miró sus manos, que hacía un momento habían estado cubiertas de llagas abiertas y terminaban en muñones en vez de dedos. Sus ojos contemplaban manos sanas con dedos totalmente formados y una piel completamente sana. Como si estuviera en un sueño, comenzó a subirse las mangas y el borde de su manto, y observó asombrado que la tela revelaba una piel suave y perfecta que cubría sus brazos, piernas y pies. ¡Estaba limpio! El poder de Jesús en un instante se había tragado su impureza.

Lleno de gratitud levantó su mirada hacia el rostro de Aquel que le había sanado. Incluso cuando se giró para irse, el hombre sabía que nunca olvidaría la compasión y el ánimo que había visto en el rostro del Señor Jesús, ni tampoco su calidez y su toque de afirmación.

Él no sólo me ha sanado y limpiado, pensó el hombre exultante mientras se alejaba maravillado. *¡Él me ha devuelto mi vida!*

Salga de su refugio

Cuando visité el monte de las Bienaventuranzas en Israel hace algún tiempo, el Señor abrió mis ojos para ver por primera vez *cómo* se había encontrado con el hombre leproso. Después de predicar a las multitudes, nuestro Señor no descendió por el monte hacia ellos, pues de otro modo la Biblia no habría dicho que las multitudes "lo *seguían*" (Mateo 8:1, énfasis del autor).

Nuestro Señor realmente había bajado del monte por otra dirección, muy probablemente hacia Capernaúm, porque después de su predicación en el monte, el Evangelio nos dice que entró en esa ciudad (véase Mateo 8:5).

Cuando fui por un camino que descendía del monte hacia Capernaúm aquel día, vi losas de piedra a lo largo del pie del monte. Esas losas de piedra tienen precisamente el tamaño para que un hombre pueda agacharse tras ellas para encontrar refugio. Precisamente allí tuve la revelación de cómo el hombre leproso pudo haberse ocultado detrás de una de esas losas por temor a ser descubierto por la gente, y cómo nuestro Señor Jesús había sabido que el hombre estaba escondido allí y deliberadamente fue a buscarlo antes de que las multitudes le alcanzaran.

En la época de Jesús, quienes eran leprosos eran marginados y aislados, según la ley de Moisés. Debido a que eran conscientes de que eran impuros y de lo que la ley requería de ellos, su respuesta natural era retirarse y ocultarse.

Pero ocultarse no le produjo al hombre leproso en Mateo 8 la sanidad y la restauración que necesitaba. Afortunadamente, al oír sobre la bondad de Dios, que Dios quería ser un Padre amoroso para él y ocuparse de todas sus necesidades, le hizo salir de su refugio y buscar al Señor para que hiciera un milagro. Eso cambió su mente, de ver a un Dios que marginaba y condenaba a las personas impuras a ver a un Dios que las amaba a pesar de cuál fuera su estado. Este cambio de mente encendió su fe y puso valentía en su corazón para buscar y recibir la sanidad que tan desesperadamente quería.

Al igual que el hombre leproso al comienzo de su historia, ¿podría estar usted también ocultándose de Dios? Quizá haya estado batallando con una adicción o un ciclo de derrota del que parece no poder salir. Tal vez haya sido una víctima de abuso sexual y se culpe a sí mismo por ello. Quizá haya tenido un matrimonio o un negocio fallido, o haya tomado una mala decisión que haya conducido a la pérdida. Y tal vez su fracaso le ha causado evitar a Dios, evitar asistir a la iglesia, y evitar a la gente en general. Amado, cualquiera que sea la causa de que se sienta "impuro" o descalificado en este momento, Dios quiere que cambie su mente con respecto a Él y, en lugar de ocultarse de Él, ¡corra hacia Él!

¿Qué está escuchando sobre Dios?

¿Cómo cambia alguien de ocultarse de Dios a correr hacia Dios? Bien, la Biblia nos dice que "la fe viene por oír, es decir, por oír la Buena Noticia acerca de Cristo" (Romanos 10:17, NTV). El hombre leproso tuvo fe suficiente para salir de su refugio y dirigirse directamente hacia Jesús debido a las palabras de gracia que había oído de Jesús. Si nuestro Señor hubiera predicado un mensaje de fuego y azufre de condenación en el infierno, ¿cree que el hombre se habría atrevido a acercarse a Él para pedir sanidad? Claro que no. Se habría alejado con temor al castigo, y sintiéndose más condenado y desesperanzado que nunca. Pero debido a que oyó palabras de gracia, que Dios quería ser un Padre amoroso para él y suplir todas sus necesidades, surgió fe en su corazón, dándole la confianza para acercarse al Señor Jesús para recibir su milagro.

Mi querido amigo, lo que oiga sobre Dios es de suprema importancia; puede significar la diferencia entre recibir su milagro y quedarse donde está en su carencia o su atadura. Puede acercarle más a Dios, o alejarle incluso más de Él. La fe viene por el oír, pero el temor también viene por el oír. Si ha estado oyendo acerca de un Dios que está principalmente enojado y quiere castigarle por sus pecados, ¿cómo puede tener fe para acudir a Él en busca de ayuda? Si ha estado oyendo que Él da a las personas (incluso a los creyentes) enfermedades y las castiga con horribles accidentes por sus pecados, ¿cómo puede mirarle a Él para recibir sanidad? Si ha estado oyendo que Él quiere que usted y su familia sean pobres para mantenerlos humildes, ¿cómo puede creerle para obtener victorias financieras o liberación de deudas que se acumulan? ¿Cómo es posible que pueda confiar en Dios para que le dé nada bueno si lo único que ha estado oyendo son sermones que le hacen sentirse más condenado y temeroso de su juicio?

Es triste, pero las cosas que acabo de mencionar son precisamente cosas que las personas están oyendo sobre Dios. Tan sólo veamos las películas que se hacen acerca de Dios en la actualidad: Dios es representado siempre como mezquino, crítico, petulante, destructivo, ¡e incluso con instintos asesinos! ¡Cómo han pervertido quién es Dios realmente: "compasivo y misericordioso, lento para enojarse y está lleno de amor inagotable" (Salmo 103:8, NTV)! No me malentienda. Dios sí se enoja, pero la Biblia nunca define a Dios como ira; define a Dios como *amor* (véase 1 Juan 4:8, 16). ¿Condenó alguna vez nuestro Señor Jesús a las prostitutas y los recaudadores de impuestos, a quienes eran despreciados y rechazados por la sociedad? No, ¡Él era un amigo de pecadores! ¿Se alejó alguna vez de los pobres o infligió a los enfermos más enfermedades? No, Él alimentó a una multitud hambrienta, y sobraron doce cestas llenas, y sanó a todo aquel que acudió a Él en busca de sanidad, ¡dondequiera que iba!

La Biblia nunca define a Dios como ira; define a Dios como amor.

La Biblia nos dice que Jesús "anduvo haciendo bienes y sanando a todos los oprimidos por el diablo, *porque Dios estaba con él*" (Hechos 10:38, énfasis del autor). ¿Qué nos dice eso? Dios quiere hacernos bien, ¡no mal! Si esto no fuera cierto, Dios no habría estado con Jesús respaldándolo. Jesús dijo: "El que me ha visto a mí, ha visto al Padre…¿No crees que yo soy en el Padre, y el Padre en mí? Las palabras que yo os hablo, no las hablo por mi propia cuenta, sino que el Padre que mora en mí, él hace las obras" (Juan 14:9–10). Si quiere saber cómo es realmente Dios (y no como el hombre lo representa), mire a Jesús en los Evangelios. Él es la voluntad de Dios en acción, y fue por todas partes haciendo *el bien*: salvando, librando, sanando, restaurando, proveyendo, guiando y amando a los despreciables. ¡Ese es nuestro Dios!

La fe viene por el oír la palabra de Cristo

Amado, si quiere tener fe para su victoria, asegúrese de estar oyendo y creyendo correctamente acerca de Dios mediante la palabra de Cristo. A propósito, es la palabra de *Cristo*, no la palabra de *Dios*, como está escrito en algunas traducciones de la Biblia. La palabra griega utilizada en Romanos 10:17 es *Christos*, para Cristo. ¿Cuál es la diferencia? La palabra de Cristo se refiere a la palabra del *nuevo pacto*, la palabra de su *gracia*.

> *Si quiere tener fe para su victoria, asegúrese de estar oyendo y creyendo correctamente acerca de Dios mediante la palabra de Cristo.*

En el libro de Hechos, el apóstol Pablo dice: "Y ahora, hermanos, os encomiendo a Dios, y a la palabra de su gracia, que tiene poder para sobreedificaros y daros herencia con todos los santificados" (Hechos 20:32). ¿Qué puede edificarle y darle una herencia entre los santificados? Es la palabra de su gracia o la palabra de Cristo. La Biblia nos exhorta: "La palabra de Cristo [*Christos*] more en abundancia en vosotros" (Colosenses 3:16).

Por tanto, si se siente desalentado hoy, le aliento a que siga oyendo mensajes llenos de la gracia y la obra terminada de nuestro Señor Jesús. Cualesquiera que sean sus circunstancias, siga oyendo que sus pecados han sido todos perdonados mediante Cristo, y que hoy es usted la justicia de Dios en Cristo. Cualquiera que sea el pronóstico que ha oído, siga oyendo sobre lo mucho que Dios le ama y quiere ser un Padre amoroso para usted, cuidarle, proveer para usted, y librarle de todos sus temores y aflicciones.

Amigo mío, cuando le dé prioridad a eso diariamente, tendrá la palabra de Cristo morando abundantemente en usted. Y esta palabra de su gracia es la que le impartirá fe y esperanza. Cuando conozca el amor de Dios por usted, eso causará que corra hacia Él en lugar de ocultarse de Él. Su amor sobre usted y en usted le hará fuerte; hará que pueda vencer toda tentación y temor, que pueda derribar a sus gigantes, ¡y vivir la vida con más valentía y victoria!

Cuando conozca el amor de Dios por usted, eso causará que corra hacia Él en lugar de ocultarse de Él.

La libertad llega cuando oye de la gracia de Él

Permítame compartir con usted la historia personal de Calli, de Florida. A pesar de lo dolorosas y desgarradoras que fueron sus experiencias antes de tener un encuentro con la persona de Jesús, mucho mayor fue la restauración del Señor en su vida cuando ella comenzó a oír la palabra de su gracia:

A lo largo de los años que me criaron en una iglesia y estudié en un instituto bíblico, las enseñanzas legalistas me habían conducido a creer que mi pecado era mayor que la gracia de nuestro Señor Jesucristo y su obra terminada en la cruz. Como resultado, vivía en temor constante a perder mi salvación cada vez que pecaba. Mi pasado me perseguía y parecía que nunca podía dejarlo atrás, pues el tormento simplemente me abrumaba.

Sufrí abuso sexual cuando era pequeña y me mantuve en silencio por las amenazas. Eso me hizo vivir en vergüenza, culpabilidad y un ciclo de violencia, relaciones abusivas, violación, consumo de drogas, locura, tendencias suicidas y automutilación, También fui torturada y golpeada por mi primer esposo cuando me casé con él a los veintitrés años de edad.

Por tanto, desarrollé personalidades múltiples y síndrome de estrés postraumático (PTSD, por sus siglas en inglés). Me admitieron en una institución estatal y fui hospitalizada en psiquiátricos treinta y ocho veces en un periodo de veintinueve años. También estuve atada a una adicción a los cigarrillos y las drogas durante más de treinta y seis años.

Estuve desesperadamente esclavizada por las cadenas de la adicción y la locura por muchos años. Fui considerada discapacitada mental permanentemente y totalmente, y seguía un programa de tratamiento de día para los enfermos mentales crónicos. Hubo iglesias que comenzaron a desarrollar "fatiga de compasión" y se cansaron de orar por mí. Incluso me dijeron: "Quizá tu esquizofrenia sea la cruz que tienes que llevar".

Desde que me dejaron por imposible, me sumergí en un mundo de atadura y sadomasoquismo. Aun así, no estaba contenta y quería irme al hogar con mi

Padre celestial, aunque creía que Él ya no me quería. Sentía que yo era las sobras pisoteadas de la iglesia.

Pero oh, ¡gracias, Jesús! ¡Él no me dejó por imposible! Había comenzado a ver la emisión de Ministerios Joseph Prince en la televisión. Y mientras escuchaba enseñar al pastor Prince sobre la gracia, el Señor comenzó a abrir mi corazón y por primera vez, todo el conocimiento mental de escrituras que había memorizado desde que era niña comenzó a dar iluminación a mi mente cuando las vi con los lentes de la gracia de Dios, y esperanza y fe comenzaron a surgir en mi corazón.

Entonces, un día oí al pastor Prince compartir sobre cómo Noé nunca salió del arca aunque el arca era zarandeada a un lado y a otro en el agua, y que Jesús dijo que nada podría arrebatarnos de sus manos. Mientras escuchaba, el Señor me habló. Le oí en mi corazón, pronunciando mi nombre y diciéndome: "Hija mía, te he tenido en la palma de mis manos todos estos años que has tropezado, caído y vagado. Yo te he llamado, y he esperado a que te dieras la vuelta y oyeras mi voz. Eres mía".

Entendí entonces que sólo oír acerca de Jesús y de su gracia había traspasado todas mis cadenas de oscuridad, locura y adicciones. Grité "¡ALELUYA!" en mi apartamento, y me quebranté y lloré. Por primera vez en mi vida, sentí que todas mis cadenas se cayeron. Después de aquello, fue como si nunca hubiera agarrado un cigarrillo ni droga en toda mi vida, ¡y toda la locura se fue!

Ahora no tomo ninguna medicación para la esquizofrenia o el PTSD. Ya no tengo catorce personalidades. Mi médico, que había trabajado conmigo

*durante casi veinte años, ha visto los cambios, y ha
declarado que ya no soy una enferma mental.*

*Gloria a Dios por el mensaje de gracia que el
pastor Prince está predicando; el mismo evangelio
que predicó el apóstol Pablo en las Escrituras. ¡Este
evangelio es ciertamente poder de Dios para salvación! Yo soy una prueba viviente y ahora estoy en una
iglesia donde estoy dando mi testimonio y compartiendo con otros la esperanza de que ¡también ellos
pueden encontrar paz y liberación de las cadenas que
les tengan atados! ¡Gloria al nombre de Jesús!*

¡Qué glorioso testimonio! Muchas gracias, Calli, por com-
partirlo y alentar a muchas otras personas. Vidas transformadas como la de que Calli son pruebas vivientes de que la
palabra de su gracia es poder de Dios para nuestra salvación.
Cuando conocemos el amor de Dios y su gracia hacia nosotros,
vencemos cualquier cosa que el enemigo nos lanza. En lugar
de ocultarnos de Dios, corremos hacia Aquel que es nuestro
ayudador, y encontramos gracia y fortaleza para salir del pozo
más oscuro, para convertirnos en testimonios brillantes de la
bondad de Dios.

Conocer el amor de Dios le fortalece

Conocer el amor de Dios por usted le hace fuerte. Saca de usted
un campeón. El libro de Daniel nos dice que "el pueblo que
conoce a su Dios se esforzará y actuará" (Daniel 11:32). Daniel
mismo comenzó como un joven cautivo llevado desde Jerusalén
para servir en las cortes de reyes babilonios y medo-persas. Sin
embargo, Daniel destacó entre sus iguales. A lo largo de su vida
interpretó sueños mediante la sabiduría de Dios y demostró
un "espíritu superior" que personas a su alrededor podían ver

(véase Daniel 6:3). Siempre encontró favor ante los ojos de los reyes gentiles a los que sirvió, y experimentó liberación sobrenatural cuando parecía que no había vía de escape. Daniel salió del foso de los leones sin sufrir daño, porque conocía a su Dios, su poder y el corazón que Él tenía hacia él.

Querido lector, ¿es esto lo que usted desea hoy: caminar en fortaleza, sabiduría y todo que es innegable e irresistible? ¿Desea ver al Dios que hace milagros y le da victorias en su vida? Entonces le aliento a seguir oyendo y creciendo en su conocimiento de la gracia y la misericordia de Dios hacia usted. En la historia de Daniel, el Señor, por medio de un ángel, se dirigió a él como "varón muy amado" (Daniel 10:11). Por lo tanto, cuanto más oiga acerca de su amor por usted y tenga confianza en él, más vivirá la vida con valentía y con un espíritu diferente y excelente que le destaca de los demás y testifica del poder de Él en su vida.

Cuanto más oiga acerca de su amor por usted y tenga confianza en él, más vivirá la vida con valentía.

Pensemos también en el joven David, el muchacho pastor que fue lo bastante valiente para desafiar y derribar a Goliat cuando otros estaban acobardados por temor. David conocía a Dios como un Dios que guarda el pacto y que le amaba. David habría recordado el amor de Dios por él cada vez que oía su propio nombre, porque el nombre de David significa "amado": el amado del Señor. Yo creo que David se convirtió en un adorador sorprendente, un líder amado por su pueblo, y un hombre conforme al corazón de Dios porque conocía y era consciente de lo mucho que el Señor le amaba. Incluso cuando David cayó, creo que fue su revelación de que seguía siendo amado por el Señor lo que le hizo seguir adelante. Amado, cuando usted sepa lo mucho que Dios le ama, derribará los gigantes en su vida, ¡y su vida testificará de la bondad y la gloria de Él!

¿Puedo darle un ejemplo más? ¿Recuerda a Gedeón, que se veía a sí mismo como el más pequeño de su familia y que estaba trillando trigo en un trillador por temor a ser visto por los madianitas? Leemos su historia en el libro de Jueces y vemos cómo se sobrepuso a sus inseguridades y temores y salvó el solo a Israel de los madianitas, porque primero escuchó palabras de gracia y de aliento del ángel del Señor: "Jehová está contigo, varón esforzado y valiente...Ciertamente yo estaré contigo, y derrotarás a los madianitas como a un solo hombre" (Jueces 6:12, 16).

Cuando comenzó a ver cómo Dios le veía, y creyó que el Señor estaba con él y de su parte, ¡cumplió su destino!

Si, al igual que Gedeón, usted se siente pequeño e impotente ante sus desafíos, le aliento a que siga oyendo que debido al sacrificio y la obra terminada de Jesús, nada puede separarle del amor de Dios. Quiero que sepa en este momento que Él ya le ha hecho a usted más que vencedor en Cristo (véase Romanos 8:37–39). Cuando sabe quién es usted en Cristo y cree en el amor de Dios por usted, será fuerte y verá a Dios hacer grandes cosas en usted y a través de usted. Cuando sabe que Dios está con usted y a su favor, ¿quién o qué puede estar contra usted (véase Romanos 8:31)? ¡Sin duda que ganará las luchas de la vida y vivirá el increíble destino que Dios ha preparado para usted!

Cuando sabe quién es usted en Cristo y cree en el amor de Dios por usted, será fuerte y verá a Dios hacer grandes cosas en usted y a través de usted.

Conozca el amor de Él en su corazón

Mi querido amigo, ¿tiene una revelación del amor personal de
Dios por usted en este día? Su amor tiene que ser experimentado en su corazón. El conocimiento mental, tan sólo saber in-
telectualmente que Dios le ama porque ama a todo el mundo,
no va a lograrlo. Cuando usted realmente tiene un encuentro
con la persona de Jesús y su gracia, y realmente sabe en su corazón que Él le ama *a usted*, comienzan a producirse cambios
positivos y profundos en su vida.

¿Hay una base bíblica para decir esto? Sí, la hay. La Biblia nos
dice claramente: "Gracia y paz os sean multiplicadas, en el conocimiento de Dios y de nuestro Señor Jesús" (2 Pedro 1:2). La
palabra para conocimiento aquí es la palabra griega *epignosis*,
que se refiere a una experiencia de corazón de qué y quién es
Dios, en lugar de mero conocimiento intelectual de hechos
acerca de Él. Es un conocimiento que se obtiene mediante una
relación íntima y personal con Dios.[1] En otras palabras, cuando
usted oye y oye hasta que sabe *en su corazón* que el Señor le
ama y está a su favor, experimentará su favor inmerecido y su
paz sobrenatural en el área de su desafío. Es entonces cuando
encontrará la fortaleza de Él, su sabiduría y provisión multiplicadas tangiblemente en su vida.

Juan, el apóstol del amor, escribió: "En esto consiste el amor:
no en que nosotros hayamos amado a Dios, sino en que él nos
amó a nosotros, y envió a su Hijo en propiciación por nuestros pecados" (1 Juan 4:10). Es mi oración que a medida que
usted siga leyendo la palabra de su gracia en este libro y escuche mensajes de su gran gracia, llegue a conocer verdaderamente el amor del Señor por usted y lo acepte en su corazón
y su alma. ¡Su amor le hará fuerte y causará que haga usted
grandes hazañas!

CAPÍTULO 4

RECIBA LA MAYOR BENDICIÓN

La clave para vivir con mayor confianza y valentía es saber, primeramente y sobre todo, que todos sus pecados son perdonados. Hoy, como hijo de Dios amado, sepa que su Padre celestial no está enojado con usted. Él no está furioso con usted. Todos sus pecados han sido juzgados y castigados en el cuerpo de Jesús en la cruz.

La clave para vivir con mayor confianza y valentía es saber, primeramente y sobre todo, que todos sus pecados son perdonados.

¿Tiene usted esta seguridad de que todos sus pecados han sido perdonados? Hay muchos creyentes que batallan con culpabilidad, temor y condenación porque no tienen confianza en que *todos* sus pecados han sido perdonados una vez para siempre. Inadvertidamente se ocultan de su Padre celestial cuando fallan, en lugar de acercarse con valentía a su trono de gracia para obtener misericordia y encontrar gracia para ayudarles cuando más lo necesitan (véase Hebreos 4:16, NTV). Se esconden, como Adán y Eva se escondieron en el huerto del Edén, abatidos por la vergüenza y el temor.

Cómo salir del ciclo de derrota

Si se está ocultando usted de Dios en este día, quiero alentarle con este conmovedor testimonio que recibí de Joni, que vive en Texas:

> *¡Vaya! ¿Por dónde comienzo? Soy una persona de treinta y siete años cuyo corazón acaba de ser renovado por Dios. Él me ha devuelto años perdidos y un sentimiento de paz que no puedo explicar.*
>
> *Soy hija de predicador que fue educada bajo una enseñanza legalista. Siempre veía a Dios como otra figura de autoridad en mi vida, a quien le encantaba señalar mis errores.*
>
> *Durante un periodo difícil en mi vida, sufrí un importante ataque epiléptico. Creía que me estaba muriendo en ese momento, y entendí lo completamente indefensos que somos como seres humanos. Justamente después de ese episodio, mi cuñada me regaló uno de sus libros. Créame, yo ya había tenido suficiente tristeza debido al "iglesianismo" hasta entonces, y no tenía ganas en absoluto de leer el libro; sin embargo, lo leí solamente para callar a mi cuñada.*
>
> *Después del segundo capítulo, ¡algo comenzó a calar en mí! Comencé a repetir: "Soy justa en Cristo", aunque eso estaba MUY lejos de cómo me sentía en ese momento. A medida que seguí leyendo, supe que se estaban produciendo cambios en mí. Comencé a ver lo que pretendía Papá Dios: paz, amor, fe, verdad, y sobre todo ¡PERDÓN! Descubrí que mis pecados estaban en aquella cruz con su Hijo, de modo que yo podía dejar atrás todos mis fracasos. Ya no tenía que seguir arrastrándolos.*

Desde entonces, le he pedido a Cristo que verdaderamente tome mi corazón y mi vida. Fui bautizada de nuevo y sabía verdaderamente que mi carne pecadora fue circuncidada de mi espíritu cuando fui sumergida en el agua. ¡Fui hecha NUEVA!

Era adicta también al alcohol y los cigarrillos en los dos últimos años. Actualmente he sido liberada de ambas cosas, no por mis propias fuerzas sino debido a Cristo. Seguía repitiendo: "Yo no puedo, pero tú puedes".

Personas que me han conocido durante varios años pueden ver la diferencia en mi vida. ¡Estoy descansando en Cristo! No tengo que trabajar para que Él me ame. Tan sólo me subo a su regazo y le permito que me ame.

¡Las relaciones con mis hijos, mis padres, e incluso conmigo misma son sanadas debido a Cristo Jesús y su sacrificio perfecto! Debido a malas decisiones y elecciones de pecado en el pasado, había perdido algunas cosas importantes en mi vida, ¡pero Dios me las está devolviendo multiplicadas por siete! El sentimiento abrumador de paz ha sido lo mejor. Algunas veces, también siento que Papá Dios ¡toma tiempo para decirme que está pensando en mí!

Mi hija más pequeña acaba de ser bautizada. Parte de su testimonio a la iglesia fue que "mamá pasó por un tiempo realmente difícil y Dios la ayudó. Ahora veo a mi mamá como una cristiana realmente grande, y eso me hizo ver el poder que Dios tiene". ¡Vaya! ¡Eso lo dice una niña de once años!

Gracias, pastor Prince, ¡por permitir a Dios hablar por medio de usted!

De nada, Joni, y gracias por tomar tiempo para compartir su historia.

¿Tiene seguridad de perdón?

Puede ver al leer lo que dijo Joni que su vida comenzó a dar un giro cuando recibió la revelación de que todos sus pecados, errores y malas decisiones son perdonados. Para que usted viva por encima de la derrota y experimente victorias duraderas, es vital que tenga seguridad de perdón.

---

*Para que usted viva por encima de la derrota
y experimente victorias duraderas, es vital
que tenga seguridad de perdón.*

En el momento que invitó a Jesús a su corazón como su Señor y Salvador, todos sus pecados fueron perdonados. Sus pecados pasados, sus pecados presentes y sus pecados futuros. La Palabra de Dios nos dice: "en quien tenemos redención por su sangre, el perdón de pecados según las riquezas de su gracia" (Efesios 1:7). Cuando es usted nacido de nuevo, está en Cristo, y no tiene que intentar conseguir perdón. Usted *tiene* el perdón de pecados, y este perdón de pecados que tiene no es según lo que usted haya hecho, sino según las riquezas de la gracia de Dios: ¡su favor inmerecido y que no puede ganarse!

La Biblia nos dice que "la paga del pecado es muerte" (véase Romanos 6:23). En otras palabras, el castigo del pecado es la muerte. También nos dice que "sin derramamiento de sangre no hay perdón" (Hebreos 9:22, NVI). La sangre es por tanto necesaria para el perdón de pecados; por eso bajo el viejo pacto de la ley, el pecado era cubierto temporalmente mediante la sangre de sacrificios de animales.

Las buenas nuevas del evangelio son que nuestro Señor y Salvador, Jesucristo, descendió del cielo a la tierra y se sacrificó en la cruz. Su sangre perfecta y sin pecado proporcionó perdón para todos nuestros pecados. Usted y yo no podemos pagar por nuestros propios pecados, de modo que Él lo hizo por nosotros. Ahora, todo aquel que cree en Él no morirá nunca, sino que recibirá el regalo de la vida eterna. ¡Aleluya!

Notemos cómo describe David la bendición de un hombre cuyos pecados son perdonados:

> *"Bienaventurados aquellos cuyas iniquidades son perdonadas, y cuyos pecados son cubiertos. Bienaventurado el varón a quien el Señor no inculpa de pecado".*
> —Romanos 4:7–8

Vamos a leerlo en la Nueva Traducción Viviente:

> *"Oh, qué alegría para aquellos a quienes se les perdona la desobediencia, a quienes se les cubren los pecados. Sí, qué alegría para aquellos a quienes el Señor les borró el pecado de su cuenta".*

¡Oh, qué gozo y qué bendición es recibir el perdón de pecados! Por el contrario, cuando los creyentes comienzan a cuestionar si son verdaderamente perdonados, eso crea todo tipo de inseguridades, temores y ataduras destructivas. El temor y la inseguridad no pueden existir en una relación saludable con Dios. En una relación matrimonial, si la esposa nunca se siente segura del amor de su esposo por ella, nunca encontrará gozo en su matrimonio ni obtendrá fuerzas de él. En lugar de desarrollarse, ese matrimonio se desintegrará con el paso del tiempo. De manera similar, nuestro Padre celestial no quiere que vivamos atrapados en la inseguridad perpetua porque no estamos nunca seguros de nuestro perdón.

Conozca el valor de Jesús

El apóstol Pablo dice a los creyentes que han sido nacidos de nuevo en Cristo que Dios Padre "nos ha librado de la potestad de las tinieblas, y trasladado al reino de su amado Hijo, en quien tenemos redención por su sangre, el perdón de pecados" (Colosenses 1:13–14). Notemos que ha habido un *cambio de ubicación*. Usted solía estar bajo el poder de la oscuridad; pero en el momento en que creyó en Jesús, fue trasladado y situado bajo la sangre de Jesús, donde hay perdón de pecados perpetuo.

Para entender el perdón total de los pecados, tenemos que entender el valor de la persona que se sacrificó en la cruz por nosotros. Solamente Él, debido a que no tenía pecado, pudo pagar por todos los pecados de cada hombre. Cuando nuestro Señor Jesús murió en el Calvario, tomó todos los pecados de la humanidad y con un solo sacrificio de sí mismo en la cruz recibió el juicio, el castigo y la condenación de todos los pecados sobre sí mismo. Ese es el valor del hombre: Jesús. Él es el pago de todos nuestros pecados.

Para entender el perdón total de los pecados, tenemos que entender el valor de la persona que se sacrificó en la cruz por nosotros.

Solamente una manera de recibir el perdón de Dios

Ahora bien, ¿significa eso que todos son automáticamente perdonados? ¡Desde luego que no! Lea esto con atención. Aunque el pecado de cada uno ha sido pagado, cada individuo necesita tomar una decisión personal para recibir el perdón de todos sus pecados recibiendo a Jesús como su Señor y Salvador personal. Jesús es el único camino a la salvación. No hay ningún otro camino excepto por medio de Jesús y su sangre derramada. Escuche lo que dice la Palabra de Dios:

> *Si confesares con tu boca que Jesús es el Señor, y creyeres en tu corazón que Dios le levantó de los muertos, serás salvo. Porque con el corazón se cree para justicia, pero con la boca se confiesa para salvación. Pues la Escritura dice: Todo aquel que en él creyere, no será avergonzado. Porque no hay diferencia entre judío y griego, pues el mismo que es Señor de todos, es rico para con todos los que le invocan; porque todo aquel que invocare el nombre del Señor, será salvo.*
> —Romanos 10:9–13

No hay ambivalencia en la Escritura con respecto al modo en que una persona se convierte en un creyente en Cristo nacido de nuevo. Para ser salvo, tiene que confesar con su boca que Jesús es su Señor y creer en su corazón que Dios lo levantó de la muerte. Por tanto, cualquiera que le diga que el pecado es automáticamente perdonado y que no necesita recibir a Jesús como su Señor y Salvador para ser salvo está equivocado bíblicamente. Tales enseñanzas son heréticas y son mentiras del pozo del infierno. No hay salvación alguna sin Jesús. No hay perdón sin la sangre de Jesucristo que nos limpia. No hay seguridad de que nuestros pecados hayan sido perdonados sin la resurrección de Jesús.

No hay seguridad de que nuestros pecados hayan sido perdonados sin la resurrección de Jesús.

¿Cómo sabe que sus pecados son perdonados?

El apóstol Pablo proclama: "y si Cristo no resucitó, vuestra fe es vana; aún estáis en vuestros pecados...Mas ahora Cristo ha resucitado de los muertos; primicias de los que durmieron es hecho. Porque por cuanto la muerte entró por un hombre, también por un hombre la resurrección de los muertos. Porque así como en Adán todos mueren, también en Cristo todos serán vivificados" (1 Corintios 15:17, 20–22).

Ahora bien, ¿ha resucitado Cristo? ¡Sí, claro que sí! Y según la Biblia, porque Él ha resucitado, usted ya no está en sus pecados. La resurrección de Jesús es la prueba viva de que todos sus pecados han sido perdonados completamente y totalmente. No se puede predicar la gracia sin predicar al Cristo resucitado. Somos salvos por gracia mediante nuestra fe en nuestro Señor Jesucristo:

> *Pero Dios, que es rico en misericordia, por su gran amor con que nos amó, aun estando nosotros muertos en pecados, nos dio vida juntamente con Cristo (por gracia sois salvos), y juntamente con él nos resucitó, y asimismo nos hizo sentar en los lugares celestiales con Cristo Jesús, para mostrar en los siglos venideros las abundantes riquezas de su gracia en su bondad para con nosotros en Cristo Jesús. Porque por gracia sois salvos por medio de la fe; y esto no de vosotros, pues es don de Dios; no por obras, para que nadie se gloríe.*
> —*Efesios 2:4–9*

Nuestro perdón no depende de nosotros y de lo que hayamos o no hayamos hecho, para que nadie pueda presumir de haberse ganado su perdón mediante sus propios esfuerzos. Mediante la fe en la obra terminada de Jesús en la cruz hemos recibido el regalo de la salvación. La salvación es un regalo.

Cuando algo es un regalo, significa que usted no puede trabajar por ello, ganárselo o merecérselo. Un regalo es entregado al receptor por parte del que lo da, y Jesús dio su propia vida para rescatar la de usted.

Jesús dio su propia vida para rescatar la de usted.

Él ha asegurado el perdón para usted

Pero pastor Prince, yo no lo merezco.

Tiene toda la razón. Nos merecemos castigo por todos los pecados que hemos cometido y que cometeremos en nuestra vida. Nos merecemos la muerte, pero Jesús tomó esa muerte por nosotros y nos dio vida eterna. Él tomó lo que nosotros merecíamos y nos dio lo que no nos merecíamos. Por eso somos salvos por gracia, su favor inmerecido y que no podemos ganarnos, mediante la fe.

Ahora bien, recuerde siempre esto: ¿cómo es usted salvo? *Por gracia mediante la fe.* ¿Cómo han sido perdonados sus pecados? *Por gracia mediante la fe.* ¿Cómo ha sido usted hecho justo? *Por gracia mediante la fe.* Este es su fundamento inconmovible, edificado sobre la obra por terminada de Jesucristo. No permita que ninguna enseñanza disminuya la cruz de Jesús en su vida y haga de la salvación, el perdón y la justicia cosas por las que usted tiene que trabajar a fin de mantenerlas y guardarlas. Usted recibió salvación, perdón y justicia por gracia mediante la fe en la obra terminada de Jesús, y están seguras por la obediencia de Él al Padre en la cruz:

> *Así que, como por la transgresión de uno vino la condenación a todos los hombres, de la misma manera por la justicia de uno vino a todos los hombres*

la justificación de vida. Porque así como por la
desobediencia de un hombre los muchos fueron cons-
tituidos pecadores, así también por la obediencia de
uno, los muchos serán constituidos justos.
                                        —Romanos 5:18–19

La justicia no se trata de hacer correctamente. La justicia se trata de creer correctamente. Usted es hecho justo ante los ojos de Dios cuando pone su fe en Cristo y en su sacrificio por usted. Mediante la obediencia de Jesús es como hemos sido hechos rectos y justificados de todos nuestros pecados. La justificación es que nuestro Señor Jesús quita toda la culpabilidad y el castigo del pecado y proclama que hemos sido hechos justos por su sangre derramada.

La justicia no se trata de hacer correctamente. La justicia se trata de creer correctamente. Usted es hecho justo ante los ojos de Dios cuando pone su fe en Cristo.

¿Cómo pueden ser perdonados "pecados futuros"?

Pastor Prince, si todos mis pecados son perdonados, eso significa que mis pecados futuros también lo son. Pero ¿cómo pueden ser perdonados mis pecados futuros?

Esa es una gran pregunta. La realidad es que cuando Jesús murió en la cruz hace dos mil años, *todos* nuestros pecados estaban en el futuro.

Hay personas que argumentan que no hay ninguna escritura que diga que todos nuestros pecados futuros son perdonados. Enseñan que cuando recibimos a Jesús, todos nuestros pecados pasados son perdonados, pero nuestros pecados futuros solamente son perdonados cuando los confesamos y pedimos perdón a Dios.

Primero, permítame dirigirme a quienes afirman que no hay ningún versículo en la Biblia que afirme que nuestros pecados futuros son perdonados. Permítame señalarles que no hay ningún versículo en la Biblia que declare que solamente nuestros pecados pasados son perdonados. Pero hay una escritura que afirma claramente: "en quien *tenemos* redención por su sangre, el perdón de pecados según las riquezas de su gracia" (Efesios 1:7, énfasis del autor). En el texto griego original, el verbo para "tener" está en tiempo presente, lo cual indica *acción durativa*, significando que *estamos continuamente teniendo perdón de pecados*, incluido cada pecado que cometeremos.[1]

Además, 1 Juan 2:12 dice: "Os escribo a vosotros, hijitos, porque vuestros pecados os han sido perdonados por su nombre". El tiempo perfecto griego utilizado aquí para "han sido perdonados" significa que este perdón es una acción definida y completada en el pasado, con el efecto continuando hasta el presente.[2] Esto significa que el perdón de Dios le cubre en su presente, y continúa hasta su futuro.

Permítame darle otra escritura clara que afirma que todos nuestros pecados, incluidos nuestros pecados futuros, han sido perdonados:

> *Ustedes estaban muertos a causa de sus pecados y porque aún no les habían quitado la naturaleza pecaminosa. Entonces Dios les dio vida con Cristo al perdonar todos nuestros pecados. Él anuló el acta con los cargos que había contra nosotros y la eliminó clavándola en la cruz.*
>
> *—Colosenses 2:13–14,* NTV

¡Jesús perdonó *todos* nuestros pecados! La palabra "todos" en la escritura anterior es la palabra griega *pas*, que significa "todo tipo o variedad...la totalidad de la persona o las cosas a las que se hace referencia".[3] Se refiere a "todo, cualquiera, cada, el total".[4] Por tanto, "todos" significa *todos*. El perdón de Dios de nuestros pecados cubre *cada* pecado: ¡pasado, presente y futuro! Cuando recibimos al Señor Jesús como nuestro Salvador, recibimos el perdón total y completo de todos nuestros pecados.

En Hebreos 10:11–14 la Biblia dice: "Y ciertamente todo sacerdote está día tras día ministrando y ofreciendo muchas veces los mismos sacrificios, que nunca pueden quitar los pecados; pero Cristo, habiendo ofrecido una vez para siempre un solo sacrificio por los pecados, se ha sentado a la diestra de Dios, de ahí en adelante esperando hasta que sus enemigos sean puestos por estrado de sus pies; porque con una sola ofrenda hizo perfectos para siempre a los santificados".

Ahora bien, según esta escritura, como creyente, ¿por cuánto tiempo es usted hecho perfecto?

¡Para siempre!

¿Cómo puede ser hecho perfecto para siempre, si sus pecados futuros no son perdonados?

¿Significa el perdón total que la conducta correcta no es importante?

Muchos creyentes se preocupan de que cuando la verdad del evangelio se dice así, las personas se aprovecharán de la revelación de su perdón total en Cristo y pasarán a vivir vidas impías. Se preocupan de que tal enseñanza no hará hincapié alguno en la santificación o el deseo de vivir una vida santa y que glorifique a Dios. Por tanto, permítame explicar aquí que aunque usted ha sido justificado y ha sido hecho justo por la sangre de Jesús, o perfecto para siempre, la verdad es que la santificación es continua en su crecimiento como cristiano. Por eso el autor del libro de Hebreos dice que estamos *siendo santificados* aunque somos *perfectos para siempre* por el acto de obediencia de Cristo en la cruz (véase Hebreos 10:14).

Como creyente, no puede usted llegar a ser más justo, pero puede llegar a ser más santificado o santo en términos del modo en que vive su vida. La justificación por la fe ocurrió instantáneamente. En el momento en que usted recibió a Jesús, fue perdonado, limpiado, perfeccionado en justicia y salvado. También fue sacrificado *en Cristo* (véase Hebreos 10:10). Sin embargo, es importante entender que la revelación y el resultado de su santificación en Cristo son progresivos. Esto significa que cuanto más crezca usted en su relación con el Señor Jesús, más santo llegará a ser en cada área de su vida.

Recuerdo a un precioso hermano que escribió a mi ministerio describiendo cómo la revelación de nuestro perdón en Cristo le llevó a una intimidad con Dios que anteriormente sólo había soñado. "Previamente, cuando *intentaba* ser un buen cristiano", dijo él, "tan sólo iba *arrastrándome*, centímetro a centímetro. Pero ahora que me he aferrado de la gracia, ¡estoy *corriendo* en mi relación con Dios! Cuanto más aprendo sobre la increíble gracia de Dios, ¡más anhelo glorificarle con mi vida!".

¡Qué hermosa y verdadera imagen de lo que sucede realmente cuando una persona se sienta bajo la enseñanza que descubre un evangelio de la gracia sin diluir! Mi querido amigo, sabemos que "toda la Escritura es inspirada por Dios, y útil para enseñar, para redargüir, para corregir, para instruir en justicia" (2 Timoteo 3:16), de modo que ¿cómo podemos decir que la conducta no es importante? Pero contrariamente a lo que muchas personas imaginan, la revelación del perdón no resta, ni tampoco es a expensas de una vida recta. En cambio, es el combustible que hace que se produzca una vida recta.

> *La revelación del perdón no resta, ni tampoco es*
> *a expensas de una vida recta. En cambio, es el*
> *combustible que hace que se produzca una vida recta.*

El diccionario *Merriam-Webster Online* describe *santifica-ción* como "el estado de crecer en gracia divina como resultado del compromiso cristiano después de la conversión".[5] Mire, se trata de crecer en la gracia; de establecerse en el evangelio de la gracia. Pablo le dijo a Timoteo: "esfuérzate en la gracia que es en Cristo Jesús" (2 Timoteo 2:1). Pedro alentó a los creyentes a edificar un cimiento fuerte en su despedida en su última epís-tola: "creced en la gracia y el conocimiento de nuestro Señor y Salvador Jesucristo" (2 Pedro 3:18).

Preciosos creyentes en todo el mundo están hoy creciendo en la gracia y el conocimiento de nuestro Señor Jesucristo. He observado que cuanto más enfoco mi predicación en revelar a la persona de Jesús en el evangelio de la gracia, ¡más testimo-nios recibe la oficina de mi ministerio de personas que han en-contrado libertad del poder del pecado! ¡Esas personas están hoy tan llenas de amor por Jesús y también de su paz y su vida que comienzan a perder el deseo de juguetear con conductas autodestructivas!

La gracia produce verdadera santidad. Cuanto más crezca usted en la gracia, cuanto más sea limpiado, una y otra vez, por el agua de la palabra de la gracia de Dios, más crecerá en santificación y santidad, y más permitirá que el Espíritu Santo corrija hábitos y pensamientos que le mantienen atado. Amado, cuando experimenta la gracia de nuestro Señor Jesús, la atrac-ción y los placeres fugaces del pecado se desvanecen a la luz de la gloria y la gracia de Él. La victoria también comienza a llegar a anteriores áreas de lucha, debilidad y derrota.

> *Cuando experimenta la gracia de nuestro Señor Jesús, la atracción y los placeres fugaces del pecado se desvanecen a la luz de la gloria y la gracia de Él.*

Perdonado y libre para reinar

Escuche este conmovedor testimonio que recibí de Reese, que vive en California:

Mientras cambiaba de canales en televisión una noche, me encontré con el programa de Joseph Prince. Lo que escuché me bendijo tanto, que el viernes siguiente a las 9:00 de la noche estaba pegada al televisor mientras volvía a oírle predicar.

Decidí comprar dos de los sermones en CD del pastor Joseph Prince sobre la gracia y la justicia, y los escuché muchas veces. Nunca en toda mi vida había oído tal predicación. Yo nací en una familia cristiana, recibí a Cristo a los 22 años de edad, y sin embargo sentía que estaba oyendo el evangelio por primera vez. Mi corazón saltó en mi interior y dio testimonio de que lo que escuchaba era el verdadero evangelio.

Me crié escuchando que yo tenía que cumplir las leyes de Dios para llegar al cielo. También me dijeron que tenía que ser aprobada por Dios para que mis oraciones fueran respondidas. Me presentaron a Dios como un anciano mezquino en el cielo, mirando y esperando a que yo cometiera un error para así poder disciplinarme. También me dijeron que la justicia y la salvación había que ganárselas guardando las leyes del antiguo pacto y viviendo una vida santa.

Lo que me enseñaron me había hecho vivir temerosa, inestable y confundida toda mi vida. Seguía repitiendo el ciclo de caer en pecado y arrepentirme. La vida cristiana era muy difícil para mí.

Oír el verdadero evangelio de la gracia, que gracia significa favor inmerecido, y que la justicia es un regalo que recibí cuando fui salva y no tenía que ganarla, era el agua que tanto necesitaba y que dio alimento a mi alma.

Desde entonces he comprado todos los libros de Joseph Prince y muchos de sus sermones en CD. También veo su programa cada día. Todo lo que Joseph Prince predica ha sido liberador para mí, realmente sus sermones sobre el regalo de Dios de la no condenación. No hay nada tan liberador como saber que todos mis pecados, pasados, presentes y futuros, son perdonados y que Dios no ve ningún pecado en mí porque los vio todos ellos juzgados en el cuerpo de Jesucristo. Por tanto, Dios ya no me condena, ni lo hará. No puedo describir la libertad que siento, y el gozo y la paz de saber que Dios se agrada de mí. Esto es muy dulce.

La revelación de la gracia que recibí mediante la enseñanza de Joseph ha dado como resultado muchas bendiciones: mis relaciones con las personas han mejorado. He sido sanada de una lucha de siete años con elevada presión arterial e insomnio. Además, Dios proveyó milagrosamente las finanzas para comprar una casa de tres dormitorios; proveyó el dinero aunque ese mismo año me habían despedido del trabajo. Seis meses después del despido, conseguí el tipo de trabajo que siempre había querido tener, en una industria en la que siempre había querido trabajar,

> *junto con un salario muy bueno a pesar de la recesión económica. Además de todo eso, recientemente recibí un ascenso con un aumento de sueldo.*
>
> *Ahora veo el favor de Dios en toda mi familia. Soy mucho más estable emocionalmente y afronto cada día con confianza en Cristo. Mi esposo me dice que me he vuelto "sólida". Ya no nos peleamos como antes solíamos hacerlo porque Dios también ha bendecido nuestro matrimonio.*
>
> *¡Que toda la gloria sea para el Señor Jesús, mi Salvador!*

Qué precioso testimonio. Gracias por compartir su viaje de fe, Reese. Lo celebro y me alegro con usted.

Amigo, usted puede tener el mismo gozo, seguridad e increíble restauración que Reese está disfrutando hoy. Al igual que Reese, puede usted pasar de estar atrapado en "el ciclo de caer en el pecado y arrepentirme", sin que resulte ninguna diferencia real de tal arrepentimiento, a caminar en victoria y libertad en medida cada vez mayor cada día. El verdadero arrepentimiento es acudir a la cruz cuando haya caído y regresar a la gracia de Dios. Ya no tiene que seguir estando cargado de confusión y temor, culpabilidad y condenación en su caminar cristiano. Acuda a su amoroso Salvador y reciba su gracia y la seguridad del perdón total de sus pecados. Él ha pagado por todos ellos con su sangre. Eso le hará libre para tener el tipo de relación con Dios que siempre ha anhelado, ¡una relación que es íntima, poderosa y llena de paz, gozo y buen fruto!

CAPÍTULO 5

COMIENCE A VIVIR
CON CONFIANZA

Mi querido amigo, cuando entiende el poder de la sangre limpiadora de Jesús, eso cambia su vida para siempre. El temor y la depresión dan entrada a una paz y un gozo indescriptibles. Ya no se siente inseguro de su salvación, ¡porque ahora posee la bendita seguridad de que la sangre eterna y eficaz de Cristo le ha limpiado y sigue limpiándole de todo pecado!

Cuando entiende el poder de la sangre limpiadora de Jesús, el temor y la depresión dan entrada a una paz y un gozo indescriptibles.

Frances Ridley Havergal, una famosa escritora inglesa de himnos del siglo XIX, fue alguien que experimentó esta experiencia tan transformadora. Frances escribió más de ochenta himnos, incluido el querido *Como un río glorioso* y *Toma mi vida*. Nacida de devotos padres cristianos, era una niña hermosa, brillante y enérgica. Estaba tan llena de vida que su padre la llamaba amorosamente su "pequeña Quicksilver".[1]

Frances era también una niña muy dotada, capaz de leer libros sencillos a los tres años de edad. Cuando tenía cuatro años, sabía escribir bien y leía la Biblia y otros libros para adultos. Más adelante estudió en Inglaterra y Alemania, y dominó el latín, el francés, el alemán, el hebreo y el griego. ¡A los veintidós años de edad se sabía de memoria los cuatro libros de los Evangelios, las Epístolas, y los libros de Salmos, Isaías y Apocalipsis!

La fuente continuamente limpiadora
de la sangre de Cristo

Pero había algo sobre Frances que pocas personas conocen. A pesar de sus talentos y a pesar de haber recibido a Cristo como su Salvador a temprana edad y amar al Señor, Frances era muy infeliz. Por fuera era una cristiana alegre y activa, pero en lo profundo de su ser batallaba con el temor, la inseguridad y la depresión. Estaba convencida de que su "gran maldad de corazón" impedía un caminar pleno e íntimo con el Señor.[2] Frances pasaba los días deseando una experiencia más profunda y más plena con Jesús, en la cual pudiera tener gozo continuo y vida abundante. Sobre todo, quería poder confiar en Jesús plenamente para el perdón completo de pecados, disfrutar de intimidad con Dios y tener una seguridad firme de su salvación.

Mientras leía acerca de su experiencia, sentí curiosidad: *¿Cómo encontró esa experiencia más profunda y más plena en la cual el gozo era continuo? ¿Cómo llegó a confiar en Jesús plenamente para el perdón completo de los pecados y ser libre de la conciencia de pecado y la depresión?* Cuando seguí leyendo, descubrí que fue una revelación de 1 Juan 1:7, de cómo la sangre de Jesús le limpió continuamente de todo pecado, lo que le hizo salir del estancamiento y las profundidades de la desesperación:

> *Pero si andamos en luz, como él está en luz, tenemos comunión unos con otros, y la sangre de Jesucristo su Hijo nos limpia de todo pecado.*
>
> *—1 Juan 1:7*

Como Frances conocía bien el idioma griego, entendió que la palabra griega para "limpia" en 1 Juan 1:7 está en tiempo presente, lo cual significa que la sangre de Jesús *continuamente limpia o mantiene limpio*.[3] Su sangre, derramada hace dos mil años, ¡sigue teniendo un poder de limpieza continuo!

Cuando le preguntaron cómo llegó a esta revelación, Frances dijo:

> Vi que "la sangre de Jesucristo su Hijo nos limpia de todo pecado", y entonces me quedó claro que Aquel que nos había limpiado así tenía poder para mantenerme limpia; así que me rendí a mí misma totalmente a Él y confié por completo en que Él me guardaría...

> ¿Acaso no hemos limitado el poder limpiador de la preciosa sangre cuando es aplicado por el Espíritu Santo, y también el poder de Dios para guardar? ¿No hemos estado limitando 1 Juan 1:7, al referirnos prácticamente sólo a la "remisión de pecados que son pasados" el lugar de tomar la gran simplicidad de la frase "nos limpia de todo pecado"? "Todo" es todo; y al igual que podemos confiar en Él para que nos limpie de las manchas de pecados del pasado, así también podemos confiar en Él para que nos limpie de toda contaminación presente; ¡sí, toda!

> Si no, hacemos a un lado esta preciosa promesa, y al negarnos a tomarla en toda su plenitud, perdemos la plenitud de su aplicación y su poder... Fue esa palabra "limpia" la que abrió la puerta de una gloria de esperanza y gozo para mí. Nunca había visto la fuerza del tiempo verbal antes, el presente continuo, siempre en tiempo presente, no un presente que en el momento siguiente se convierte en un pasado. Sigue limpiando, y no tengo palabras para decir cómo mi propio corazón se regocija en ello. No sólo acudir

*a ser limpiada en la fuente, sino permanecer en la
fuente, de modo que pueda seguir limpiando.*[4]

Puede disfrutar de perfecta paz

Siguiendo la poderosa revelación de Frances que hizo que su corazón se regocijara mucho, escribió dos himnos muy queridos,
uno de los cuales fue *Like a River Glorious* [Como un río glo-
rioso]. Lea la letra de este hermoso himno y vea cómo su revelación de la sangre de Jesús que siempre limpia dio entrada a la
abundancia de la perfecta paz de Dios en su corazón y su mente:

Cual la mar hermosa es la paz de Dios,
Fuerte y gloriosa es eterna paz;
Grande y perfecta, premio de la cruz;
Fruto del Calvario, obra de Jesús.

Coro:
Descansando en Cristo siempre paz tendré;
En Jehová confiando nada temeré.

En la mano fuerte de mi Padre Dios,
Nunca hay molestias, hay perfecta paz;
Nunca negra duda, pena ni pesar,
Vejaciones crueles no me asediarán.

Toda nuestra vida cuidará Jesús,
Cristo nunca cambia, Él es nuestra paz;
Fuertes y seguros en el Salvador,
Siempre moraremos en su grande amor.[5]

Las últimas palabras de Frances antes de pasar a estar con
Jesús fueron: "Todo es perfecta paz. Sólo estoy esperando a que
Jesús me lleve". Qué manera de entrar a la gloria: poseyendo

una perfecta seguridad de salvación, porque ella sabía en su alma que todos sus pecados fueron perdonados, ¡y que en cada momento de su vida estuvo perdonada delante de Dios!

Amigo, si está viviendo la vida en el valle de la desesperación, creyendo que sus pecados le están separando de tener intimidad con el Señor y le sumergen en la derrota, quiero que sepa que debido a que ha puesto su fe en Cristo, ¡está bajo la fuente de la sangre de Cristo que siempre limpia! Todo sentimiento de contaminación o mancha de pecado será lavado de su conciencia cuando sepa y crea lo que Frances descubrió.

Porque la sangre de Jesús le limpia continuamente, no puede entrar y salir de la luz de Cristo, entrar y salir de estar sentado en los lugares celestiales en Cristo, entrar y salir de ser perdonado, justificado y hecho justo, entrar y salir de tener comunión con Dios. No es una salvación de a veces sí y a veces no, ¡sino una salvación que le ha asegurado un *sí* a todas las promesas de Dios debido a la sangre de Jesús (véase 2 Corintios 1:19–20)!

Pierda todas sus manchas de culpabilidad

Hay otro himno acerca de l sangre limpiadora de Jesús que me encanta cantar en la iglesia. Escrito por William Cowper, es el querido himno *There Is a Fountain Filled with Blood* [Hay una fuente llena de sangre]. William era un intelectual sensible que durante la mayor parte de su vida batalló con la depresión profunda desencadenada por la experiencia traumática de perder a su madre a los seis años de edad. Incluso después de una gloriosa conversión más adelante en la vida, William a veces dudaba del amor de Dios y de su seguridad como creyente.

No mucho tiempo antes de su muerte en 1800, William escribió las hermosas palabras de *There Is a Fountain Filled with Blood*. La letra destaca como un testamento a la paz que él encontró con su Salvador, después de entender que la sangre de Cristo había expiado por completo todos sus pecados. Las ungidas palabras han dirigido a incontables santos al igual que a pecadores a encontrar su paz con Dios, la cual como el himno declara, la encuentran aquellos que acuden a "una fuente sin igual de sangre de Emmanuel":

Hay una fuente sin igual de sangre de Emmanuel,
En donde lava cada cual las manchas que hay en él.
Que se entrega a Él, que se entrega a Él;
En donde lava cada cual las manchas que hay en él.

El malhechor se convirtió clavado en una cruz;
El vio la fuente y salvo fue creyendo en Jesús,
Creyendo en Jesús, creyendo en Jesús;
El vio la fuente y salvo fue, creyendo en Jesús.[6]

Amado, véase a usted mismo perpetuamente bajo la fuente de la sangre de Jesús. Vea su sangre limpiándole continuamente y perderá toda mancha de culpabilidad, todo sentimiento de contaminación. Cuando cree correctamente en la eficacia de la sangre de Jesús que siempre limpia, y ve que tiene perdón de todo pecado por medio de esa sangre, no puede evitar vivir la vida con mayor paz, gozo y valentía. Puede acercarse libremente y con valentía al trono de la gracia para disfrutar del abrazo del Señor, hablar con Él acerca de cualquier cosa, y recibir su ayuda y su misericordia en tiempos de necesidad.

Cuando ve que tiene perdón de todo pecado
por medio de esa sangre, no puede evitar vivir
la vida con mayor paz, gozo y valentía.

El camino bíblico de salida del pecado

Pero pastor Prince, ¿no hace tal predicación que los creyentes sientan que está bien seguir pecando?

Permítame hacerle una pregunta: cuando un creyente verdaderamente nacido de nuevo sabe que es perdonado de todos sus pecados, ¿dice: "¡Bien! Ahora puedo pecar todo lo que quiera"?

Le digo que ningún verdadero creyente en Jesús está buscando una excusa para pecar. Muchos puede que estén batallando con el pecado, pero buscan una salida. Saben que lo que están haciendo es autodestructivo y no glorifica a su Señor y Salvador.

Ah, pastor Prince, conozco a fulanito, que dice que está bajo la gracia, y ahora ha abandonado a su esposa para estar con su querida.

Amigo, deje que sea el primero en decirle que esa persona no está viviendo bajo la gracia. La Palabra de Dios nos dice en términos muy claros que "el pecado no se enseñoreará de vosotros; pues no estáis bajo la ley, sino bajo la gracia" (Romanos 6:14).

Esta escritura nos muestra que cuando una persona está verdaderamente bajo la gracia, no es gobernada por el pecado, ni continúa felizmente viviendo un estilo de vida de pecado. Notemos que también nos dice que la manera de ser liberados del dominio del pecado es situarnos bajo la gracia.

La manera de ser liberados del dominio del pecado es situarnos bajo la gracia.

Tan sólo veamos el modo en que Jesús trató con la mujer agarrada en adulterio en el Evangelio de Juan. A los fariseos que la habían llevado ante sus pies, les dijo: "El que de vosotros esté sin pecado sea el primero en arrojar la piedra contra ella". Uno a uno, tiraron sus piedras y se fueron. Después de que se hubiera ido el último de sus acusadores, Jesús preguntó a la mujer: "Mujer, ¿dónde están los que te acusaban? ¿Ninguno te condenó? Ella dijo: Ninguno, Señor".

Ahora, escuchemos con atención lo que Jesús dijo a continuación: "Ni yo te condeno; vete, y no peques más" (véase Juan 8:7–11).

Permítame preguntar esto: ¿hizo Jesús concesiones a la santidad de Dios? ¡Claro que no! Sus primeras palabras fueron: "El que de vosotros esté sin pecado sea el primero en arrojar la piedra contra ella". Él trató el pecado como algo que había que abordar con severidad. El pecado demanda castigo, y Jesús sabía que Él tomaría el castigo por todos sus pecados en la cruz. El pecado *es* destructivo. El pecado destroza matrimonios, familias y a seres queridos. Y en el caso del adulterio, cuando hay niños de por medio, son esos inocentes quienes más sufren. Por eso la Biblia advierte con fuerza acerca de la destructividad del adulterio: "No se aparte tu corazón a sus caminos; no yerres en sus veredas. Porque a muchos ha hecho caer heridos, y aun los más fuertes han sido muertos por ella. Camino al Seol es su casa, que conduce a las cámaras de la muerte" (Proverbios 7:25–27).

Así que permita que deje esto totalmente claro: ¡el pecado es horrible! El pecado viene con consecuencias dañinas. Yo estoy en contra del pecado, ¡y por eso predico *la gracia de Dios!* ¡Su gracia es la única respuesta para vencer el pecado!

Aprendamos del relato en Juan cómo ayudó Jesús a esta mujer a salir del pecado de adulterio. ¿Le recitó la ley de Moisés? ¿Le ordenó que se arrepintiera y confesara su pecado? Usted y yo sabemos que Jesús no hizo nada de eso; sin embargo, eso es lo que se enseña como la respuesta al pecado en muchos lugares en la actualidad.

Amigo, a la adúltera que tenía ante sus pies, nuestro hermoso

Señor Jesús simplemente mostró su gracia que ella no merecía. Alejó a sus acusadores con la misma ley de Moisés que ellos habían llegado para imponer sobre ella. Y a ella le dio el regalo de la no condenación, lo cual la liberó y la capacitó para irse y no pecar más. Jesús *nunca* respaldó su pecado. Pero al darle el regalo de la no condenación, le mostró el camino de salida de su pecado.

¿Pueden los creyentes pecar voluntariamente y perder su salvación?

Siempre que predico sobre el perdón total de nuestros pecados y la seguridad de salvación, alguien dirá: *pero pastor Prince, ¿no dice la Biblia en Hebreos 10:26 que si pecamos voluntariamente, podemos perder nuestra salvación?*

A muchos creyentes se les enseña que cuando pecan voluntariamente están cometiendo aquello contra lo que advierte Hebreos 10:26, y pueden esperar el "juicio, y de hervor de fuego" de Dios (Hebreos 10:27). Como resultado, esos creyentes se vuelven conscientes de pecado: siempre preocupados acerca de sus "pecados voluntarios" y el juicio de Dios que llegará. Cuando algo malo les sucede (se les pincha un neumático en la carretera o contraen una enfermedad, por ejemplo), inmediatamente lo atribuyen al juicio de Dios de sus errores. Mi querido lector, tener este temor y una conciencia de juicio perpetua no es como Dios Padre quiere que vivamos.

Le digo que casi cada pecado que cometemos después de ser salvos (siendo las excepciones pecados que cometemos inconscientemente) se comete voluntariamente. Por tanto, no puede ser esto de lo que habla Hebreos 10:26, ¡o deberíamos vivir cada día esperando el juicio de Dios y su indignación! ¿Qué significa entonces "pecar voluntariamente"? ¿Es algo que un creyente puede hacer? Bien, veamos el contexto de Hebreos 10:26 para descubrirlo, y resolvamos este asunto en nuestros corazones de una vez por todas:

> *Porque si pecáremos voluntariamente después de haber recibido el conocimiento de la verdad, ya no queda más sacrificio por los pecados, sino una horrenda expectación de juicio, y de hervor de fuego que ha de devorar a los adversarios. El que viola la ley de Moisés, por el testimonio de dos o de tres testigos muere irremisiblemente. ¿Cuánto mayor castigo pensáis que merecerá el que pisoteare al Hijo de Dios, y tuviere por inmunda la sangre del pacto en la cual fue santificado, e hiciere afrenta al Espíritu de gracia? Pues conocemos al que dijo: Mía es la venganza, yo daré el pago, dice el Señor. Y otra vez: El Señor juzgará a su pueblo. ¡Horrenda cosa es caer en manos del Dios vivo!*
> —Hebreos 10:26–31

¿Para quién es la advertencia?

Lo primero que necesitamos entender es que el libro de *Hebreos* fue escrito a los hebreos, o pueblo judío (que incluía a creyentes al igual que incrédulos). Hebreos 10:26, en particular, se está dirigiendo a judíos incrédulos que habían oído predicar sobre que Jesús es su Mesías, pero seguían regresando al templo para ofrecer sacrificios de animales. Eso era un insulto al Espíritu de gracia, porque ellos estaban rechazando de plano al Señor Jesús, quien en su gran gracia se había ofrecido a sí mismo como el sacrificio perfecto y definitivo por sus pecados en el Calvario. Al dirigirse a aquellas personas, el apóstol Pablo (yo creo que él es el escritor del libro de Hebreos) compara el sacerdocio imperfecto de la ley y sus repetidos sacrificios en el templo con el sacerdocio perfecto de Cristo y su sacrificio una vez para siempre.

Por ejemplo, en Hebreos 10:1 encontramos a Pablo hablando sobre que los sacrificios animales que los judíos ofrecían continuamente en el templo no podían hacerlos perfectos. Como contraste, Jesús, "habiendo ofrecido una vez para siempre un solo sacrificio por los pecados, se ha sentado a la diestra de Dios... porque con una sola ofrenda hizo perfectos para siempre a los santificados" (Hebreos 10:12, 14). Pablo sigue diciendo que debido a que sus pecados han sido remitidos mediante el único sacrificio perfecto de Cristo, "no hay más ofrenda por el pecado" (Hebreos 10:18).

En otras palabras, Pablo les estaba diciendo a aquellos judíos que era inútil regresar al templo para ofrecer repetidamente los mismos sacrificios, los cuales nunca pueden quitar los pecados. Les estaba diciendo que el Señor Jesús ya se había convertido en su sacrificio final, poniendo fin a todos los sacrificios del templo. ¿Puede ver como los versículos anteriores a Hebreos 10:26 contrastan la eficacia imperfecta de la sangre de los sacrificios anuales del templo para quitar los pecados, y el sacrificio perfecto del Señor Jesús por los pecados para siempre? Pablo les estaba mostrando a los judíos la obra perfecta que nuestro Señor Jesús había hecho.

Me resulta sorprendente que en lugar de regocijarse por estas escrituras que aseguran la fe en Hebreos 10, algunos creyentes deciden enfocarse en los versículos 26 y 27, sin entender el contexto en el cual fueron escritos. Claramente, en su contexto, "pecar voluntariamente" es cometer el *pecado concreto* de saber que Jesús es el sacrificio final y sin embargo decidir no aceptar su obra terminada y regresar a los sacrificios del templo. No se está refiriendo a pecados deliberados que un creyente comete después de ser salvo.

Los creyentes no tienen nada que temer

Pablo ciertamente no se estaba dirigiendo a creyentes genuinos cuando advirtió sobre pecar voluntariamente en el versículo 26. Cuando escribe: "Porque si pecáremos voluntariamente después de haber recibido el conocimiento de la verdad, ya no queda más sacrificio por los pecados", se está refiriendo a sus hermanos judíos que habían recibido "el *conocimiento* de la verdad" pero nunca recibieron esta verdad (el Señor Jesús y su obra terminada) *en sus corazones*. Ellos oyeron la verdad acerca de Jesús, pero decidieron no depender de su ofrenda perfecta por su salvación. Hay una inmensa diferencia entre ambas cosas.

Por tanto, Pablo estaba diciendo en esencia a aquellos judíos: "Cuando ustedes conocen la verdad y siguen dando la espalda al sacrificio final de Jesús, ya no queda ningún sacrificio más por los pecados". Y al rechazar constantemente en sus corazones el sacrificio final de Jesús y regresar a las ofrendas de sacrificios animales en el templo, ellos "[pisotearon] al Hijo de Dios, y [tuvieron] por inmunda la sangre del pacto en la cual fue santificado, e [hicieron] afrenta al Espíritu de gracia" (Hebreos 10:29).

Por el contexto de Hebreos 10:26 está claro que este versículo no está dirigido a todos los creyentes en absoluto. Los creyentes genuinos en Cristo no pueden cometer este pecado, simplemente porque ya han creído en el sacrificio de Jesús y han puesto su confianza en la obra terminada del Señor, y ciertamente no van a regresar a ningún templo para ofrecer sacrificios de animales. El versículo no se refiere a cristianos que se están "rebelando" o "desviando"; tampoco se refiere a cristianos que pecan voluntariamente en un momento de debilidad o tentación.

Amigo, no permita que nadie predique este versículo fuera de su contexto y le robe su seguridad en Cristo. Veamos cómo termina el capítulo: "Pero nosotros no somos de los que retroceden para perdición, sino de los que tienen fe para preservación del alma" (Hebreos 10:39). Pablo afirma claramente que los creyentes no son como quienes han rechazado al Señor Jesús para su propia destrucción, sino que son quienes han creído y son salvos. Lea de nuevo este versículo y sepa verdaderamente esto en su corazón: como creyentes, todos nosotros hemos creído para la salvación de nuestras almas por toda la eternidad. ¡Aleluya!

Los creyentes no irán a juicio

Ahora bien, si Pablo se estaba dirigiendo a los judíos de su época, especialmente a aquellos que rechazaban a Jesús como el sacrificio final y regresaban a los sacrificios en el templo, ¿tiene Hebreos 10 alguna aplicación para la actualidad? Sí, Hebreos 10:26 puede ser aplicado actualmente a los incrédulos que oyen la verdad del evangelio de la gracia, y con ojos abiertos dan la espalda a nuestro Señor Jesús y la salvación que Él ofrece. Tan sólo imagine: Dios ofrece su salvación y todas sus bendiciones en sus manos a alguien que, teniendo conocimiento de la magnitud de esas bendiciones, retira sus manos. Eso es lo que significa pecar voluntariamente en la actualidad e insultar al Espíritu de gracia. Y para tal persona, mientras siga rechazando el perfecto sacrificio de Jesús y su obra terminada, ya no queda más sacrificio por sus pecados. Ha rechazado el único sacrificio que Dios acepta, y al final este incrédulo tendrá que enfrentarse al juicio de Dios por haber rechazado al Señor.

Pero ¿cuál es la Palabra de Dios cuando se trata de juicio y *sus hijos*? Permita que le muestre lo que *sí* dicen las Escrituras para establecer su corazón en la seguridad de su salvación en Cristo. La palabra griega para "juicio" en Hebreos 10:27 es *krisis*, que significa una sentencia de "condenación y castigo".[7] Ahora venga conmigo a Juan 5:24 y lea las propias palabras de

Jesús: "De cierto, de cierto os digo: El que oye mi palabra, y cree al que me envió, tiene vida eterna; y no vendrá a condenación [*krisis*], mas ha pasado de muerte a vida". La misma palabra para "juicio" (*krisis*) utilizada en Hebreos 10:27 se utiliza aquí en esta escritura con respecto a los creyentes.

¿Puede algo será más claro y transparente? ¿De qué quiere Dios que estemos seguros? ¡De que nosotros los creyentes nunca iremos a juicio *krisis*! Hemos pasado de muerte a vida. Los creyentes genuinos nunca tienen que tener temor al juicio de Dios, pues todo el fuego del juicio cayó plenamente sobre nuestro Señor en el Calvario. Hoy día puede tener plena seguridad de salvación en Cristo su Salvador. ¡Amén!

Tratar el pecado en la iglesia

Al igual que Jesús mostró su perdón y su regalo de la no condenación a la mujer agarrada en adulterio, así también yo predico la misma gracia que Jesús ejemplifico y ofreció. Como predicador de la gracia de nuestro Señor Jesús, nunca respaldo ni excuso el pecado de nadie; sin embargo, mi tarea no es señalarles hacia más leyes, sino hacia nuestro Señor Jesús.

Si mi equipo pastoral o yo estamos participando en consejería con alguien que esté viviendo en adulterio, le diremos a esa persona en términos muy claros que no está viviendo bajo la gracia. Ya que el pecado está teniendo dominio sobre él o ella, ¿cómo puede estar viviendo bajo la gracia?

Señalaremos a la persona hacia la gracia de nuestro Señor Jesús, pero también dejaremos muy claro que el pecado llega con consecuencias destructivas, y que no es aceptable que continúe en su pecado. Entonces le diremos a la persona que regrese con su cónyuge y su familia, ¡y la mayoría de veces la persona lo hará!

El punto es que estamos aquí para ayudar a quienes están

batallando con el pecado y tienen un deseo genuino de ser ayudados. Pero respecto a quienes se inclinan a vivir un estilo de vida de pecado, nunca respaldamos ni aprobamos su estilo de vida. ¿Les amamos? Al cien por ciento. Regresaremos a su lado en un segundo si quieren genuinamente recibir ayuda.

Hemos descubierto que muchas veces el individuo que insiste en vivir un estilo de vida de pecado dejará de asistir a la iglesia por decisión propia. Es interesante que parece que los pocos que quieren persistentemente vivir en el pecado descubren que no pueden permanecer demasiado tiempo en una iglesia que predica el verdadero evangelio de la gracia. Es difícil seguir pecando contra un Salvador amoroso.

Comparto todo esto para decirle cómo ha de pastorearse una iglesia de la gracia. No nos tomamos el pecado a la ligera. Como pastores, tenemos la responsabilidad de proteger el precioso rebaño de Dios de los lobos. La iglesia abre sus puertas y da la bienvenida a todos; sin embargo, si hay una conducta depredadora, tenemos que intervenir para asegurarnos de que nuestra congregación y sus hijos estén seguros. Vemos cómo un buen pastor protege su rebaño en el ejemplo de David en el Antiguo Testamento. Incluso cuando era un joven pastor, David perseguía al león y al oso que se llevaba sus ovejas, y rescataba sus ovejas de las bocas de esos depredadores (véase 1 Samuel 17:34–36). Del mismo modo, no nos retraemos de la conducta pecaminosa que esté haciendo daño a nuestro rebaño, y actuamos para proteger a nuestras "ovejas". No tengo ninguna duda de que usted haría lo mismo para proteger a su familia y sus seres queridos.

¿Y qué de que confesar nuestros pecados para obtener perdón?

Cuando predico que todos nuestros pecados han sido perdonados y que estamos perpetuamente bajo la fuente de la sangre de Jesús que siempre limpia, otra pregunta que con frecuencia me hacen es la siguiente: *¿Ye qué acerca de la confesión de pecados de la que se habla en 1 Juan 1:9? El versículo dice claramente: "Si confesamos nuestros pecados, él es fiel y justo para perdonar nuestros pecados, y limpiarnos de toda maldad". ¿No tenemos que confesar nuestros pecados a fin de ser perdonados y limpiados de toda maldad?*

Amigo, está usted mirando a alguien que recorrió todo el camino con la interpretación y la comprensión tradicionales de este versículo. Como joven adulto que quería sinceramente vivir una vida santa y agradar a Dios, comencé a confesar mis pecados todo el tiempo cuando recibí esta enseñanza. No quería pasar ni un sólo minuto sin estar "a cuentas con Dios". Por tanto, cuando un mal pensamiento cruzaba mi mente, confesaba ese pecado de inmediato. Me tapaba la boca y susurraba mi confesión, ¡incluso si estaba en medio de un partido de fútbol con mis amigos!

No es necesario decir que a mis amigos yo les parecía extraño. Yo también estaba perplejo con respecto al porqué mis amigos cristianos no confesaban sus pecados como yo lo hacía. ¿Por qué ellos no eran serios con respecto a querer seguir a Dios al cien por ciento?

La confesión constante e incesante de mis pecados me hacía ser extremadamente consciente de pecado. Llegué a ser tan consciente y a estar tan inquieto por cada pensamiento negativo, que creía que no había más perdón para mis pecados. ¡Incluso comencé a creer que había perdido mi salvación e iría al infierno! El enemigo se aprovechaba de mi obsesión de tener que confesar cada pecado, y me situaba bajo una condenación constante. ¡La opresión se volvió tan grave que sentía como si mi mente estuviera a punto de dar un chasquido!

Compartí con más amplitud acerca de mi batalla pasada con 1 Juan 1:9 y de lo que habla realmente el versículo en mi libro

Favor inmerecido.[8] Por tanto, permítame que le ofrezca una rápida comprensión del tema aquí:

- El primer capítulo de 1 Juan no fue escrito a creyentes sino a gnósticos que no creían que Jesús vino en la carne, de ahí el comienzo tan poco característico en la primera Epístola de Juan. No hubo saludos a los creyentes, contrariamente a lo que encontramos en su segunda y tercera epístola. En cambio, el apóstol Juan comienza su primera epístola con un discurso directo a la grave herejía de los gnósticos: "Lo que era desde el principio, lo que hemos *oído*, lo que hemos *visto* con nuestros ojos, lo que hemos *contemplado*, y *palparon* nuestras manos" (1 Juan 1:1, énfasis del autor). Juan les estaba diciendo que Jesús ciertamente había venido en la carne y que él y los otros discípulos habían oído, visto y tocado a Jesús.

- Es en el capítulo 2 de la primera Epístola de Juan donde vemos la frase "hijitos míos" por primera vez, entendiendo que desde este capítulo en adelante el apóstol Juan se estaba dirigiendo a creyentes.

- Los gnósticos también creían que ellos no tenían pecado; por tanto, el apóstol Juan les estaba diciendo que si reconocían y confesaban sus pecados, Dios les perdonaría y les limpiaría de toda maldad (véase 1 Juan 1:8–9).

- Los primeros cristianos no tuvieron el libro de 1 Juan durante unos cincuenta años, de modo que el estar "a cuentas con Dios" no podría haber sido mediante la confesión de pecados.

- El apóstol Pablo, quien escribió dos terceras partes de las epístolas a las iglesias, ni una sola vez enseñó sobre la confesión de pecados. De hecho, en su carta a los cristianos corintios, muchos de los cuales estaban cometiendo pecados como visitar a las prostitutas del templo, no les dijo que fueran y confesaran sus pecados para ponerse a cuentas con Dios. Más bien les recordó quiénes eran ellos en Cristo: "¿No sabéis que sois templo de Dios, y que el Espíritu de Dios mora en vosotros?" (1 Corintios 3:16).

• Que estemos "a cuentas con Dios" no se basa en la imperfecta confesión de los pecados por hombres imperfectos, sino en las riquezas de la gracia de Dios y el perfecto sacrificio de su Hijo.

• Quienes creen que 1 Juan 1:9 está diciendo a los creyentes que confiesen su pecado cada vez que pecan, necesitan entender que *cada* pecado necesita ser reconocido y confesado (de otra manera, basados en este versículo, uno sigue siendo injusto). No puede usted escoger qué confesar, o confesar solamente los pecados que recuerde. Y no es humanamente posible confesar *todo* pecado en pensamiento, palabra y obra.

• La palabra "confesamos" en 1 Juan 1:9 es la palabra griega *homologeo*, que significa "decir lo mismo que" o "estar de acuerdo con".[9] Confesar nuestros pecados, por tanto, es decir lo mismo que dice Dios sobre nuestros pecados: que es pecado, y que nuestros pecados han sido perdonados y limpiados por la sangre de nuestro Señor Jesucristo (véase Apocalipsis 1:5). Cuando hemos pecado y entendemos que hemos pecado, la verdadera confesión es estar de acuerdo con la Palabra de Dios y expresar nuestra gratitud a Él por la realidad de nuestro perdón en Cristo.

Para el teólogo, quiero compartir con usted una revelación nueva y poderosa a la que el Señor acaba de abrir mis ojos. (Esto es tan nuevo que en el momento de escribir este libro no lo he predicado aún en mi propia iglesia). En mi estudio, Él me pidió que examinara la palabra *pecados* en 1 Juan 1:9 y que viera si es un nombre o un verbo en el texto griego original. ¿Está usted listo para esto?

En las dos ocasiones en que vemos la palabra "pecados" en 1 Juan 1:9, es el nombre griego *hamartia* el que se utiliza. Según el conocido erudito de la Biblia William Vine, *hamartia* ("errar el blanco") indica "un principio o fuente de acción, o un elemento interno que produce actos…un principio o poder gobernante".[10] En otras palabras, se refiere al principio del pecado, o nuestro estado pecaminoso por causa del pecado de Adán. Al utilizar la forma de sustantivo de esta palabra, Juan claramente no se estaba refiriendo a que cometamos actos de pecado individuales, o habría utilizado la forma verbal: *hamartano*.

A la luz de esto, ¿puede ver que 1 Juan 1:9 no está hablando sobre confesar nuestros pecados cada vez que pecamos en pensamiento o en obra? Juan estaba hablando de la necesidad de reconocer y confesar a Dios que somos pecadores debido al pecado de Adán, al igual que recibir el perdón total de todos nuestros pecados mediante la obra terminada de Jesús. ¿Cuán a menudo necesitamos hacer esto? Una sola vez. Por eso 1 Juan 1:9 es principalmente un versículo de salvación, que alienta al pecador a reconocer y confesar su estado de pecado o "hermandad de pecado", nacer de nuevo por la fe en nuestro Señor Jesucristo, y que su estado pecaminoso por medio de Adán sea sustituido por un nuevo estado de justicia por medio de Cristo. La doctrina hereje gnóstica no se suscribía a una creencia en el estado pecador del hombre. Juan se estaba dirigiendo directamente a esta herejía en el primer capítulo de 1 Juan y alentando a los gnósticos a confesar su estado pecaminoso y recibir el perdón completo del Señor y una limpieza total de toda su injusticia mediante su obra terminada en la cruz.

Ahora bien, ¿qué dice entonces el apóstol Juan acerca de que cometamos pecados después de habernos convertido en creyentes? Solamente dos versículos después en el segundo capítulo de 1 Juan, Juan responde esta pregunta cuando comienza su discurso a los creyentes: "Hijitos míos, estas cosas os escribo para que no pequéis; y si alguno hubiere pecado, abogado tenemos para con el Padre, a Jesucristo el justo" (1 Juan 2:1).

Esta vez, las palabras "pecado" y "pecados" están en el tiempo verbal griego *hamartano*. Juan ahora se está refiriendo a que los creyentes cometan pecados: sus pensamientos y obras pecaminosos. ¿Qué dice Juan con respecto a esto? Nos recuerda que cuando fallamos como creyentes, tenemos un abogado para con el Padre: Jesucristo.

Debido a nuestro Señor Jesús y lo que Él ha logrado en la cruz, tenemos perdón y seguimos estando a cuentas delante de Dios incluso cuando hemos fallado. Al igual que el apóstol Pablo les recordó a los creyentes corintios que habían fallado que seguían siendo el templo del Espíritu Santo, Juan nos recuerda quiénes somos en Cristo y a quién tenemos representándonos a la diestra de Dios.

¿Puede ver que la respuesta de la Biblia a vencer el pecado es siempre recordar a los creyentes su identidad de justicia de Cristo? Esto no es alentarnos a pecar, sino alentarnos a mirar a nuestro Señor Jesús, ver nuestros pecados castigados en la cruz y vivir victoriosamente y gloriosamente para Él. De eso se trata el verdadero arrepentimiento: ¡acudir a la cruz y regresar a la gracia de Él! Cuando falle usted en este día, sepa que puede hablar a Dios sinceramente acerca de su fracaso, pero hágalo con la revelación de la cruz de nuestro Señor Jesús. Vea sus pecados castigados en su cuerpo y reciba de nuevo su perdón y su favor inmerecido para reinar sobre sus pecados.

¿Confesamos nuestros pecados bajo la gracia?

Una vez, cuando estaba predicando en Italia, un destacado psiquiatra que me habían presentado compartió conmigo algo desgarrador. Me dijo que ha aconsejado a muchos cristianos sinceros que viven vidas derrotadas, que algunos están incluso en hospitales mentales, porque creen que estar a cuentas con Dios depende de su capacidad de confesar cada pecado.

Amigo mío, ¿puede ver lo peligrosa que es esta enseñanza? Sin la seguridad del perdón completo, esos creyentes son conscientes de pecado, están cargados de culpabilidad y vergüenza, condenados por el enemigo, sin gozo, y totalmente inseguros acerca de su salvación.

Sin embargo, la verdad es que cada creyente tiene perdón total en Cristo, cuya sangre eterna sigue limpiándoles de todo pecado. En el momento en que conocen esta verdad, el cielo llega a sus almas, como en el caso de Frances Havergal. Y el efecto que eso produce en sus vidas no es un deseo de salir y pecar, sino un deseo de vivir una vida que glorifique a su Salvador. Porque el que sabe que se le ha perdonado mucho, que se le ha perdonado todo, en realidad, amará mucho (véase Lucas 7:47, NTV).

Por tanto, ¿está Joseph Prince en contra de que un cristiano confiese sus pecados? Permítame decir esto con claridad: yo creo en la confesión de pecados y sigo confesando mis pecados; pero hay una gran diferencia ahora: confieso mis pecados sabiendo que todos mis pecados *ya* son perdonados. No confieso mis pecados para *ser* perdonado. Debido a que tengo una relación íntima con mi Padre celestial, puedo ser sincero con Él cuando me he equivocado. Puedo hablarle al respecto, recibir su gracia para mi debilidad, y seguir adelante sabiendo plenamente bien que Él ya me ha perdonado por medio del sacrificio de su Hijo. Y no me sigo preocupando con respecto al hecho de que no me es posible confesar cada pecado, porque sé que no es mi confesión la que me salva, sino la sangre de Jesús.

Amado, nuestro perdón fue comprado perfectamente por la sangre preciosa de nuestro Señor. No depende de lo perfectamente que seamos capaces de confesar cada uno de nuestros pecados. ¿Cómo puede nuestro perdón depender de la regularidad, frecuencia y calidad de nuestras confesiones? ¡Eso está condenado al fracaso! Nuestro perdón depende de nuestra fe en la calidad de la sangre sin pecado de nuestro Señor que fue derramada en la cruz. Hay un mundo de diferencia entre estas dos bases para nuestro perdón, ¡y da como resultado un mundo de diferencia para su paz mental!

Querido lector, gracia no significa tomar a la ligera el pecado; ¡es el poder de ser libres del pecado! Y esta es la *verdad presente* de la gracia en la cual Dios quiere que estemos establecidos (véase 2 Pedro 1:12), que con respecto a la confesión de pecados, confesemos nuestros pecados porque *ya somos* perdonados, no para *obtener* el perdón de Dios. Cuanto más consciente sea usted de lo perdonado que ya está en Cristo, más vivirá verdaderamente por encima de cada derrota.

Comience a caminar en valentía hoy

Amado, es la sangre de Jesucristo la que continuamente le limpia de todo pecado, y no su continua confesión de pecados. Tiene usted remisión y perdón de cada pecado mediante su sangre derramada. Tiene la seguridad del perdón según las riquezas de su gracia, no según la diligencia de sus confesiones. Su seguridad está fundada en lo que Él ha hecho, y no en lo que usted necesita seguir haciendo.

Su seguridad está fundada en lo que Él ha hecho,
y no en lo que usted necesita seguir haciendo.

Quienes insisten en que 1 Juan 1:9 es prueba de que el cristiano debe *seguir confesando sus pecados a fin de ser perdonado y ser hecho justo* verá que es incoherente con 1 Juan 2:12: "Os escribo a vosotros, hijitos, porque vuestros pecados os han sido perdonados por su nombre". Vimos en el capítulo anterior que "ser perdonados" aquí está el tiempo perfecto en el griego, indicando que nuestro perdón es una acción definida y completada en el pasado con un efecto continuado. Por tanto, si el apóstol Juan realmente escribió 1 Juan 1:9 para que el cristiano lo practicara, ¡entonces estaba empleando un doble lenguaje! No, amigo mío, no hay doble lenguaje en la Escritura. *Somos* perdonados de *todo* por medio de la sangre de Jesús.

Esta revelación del poder limpiador de la sangre derramada de Jesús es el trampolín para vivir la vida con una mayor valentía y confianza. Las Escrituras nos dicen claramente:

> *Así que, amados hermanos, podemos entrar con valentía en el Lugar Santísimo del cielo por causa de la sangre de Jesús. Por su muerte, Jesús abrió un nuevo camino—un camino que da vida—a través de la cortina al Lugar Santísimo. Ya que tenemos un gran Sumo Sacerdote que gobierna la casa de Dios, entremos directamente a la presencia de Dios con corazón sincero y con plena confianza en él. Pues nuestra conciencia culpable ha sido rociada con la sangre de Cristo a fin de purificarnos, y nuestro cuerpo ha sido lavado con agua pura.*
>
> —Hebreos 10:19–22, NTV

¿Lo ve? La valentía llega cuando usted entiende que debido a la sangre limpiadora de Jesús, no tiene necesidad de ocultarse de Dios, temeroso de que Él quiera atraparle por sus pecados. Tiene usted valentía para entrar en la presencia más santa de Dios con un corazón que confía plenamente en Él, y con una conciencia libre de culpabilidad y condenación.

Debido a la sangre limpiadora de Jesús, tiene usted valentía para entrar en la presencia más santa de Dios con un corazón que confía plenamente en Él, y con una conciencia libre de culpabilidad y condenación.

Esta es la manera nueva y transformadora por la cual Dios quiere que usted viva, una en la que puede acercarse confiadamente a su trono de gracia en cualquier momento para recibir su misericordia, favor, ayuda, bendiciones y vida. Amigo, cualesquiera que sean sus retos, si posee activamente su perdón en Cristo perfecto y completo, puede vencerlos y disfrutar la vida en un nivel totalmente nuevo, ¡con mayor valentía y confianza!

PARTE 2

EDIFICAR UN FUNDAMENTO PARA VICTORIAS DURADERAS

CAPÍTULO 6

¿POR QUÉ PREDICAR LA GRACIA?

He escrito este libro para ayudarle a edificar un fuerte fundamento para victorias duraderas. Cualquier derrota con la que puede que estén batallando ahora, quiero que se ancle realmente usted mismo en la gracia de Dios recibiendo y entendiendo el evangelio de la gracia en su Palabra. No base su entendimiento del corazón de Dios hacia usted en cosas que haya oído o en opiniones de hombres; báselo en el fundamento inconmovible y eterno de su Palabra. El deseo de mi corazón es verle vivir una vida gloriosa y victoriosa, no una vida enredada en pecado, duda, aprensión y derrota.

Puede que haya cometido muchos errores. Puede que piense que es demasiado tarde ya para que Dios cambie las cosas en su vida. Incluso puede que piense que se merece estar en la confusión en la que está, y que Dios le ha dado la espalda. Mi querido amigo, esos duros pensamientos no son pensamientos de Dios acerca de usted. Su Palabra proclama que sus pensamientos hacia usted son buenos:

> *Pues yo sé los planes que tengo para ustedes—dice el Señor—. Son planes para lo bueno y no para lo malo, para darles un futuro y una esperanza.*
> —*Jeremías 29:11*, NTV

Dios tiene un increíble plan, propósito y destino para su vida. Su pasado no tiene que determinar su futuro. A pesar de cuál pueda haber sido su historia, sus mejores días están por delante de usted. Creo que cuanto más edifique un fundamento sólido como la roca en su relación con el Señor Jesús y siga adelante para entender su misericordioso corazón de amor y pasión hace usted, más seguridad encontrará y experimentará victorias duraderas en la vida.

Su pasado no tiene que determinar su futuro.
A pesar de cuál pueda haber sido su historia,
sus mejores días están por delante de usted.

En los capítulos anteriores nos enfocamos en cómo vivir con mayor confianza y valentía. Centré mi enseñanza en ayudarle a crecer al mostrarle la importancia de saber por encima de toda duda que cuando usted se convierte en creyente en Jesucristo, todos sus pecados son perdonados. Las personas perdonadas no buscan una excusa para pecar. Las personas perdonadas encuentran libertad del pecado al acudir al Salvador siempre que fallan. El arrepentimiento se trata de acudir a la cruz y regresar a la gracia de Dios, y permitir que sus palabras laven y renueven nuestra mente.

Muchas personas sinceras pero deprimidas viven en profundo remordimiento y lamento por sus errores del pasado. Pero en lugar de acudir al Señor, se alejan de Él. Encuentran otras maneras de apaciguar su dolor o escapar de él. ¿Por qué hacen eso? Porque no entienden el corazón de gracia de Dios. Por eso necesitamos predicar su gloriosa gracia con valentía. Preciosas vidas están encarceladas en una aplastante derrota no porque la victoria no esté disponible para ellos, ¡sino porque no saben cómo puede ser suya la victoria!

Permita que el evangelio cambie su vida

Cualquiera que diga que la predicación de la gracia de Dios produce licencia para pecar, probablemente no entiende plenamente el poder de la gracia transformadora de Dios. La gracia saca a una persona que está batallando en el pecado de su vida de derrota. La gracia produce verdadera santidad. Con verdadera santidad me refiero a una santidad que es duradera, no como forma de santidad externa que es temporal, sino una santidad duradera que nace de una transformación que comienza en el corazón de la persona. La gracia no *aprueba* el pecado; proporciona libertad duradera *del* pecado. ¿Cómo puede alguien pensar que situarse bajo la gracia es ser ciego al pecado, cuando la gracia abre nuestros ojos para ver que fueron nuestros pecados los que llevaron a Jesús a la cruz y le costaron su vida?

La gracia no aprueba *el pecado; proporciona libertad duradera* del *pecado.*

Le he mostrado en escritura tras escritura el corazón del Padre al perdonarnos nuestros pecados. La valiente predicación del evangelio de la gracia de este ministerio ha dado como resultado un testimonio tras otro de muchas vidas preciosas que han sido libres de pecado, de adicciones, y de todo tipo de ataduras religiosas. Los testimonios de las personas que han tomado el tiempo para compartir sus asombrosas victorias atestiguan del poder de la increíble gracia de Dios. Y yo sé muy bien que la única razón de que estos maravillosos testimonios inunden nuestra oficina ministerial cada semana es que el evangelio de Jesucristo está siendo predicado. La gracia no es solamente un tema académico o teológico a ser pontificado en un seminario bíblico. La gracia es el evangelio mismo, ¡y la predicación del evangelio cambia vidas!

Esto es lo que nuestro Señor Jesús mismo proclamó que sucedería. Cuando estaba en Nazaret, dijo: "El Espíritu del Señor está sobre mí, por cuanto me ha ungido para dar buenas nuevas a los pobres; me ha enviado a sanar a los quebrantados de corazón; a pregonar libertad a los cautivos, y vista a los ciegos; a poner en libertad a los oprimidos; a predicar el año agradable del Señor" (Lucas 4:18–19).

Escuchemos atentamente las palabras de nuestro Señor. ¡Observemos cómo el Espíritu del Señor y su unción están sobre aquellos que predican el evangelio! La palabra evangelio es la palabra griega *euangelion*, que significa "buenas nuevas"[1] o "buenas noticias". Lucas 4:18 usa el verbo *euangelizoo*, significando "dar buenas noticias, anunciar buenas nuevas".[2] Ahora bien, veamos los resultados cuando se predican las buenas nuevas de Jesús: la maldición de la pobreza es destruida, corazones quebrantados son curados, prisioneros y oprimidos son puestos en libertad, ¡y quienes no pueden ver reciben la vista! Mediante la predicación de la increíble gracia de Dios, nuestra iglesia y nuestro ministerio están siendo testigos de todos estos efectos. Si es usted pastor o ministro de la Palabra de Dios, puede obtener los mismos resultados en su ministerio cuando predica las buenas nuevas de Jesús.

La verdad liberadora de la gracia

Aquí tiene una escritura que quiero que tenga en lo profundo de su corazón:

> *Pues la ley por medio de Moisés fue dada, pero la gracia y la verdad vinieron por medio de Jesucristo.*
> —*Juan 1:17*

La ley que fue dada por medio de Moisés se refiere al pacto sinaítico, por el monte Sinaí, donde fueron dados los Diez Mandamientos. Por tanto, siempre que hablo sobre la ley me estoy refiriendo a los Diez Mandamientos dados en el monte Sinaí. Para comenzar, permítame dejar claro lo siguiente: el pacto sinaítico era un pacto que fue hecho entre Dios de Israel. Tan sólo pregunte a cualquier persona judía. No fue un pacto que fue hecho entre Dios y la Iglesia. Nuestro pacto es el nuevo pacto de la gracia, que comenzó en la cruz de nuestro Señor Jesús. Observemos en Juan 1:17 que los Diez Mandamientos fueron *dados* por medio de un siervo, Moisés, pero la gracia y la verdad *vinieron* mediante el propio Hijo de Dios, Jesucristo.

Ahora bien, no permita que nadie le diga que la "verdad" aquí son los Diez Mandamientos. El versículo contrasta claramente los Diez Mandamientos con la gracia y la verdad. Vemos la ley mosaica por un lado y la gracia y la verdad por otro lado. En el versículo, vemos que la verdad está del lado de la *gracia*, no de los Diez Mandamientos. En el texto griego original, las palabras para "gracia" y "verdad" están seguidas por un verbo griego en singular para "vinieron",[3] que significa que la "gracia" y la "verdad" son consideradas un solo objeto. Gracia es la *verdad*, ¡y esta verdad que hace libres a las personas es la *gracia*! Por tanto, no se pueden separar gracia y verdad; son un todo. Deje que lo diga de nuevo: gracia es la verdad, y la verdad es gracia. ¿Por qué es tan importante saber esto? Porque la gracia, no la ley, es la verdad que nos hace libres y nos transforma (véase Juan 8:32).

La gracia, no la ley, es la verdad que
nos hace libres y nos transforma.

Cuando Jesús dijo a la mujer agarrada en adulterio: "Ni yo te condeno; vete, y no peques más" (Juan 8:11), eso fue gracia y verdad como un todo en acción. La gracia no condena al pecador, pero tampoco aprueba el pecado. La gracia perdona al pecador que no la merece, y el resultado de la gracia es la capacidad de ir y no pecar más. ¿No es eso hermoso? Ese es nuestro Señor Jesús. Él ama al pecador y le envía con el poder y la fortaleza para ir y no pecar más. La persona cuyo corazón está lleno del amor de Jesús no necesita encontrar amor en una relación adúltera. Lo único que usted necesita para obtener seguridad, afirmación y amor se encuentra plenamente en la persona de Jesús. ¡No tiene que conformarse con una vida atrapada en el pecado cuando sabe que Jesús tiene un futuro tan hermoso y glorioso para usted!

La vida de derrota: atrapada en un ciclo de pecado

¿Cómo creyentes nacidos de nuevo, que sinceramente quieren vivir vidas santas, aun así terminan atrapados en un ciclo de pecado y viviendo una vida de derrota? Yo creo que se debe a que reciben condenación por sus fracasos, y no conocen o creen que Dios mismo no les condena debido a la cruz de Jesús. Muéstreme a alguien que viva bajo condenación constante, y yo le mostraré a alguien que siempre está batallando con el pecado. Mire, cuanto más viven los creyentes en condenación, más se quedan realmente atrincherados en un círculo vicioso de pecado, condenación y derrota.

Permítame explicar lo que quiero decir con una sencilla ilustración. Digamos que un creyente está navegando por la Internet un día cuando se encuentra por casualidad con imágenes pornográficas y las mira más tiempo del que debería. Antes de darse cuenta, llegan pensamientos lujuriosos a su mente. Al mismo tiempo, como es un cristiano nacido de nuevo, comienza a sentir culpabilidad y condenación. Se dice a sí mismo: "No debería haber mirado las imágenes. No debería estar teniendo todos estos pensamientos impíos. Soy un cristiano descuidado. Dios debe de estar muy decepcionado conmigo".

Cuanto más acumula culpabilidad y condenación sobre sí mismo, más razona: "¿De qué vale resistir? Soy un cristiano terrible, y como ya me siento culpable y mi comunión con Dios está rota, bien podría seguir hasta el final". ¿Qué hace? Da clic en uno de los links a las imágenes, que le lleva a un sitio web pornográfico, y satisface sus deseos carnales. Ahora siente mucha más culpabilidad y condenación, y está incluso más convencido de que Dios está enojado con él y se ha distanciado de él.

Toda esa culpabilidad y separación de Dios tan sólo le hace sentirse más susceptible a caer la próxima vez que se enfrente a una tentación similar. No hay poder alguno para vencer posteriores tentaciones, y sus concesiones rápidamente se convierten en una adicción que le mantiene encarcelado en la culpabilidad y la autocondenación perpetuas. Sabe que tiene un problema, pero se avergüenza demasiado de su pecado secreto para acercarse a alguien a pedir ayuda. Básicamente, es así como muchos creyentes sinceros terminan atrapados en un ciclo de pecado y condenación. Puede verlo representado en el diagrama del Ciclo de derrota en la página 100.

¿Puede ver cómo se perpetúa el ciclo de derrota? Sentimientos de culpabilidad y condenación no capacitan al creyente, sin importar lo sincero que sea, para vencer su pecado. De hecho, le dejan más débil y vulnerable a la siguiente tentación. La verdad es que quienes están bajo constante culpabilidad y condenación no tienen fortaleza para vencer la tentación, y terminan repitiendo sus pecados y viviendo una dolorosa vida atrapada en un círculo de derrota.

En los incontables testimonios que ha recibido mi ministerio a lo largo de los años, muchos creyentes sinceros compartían que la culpabilidad, la condenación y el temor al juicio de Dios solamente perpetuaba sus pecados y adicciones. Amigo, si esto le describe a usted hoy, y está viviendo bajo un pesado yugo de culpabilidad y condenación y batallando con el pecado, su respuesta se encuentra en el Señor Jesús y su gracia. Cuando usted está bajo la gracia del Señor, y no bajo la ley, es cuando el pecado no tiene dominio sobre usted (véase Romanos 6:14). Por tanto, permita que Él sea su Salvador. No se oculte de Él. Acérquese a Él, ¡y permítale que le haga libre!

La vida victoriosa: romper el ciclo de derrota

Entonces, ¿cómo pasamos de un lugar donde como el apóstol Pablo nos lamentamos: "Quiero hacer lo que es bueno, pero no lo hago. No quiero hacer lo que está mal, pero igual lo hago…¡Soy un pobre desgraciado!" (Romanos 7:19, 24, NTV), a un lugar de victoria duradera?

Mi querido lector, el primer paso hacia la victoria es entender y creer que porque el Señor Jesús ya ha llevado el castigo por todos sus pecados en la cruz, usted no tiene que estar atado e impulsado por culpabilidad, condenación o temor. Cada fracaso ya ha sido castigado en el cuerpo de Jesús, ¡y *usted tiene perdón perpetuo* e intimidad con Dios mediante la sangre de Cristo! Este es el poder de creer correctamente en el evangelio que le guiará a una transformación desde dentro hacia fuera y a lograr victorias duraderas.

Por tanto, cuando llegue la siguiente tentación, justamente en medio de la tentación crea y diga desde el corazón: "Ahora, pues, *ninguna condenación hay* para los que están en Cristo Jesús" (Romanos 8:1, énfasis del autor). En lugar de creer que es usted un fracaso de cristiano y que Dios está enojado con usted, comience a creer en su gracia y a proclamarla. Comience a crecer y declarar con valentía: "¡Yo *soy* la justicia de Dios en

Cristo Jesús! Porque estoy en Cristo Jesús, quien llevó todo el castigo por mis pecados, ahora, pues, *ninguna* condenación hay para mí. La comunión con mi Padre celestial *no* está rota y *sigo* siendo su hijo Amado: ¡muy favorecido y profundamente amado por Él!".

Así es exactamente como todas las personas que escribieron a mi ministerio fueron libres de sus adicciones para bien. Sin embargo, permítame aclarar que me estoy dirigiendo a quienes *sinceramente* quieren ser libres de sus adicciones, y no a aquellos que sólo quieren excusar y justificar sus indulgencias y pecados.

¿Por qué es tan importante creer y declarar que es usted justo? Porque el pecado no puede echar raíces en usted cuando está lleno de la conciencia de su posición correcta en Cristo. Cuanto más está usted establecido en el don de Dios de la justicia, más caminará en victoria sobre el pecado y la adicción. La Biblia lo expresa de este modo: "Velad debidamente, y no pequéis" (1 Corintios 15:34). Es esta conciencia, en la cual recibe libremente la abundante gracia y su regalo de la justicia, ¡lo que le capacita para reinar sobre el pecado (véase 5:17)!

Vea el diagrama del ciclo de victoria y observe cómo, en contraste con el diagrama del ciclo de derrota, ser consciente de justicia finalmente impulsa al creyente a salir del ciclo de pecado para vivir cada vez más una vida por encima de la derrota.

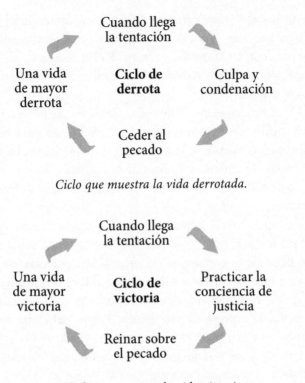

Cuando llega
la tentación

**Ciclo de
derrota**

Culpa y
condenación

Una vida
de mayor
derrota

Ceder al
pecado

Ciclo que muestra la vida derrotada.

Cuando llega
la tentación

**Ciclo de
victoria**

Practicar la
conciencia de
justicia

Una vida
de mayor
victoria

Reinar sobre
el pecado

Ciclo que muestra la vida victoriosa

Amado, conforme el evangelio de la gracia sigue siendo predicado, personas preciosas en todo el mundo están saliendo del ciclo de derrota y comenzando a vivir en el ciclo de victoria. De hecho, descubren que a medida que crecen en la revelación de su perdón, justicia y ninguna condenación en Cristo, las tentaciones del pasado ya no desencadenan en ellos ningún deseo de pecar. Así es como el apóstol Pablo salió de su propia lucha. Él dijo: "Ahora, pues, ninguna condenación hay para los que están en Cristo Jesús" (Romanos 8:1). ¿Está usted en Cristo Jesús? Entonces no hay ninguna condenación para usted, sino aceptación de parte de Dios y su capacitación para ser libre del pecado y la derrota.

Mi querido amigo, cualquiera que sea su lucha que en este momento, es esta revelación de no condenación y conciencia de justicia lo que le hará libre. Esto es lo que le sucedió a Neil del Reino Unido, quien escribió a mi ministerio acerca de su liberación de una lucha durante cuarenta años con una adicción sexual:

> *Mientras leía un libro del pastor Prince, fui librado de una adicción durante cuarenta años a la pornografía. En el pasado había intentado ser libre por mis propias fuerzas y en mi propio poder, pero fracasé cada vez.*
>
> *A lo largo de todo ese tiempo, el diablo utilizó esa adicción para acumular temor, culpabilidad y condenación sobre mí. Ese temor y vergüenza evitaba que pidiera ayuda a los pastores de las diversas iglesias a las que asistí durante ese periodo de cuarenta años. Incluso había tenido posiciones de liderazgo en algunos de esos lugares.*
>
> *Mediante la lectura del libro del pastor Prince, obtuve una la revelación nueva de quién soy en Cristo, soy la justicia de Dios en Cristo Jesús, y que no hay ninguna condenación para quienes están en Cristo Jesús. Mediante esta nueva revelación fue como la atadura de esa adicción fue rota en mi vida para siempre.*
>
> *Ahora llevo un anillo en el dedo medio de la mano izquierda para recordarme a mí mismo que soy justo, tan justo como Jesús, que no hay ninguna condenación para mí porque estoy en Cristo Jesús, y soy perfecto y santo ante los ojos de Dios. Cada vez que el diablo intenta tentarme a ver pornografía, tan sólo tengo que mirar el anillo para recordarme que soy*

la justicia de Dios en Cristo, y la tentación pierde cualquier poder sobre mí.

¡Aleluya! De eso estoy hablando. Amado, sin importar el tiempo que haya estado luchando con cierta tentación o adicción, la misma victoria que tuvo Neil y sigue disfrutando puede ser suya en este día. Es suya cuando sabe lo que la obra terminada de Jesús ha logrado por usted y recibe su regalo de ninguna condenación.

Él lo ha pagado todo

Yo predico el evangelio de la gracia porque las buenas nuevas de Jesús cambian vidas. El Espíritu del Señor y su unción, favor y bendiciones están sobre aquellos que predican el evangelio. El evangelio son las buenas nuevas de que en el momento en que recibe a Jesús en su vida y le hace su Señor y Salvador, todos sus pecados son perdonados y recibe el regalo de la vida eterna. Es justificado y hecho justo mediante su fe en Jesucristo. Su justicia es un regalo de Él. En Cristo tiene una posición perfecta delante de Dios, pagada por la preciosa y eterna sangre de su Hijo. Ya no hay más juicio, castigo y maldición para usted porque todo el juicio, el castigo y la maldición por todos sus pecados cayeron sobre nuestro Señor Jesús en la cruz. ¡Él lo pagó todo!

En Cristo, ya no hay más juicio, castigo y maldición para usted porque todo el juicio, el castigo y la maldición por todos sus pecados cayeron sobre nuestro Señor Jesús en la cruz.

La Palabra de Dios nos dice esto:

Esto significa que todo el que pertenece a Cristo se ha convertido en una persona nueva. La vida antigua ha pasado; ¡una nueva vida ha comenzado! Y todo esto es un regalo de Dios, quien nos trajo de vuelta a sí mismo por medio de Cristo. Y Dios nos ha dado la tarea de reconciliar a la gente con él. Pues Dios estaba en Cristo reconciliando al mundo consigo mismo, no tomando más en cuenta el pecado de la gente. Y nos dio a nosotros este maravilloso mensaje de reconciliación. Así que somos embajadores de Cristo; Dios hace su llamado por medio de nosotros. Hablamos en nombre de Cristo cuando les rogamos: «¡Vuelvan a Dios!». Pues Dios hizo que Cristo, quien nunca pecó, fuera la ofrenda por nuestro pecado, para que nosotros pudiéramos estar en una relación correcta con Dios por medio de Cristo.

—*2 Corintios 5:17–21*, NTV

La traducción de la Reina-Valera 1960 del último versículo, el versículo 21, dice: "Al que no conoció pecado, por nosotros lo hizo pecado, para que nosotros fuésemos hechos justicia de Dios en él".

Le aliento a que lea y relea este hermoso pasaje de la Escritura. Le recomiendo encarecidamente que medite en los versículos y se alimente de ellos. Encontrará mucho alimento, gozo y paz en ellos. ¡Solamente escribir sobre esto hace que en mi corazón surja una nueva pasión por predicar el evangelio de la gracia con mayor autoridad y valentía!

Reciba el poder de Dios para vivir sano

¿Qué hace la predicación del evangelio, las buenas nuevas de Nuestro Señor Jesucristo? El apóstol Pablo nos dice en Romanos

1:16 que libera "el poder de Dios" para llevar salvación a nuestra vida. La palabra "salvación" no significa solamente ser salvo del infierno para ir al cielo. "Salvación" es la palabra tan rica en griego *soteria*, que significa "liberación, preservación, seguridad, salvación".[4] Cubre cualquier área de nuestra vida que necesite salvación, de modo que podamos disfrutar de sanidad y bienestar en nuestro cuerpo, alma y espíritu.

Ahora bien, ¿dónde encontramos esta salvación? En el evangelio de Cristo. No en el viejo pacto de la ley. Es el evangelio de Jesucristo el que desata el poder de Dios para salvarle y hacerle sano. Es este evangelio el que trae protección, sanidad, liberación y solidez para cada área de su vida. No es extraño que el enemigo lleve oposición a cualquiera que predica el evangelio de Cristo, pues no quiere que el poder de Dios llegue a las vidas de las personas. Según los mismos términos, si usted quiere que el bienestar y la sanidad de Dios llegue a sus áreas de desafío, entonces asegúrese de estar oyendo el evangelio de Cristo, que es "el evangelio de la gracia de Dios" (Hechos 20:24).

¿Qué hace que el evangelio sea tan poderoso?

Pero ¿qué hay en el evangelio de la gracia que le hace ser tan poderoso? Encontramos la respuesta en Romanos 1:17: "Porque en el evangelio la justicia de Dios se revela por fe y para fe, como está escrito: Mas el justo por la fe vivirá".

El evangelio es tan poderoso porque en él está la revelación de que usted ha sido hecho justo por la obra de Cristo, y no por sus propias obras. Esta es la gloria del evangelio, las buenas nuevas de que cuando Dios mira a un hombre que ha puesto su fe en lo que Jesús ha hecho, Dios le ve perfecto, completo y justo en Cristo. Es saber esto lo que desata el poder y la salvación de Dios en toda su abundancia a todas las áreas de nuestras vidas.

Observemos lo que dijo el apóstol Pablo en Romanos 1:17:

"El justo por la fe vivirá". No puede caminar en fe, hablar en fe o vivir la vida de fe cuando no entiende que ha sido hecho usted justo por la fe. Pero cuando entiende que Dios no está guardando sus pecados contra usted, debido a lo que Cristo ha hecho, paz y gozo se asientan en su corazón. El temor huye y surge la esperanza. ¡Fe para cada bendición que Cristo compró para usted surge en su interior y activa el poder de Dios para vencer cada obstáculo en su vida!

Cuando entiende que Dios no está guardando sus pecados contra usted, debido a lo que Cristo ha hecho, paz y gozo se asientan en su corazón.

La revolución comenzó con Jesús

Querido lector, yo no inventé el evangelio de la gracia, y sin duda no comencé la revolución de la gracia. ¡La revolución de la gracia comenzó con Jesús! Aquel que nunca pecó se convirtió en la ofrenda por nuestros pecados para que quienes creemos en Él podamos convertirnos en la justicia de Dios en Él. Nuestro Señor Jesús entonces confió el evangelio de la gracia al apóstol Pablo.

Ahora, escuchemos el modo en que Pablo describe el evangelio de la gracia: "Mas os hago saber, hermanos, que el evangelio anunciado por mí, no es según hombre; pues yo ni lo recibí ni lo aprendí de hombre alguno, sino por revelación de Jesucristo" (Gálatas 1:11–12).

Pablo recibió el evangelio directamente de nuestro Señor Jesús. Y todo lo que yo predico hoy acerca del evangelio de la gracia está basado enteramente en lo que Pablo predicó primero. El evangelio *es* Dios "reconciliando al mundo consigo mismo, no tomando más en cuenta el pecado de la gente" (2 Corintios 5:19, NTV). ¿No es eso lo que hemos estado estableciendo en este libro?

Regresen a Dios

¡Qué necesario es tener una confianza segura de que todos nuestros pecados ha sido perdonados! Los profetas del antiguo pacto recordaban los pecados (véase 1 Reyes 17:18), pero los ministros del nuevo pacto nos hacen recordar el perdón de Jesús (véase Lucas 24:47). ¡El ministerio que Dios ha puesto en nuestras manos es el ministerio de la reconciliación! En la actualidad somos los embajadores de gracia de Dios. Somos llamados a proclamar con valentía el evangelio de la gracia desde las azoteas del mundo. Este es el mensaje que estamos proclamando al mundo: "¡Regresen a Dios! Dios no está enojado con ustedes. Regresen a un Padre que les ama y que entregó a su Hijo amado como rescate por todos sus pecados. ¡Esta es la buena noticia!

Dios no está enojado con ustedes. Regresen a un Padre que les ama y que entregó a su Hijo amado como rescate por todos sus pecados. ¡Esta es la buena noticia!

Y al creyente que está atado al legalismo religioso y la condenación, también predicamos: "¡Regresen a Dios!". No siga ocultándose en temor, no siga luchando con el pecado, no siga viviendo con temor al castigo y a que la maldición descienda sobre usted, y no siga fingiendo justicia propia. Acuda con valentía al trono de la gracia y reciba de Dios toda la ayuda, paz, sanidad, gozo, liberación y salvación que necesite (véase Hebreos 4:16).

Amigo, a pesar de todo aquello con lo que pueda estar batallando hoy, regrese al amoroso abrazo del Padre y a su gracia.

Él le ama. Reciba la buena noticia de que es usted una nueva creación en Cristo; las cosas viejas han pasado. Ha sido reconciliado con Dios mediante la obra perfecta de Cristo en la cruz. Es usted justo ante los ojos de Dios (incluso cuando falla) y está capacitado para vencer todo fracaso mediante su regalo de la no condenación. Permita que estas buenas noticias de nuestro Señor Jesús se afiancen en su corazón. Y en cada una de sus áreas de desafío, comenzará a experimentar victoria duradera y una multiplicación de la gracia y la paz de Dios en su vida.

CAPÍTULO 7

¿PUEDE PONERSE DE PIE EL VERDADERO EVANGELIO, POR FAVOR?

Una vida que está fundada sobre el evangelio de Jesucristo es inconmovible. Cuando usted edifica su vida sobre el evangelio, está edificando sobre un cimiento fuerte que le dará estabilidad y el poder de Dios para obtener victorias duraderas (véase Romanos 1:16).

Una vida que está fundada sobre el evangelio de Jesucristo es inconmovible.

Puede que esté atravesando en este momento un periodo muy difícil. Quizá acaba de recibir informe médico negativo, o tal vez esté rodeado por algunas circunstancias desafiantes en su lugar de trabajo. Quiero alentarle a decir lo siguiente por la fe: "Soy demasiado bendecido para estar estresado". Ahora invite a nuestro Señor Jesús a su situación. Hágale participar en su área de necesidad. Ya sea una victoria en sanidad, provisión, o una relación lo que usted necesita, vea y crea que el Señor está a su lado.

Mi querido amigo, no ponga su confianza en su propio entendimiento. En cambio, confíe plenamente en Aquel que está más interesado en su éxito que usted mismo. El libro de Proverbios nos dice: "El nombre del Señor es una fortaleza firme;

los justos corren a él y quedan a salvo" (Proverbios 18:10, NTV). Corra a Él y ponga todas sus preocupaciones sobre Él, pues Él cuida de usted. Declaro esta promesa de Dios a su situación en este momento: "Ninguna arma forjada contra ti prosperará, y condenarás toda lengua que se levante contra ti en juicio. Esta es la herencia de los siervos de Jehová, y su salvación de mí vendrá, dijo Jehová" (Isaías 54:17). ¡Amén y amén! Medite en la última línea de esta poderosa escritura. En el nuevo pacto de la gracia, su justicia viene del Señor Jesús mismo. Ahora bien, cuanto más entienda usted su justicia en Cristo, más experimentará su promesa de Isaías 54:17.

Lo contrario también es cierto. Cuando pueblo de Dios no está establecido en su identidad de justicia en Cristo, se vuelve susceptible a las armas del enemigo. Armas como enfermedad, carencia, culpabilidad, condenación, temor, depresión, y todo tipo de trastornos y adicciones. Por eso es tan importante estar seguro de que está escuchando el verdadero evangelio. La Palabra de Dios proclama que ninguna de esas armas, incluso si ya han sido formadas, prevalecerá contra usted. Y cada acusación infundada, cada mentira maliciosa, y cada alegación falsa ¡usted la condenará! El enemigo no tiene ventaja sobre su vida. Dios la tiene, y Él la sostiene.

Cuando pueblo de Dios no está establecido en su identidad de justicia en Cristo, se vuelve susceptible a las armas del enemigo.

Una nueva generación hace sonar el cuerno de carnero

Veo una nueva generación del pueblo de Dios que surge a medida que la revolución de la gracia barre el planeta. Conforme la palabra de su gracia es predicada en todo el mundo en la actualidad, veo cada vez a más creyentes, muchos de ellos líderes de iglesias dinámicas, saliendo del viejo pacto de la ley y aceptando plenamente el nuevo pacto de la gracia. Están entendiendo que solamente la gracia, que se encuentran en la persona de Jesucristo, puede dirigirles a la tierra prometida.

La verdad es que Moisés, que representa la ley, está muerto (véase Josué 1:2). Y sólo Josué (*Yehowshua* en hebreo) un tipo de Cristo, puede llevarnos a la tierra prometida. No podemos entrar en ella basándonos en el obsoleto pacto mosaico. No podemos heredarla basándonos en nuestros esfuerzos por ser justificados al guardar perfectamente los Diez Mandamientos. Solamente podemos heredarla mediante la fe en la gracia de nuestro Señor Jesús. No es mediante nuestras obras como heredamos las promesas de Dios, sino mediante la obra perfecta y terminada de Cristo.

¿Cómo se desplomó el muro de Jericó que se interponía entre el pueblo de Dios y la tierra prometida? ¿Tuvo que usar el pueblo de Dios su propia fuerza para derribar el muro? ¿Tuvieron que pelear contra un ejército? No, solamente al tocar los cuernos de carnero y dar un grito, Dios hizo que el muro se derrumbara. El cuerno de carnero es una hermosa imagen de la muerte de nuestro Señor Jesús. El carnero tenía que morir para que pudiera obtenerse el cuerno. El sonido del cuerno de carnero es así una proclamación de la muerte y la obra terminada de nuestro Señor. En la cruz, cuando Jesús hubo pagado plenamente por todos nuestros pecados con su sangre, proclamó: "consumado es" (Juan 19:30).

Los muros de Jericó cayendo ante el sonido
de los cuernos de carnero.

Libertad mediante la sangre de Jesús

Es la sangre derramada de Jesús la que nos saca de la cautividad y nos lleva a la tierra prometida. Lo que las diez plagas de Moisés no pudieron hacer, la sangre de Jesús lo hizo. Fue la sangre de Cristo, tipificada por la sangre de los corderos aplicada a los dinteles de las puertas de las casas hebreas, lo que hizo que el faraón, un tipo de Satanás, finalmente liberara al pueblo de Dios. Dios lanzó su carta de triunfo: ¡la sangre de su Hijo! De modo que fue su Hijo, el verdadero Cordero de Dios, quien los sacó de Egipto, y fue también su Hijo quien los llevó a la tierra prometida. ¡Todo es Cristo, y solamente Cristo!

¿Por qué no pudieron los milagros de Moisés liberar al pueblo de Dios? Porque eran milagros de juicio. El juicio y la condenación no le liberarán. Solamente el amor y la gracia de nuestro Señor Jesús, quien derramó su sangre en el Calvario por usted, pueden hacer eso. Amigo, ¿está oyendo sobre los juicios de la ley hoy, o está oyendo que se toca el cuerno de carnero? Uno condena y produce muerte, el otro libera y da vida. Uno hace que usted permanezca en atadura al pecado y viva una vida de derrota, el otro le capacita para ser libre y reinar en vida. ¡Asegúrese de estar oyendo el verdadero evangelio hoy!

El juicio y la condenación no le liberarán. Solamente el amor y la gracia de nuestro Señor Jesús, quien derramó su sangre en el Calvario por usted, pueden hacer eso.

Estoy muy contento de estar viendo una nueva generación de personas que están haciendo sonar el cuerno de carnero. Han trasladado sus púlpitos desde el monte Sinaí al monte Sion, y ahora están predicando el evangelio de la gracia no adulterado de nuestro Señor y su obra terminada. ¿El resultado? ¡Incontables vidas están siendo libres de la tenaza de Satanás y llevadas a la tierra prometida! Pastores y líderes, ¡les aliento a que hagan sonar el cuerno de carnero en su predicación y enseñanza! Proclamen con valentía la obra terminada de nuestro Señor Jesús. Cada domingo en el púlpito, eso es lo que yo me esfuerzo por hacer. Eso es lo que hace caer ataduras y adicciones, como cayeron los muros de Jericó, y que se alejen de las vidas de las personas.

El punto crucial del verdadero evangelio

Entonces ¿qué es el evangelio? ¿Cómo sabemos si estamos oyendo el verdadero evangelio? ¿Qué es lo que aparta el verdadero evangelio de cualquier otro "evangelio"?

Para responder esas preguntas, vayamos al libro de Judas. El apóstol Judas nos dice: "me ha sido necesario escribiros exhortándoos que contendáis ardientemente por la fe que ha sido una vez dada a los santos" (Judas 1:3). ¿Cuál es "la fe" aquí por la cual la iglesia debe contender ardientemente? Mi querido lector, cuando oye la palabra *fe* mencionada en el Nuevo Testamento, se refiere a "justificación por la fe": el modo en que la persona es hecha justa delante de Dios basándose únicamente en su fe en Cristo Jesús. Este es el punto crucial del evangelio de Jesucristo. Esto es lo que lo aparta de todos los falsos evangelios.

Desgraciadamente, hay creyentes en la actualidad que se están apartando de este núcleo, esta verdad que define el evangelio. Si los escucha enseñar la Biblia, descubrirá que la justificación por la fe no es su énfasis o prioridad. Lo consideran elemental, básico, algo respecto a lo cual los creyentes tienen que avanzar a fin de crecer en su caminar cristiano. Para ellos no es el punto crucial del evangelio.

Lo que ellos prefieren predicar y enseñar es hacer correctamente vivir correctamente. Usted oirá sobre todo tipo de cosas que tiene que hacer para Dios a fin de vivir correctamente. Apenas oirá nada sobre cómo es usted justificado o hecho justo por la fe en Cristo. Ahora bien, yo no estoy en contra de vivir correctamente, pero eso *no* es el evangelio. Vivir correctamente es sin duda importante, pero viene al creer correctamente. Cuando usted crea correctamente, vivirá correctamente.

Cuando usted crea correctamente, vivirá correctamente.

El punto crucial del evangelio no es vivir correctamente o las buenas obras, sino la justificación por la fe. Y el apóstol Judas nos dice que contendamos ardientemente por esto. Se nos dice que no solamente que contendamos por ello, sino que contendamos *ardientemente*. Ese término se traduce de una palabra griega, *epagonizomai*,[1] de la que se deriva la palabra *agonía*. En otras palabras, *epagonizomai* significa literalmente "agonizar por". ¡Hemos de *agonizar por* la fe! Debemos luchar por la verdad de que somos justificados por la fe y no por las obras. Este es el verdadero evangelio. Estas son las buenas nuevas.

Justificados y bendecidos por la fe en Cristo

Tristemente, lo que oímos actualmente apenas son buenas nuevas, porque la justificación por la fe ha sido sutilmente sustituida por la justificación por las obras. Sí, puede que le digan que es usted salvo por gracia mediante la fe, pero entonces seguidamente corrompen la simplicidad del evangelio diciendo que usted se mantiene salvo o es bendecido mediante las obras. Si sale a las calles y pregunta a cristianos en la actualidad qué los justifica y libera las bendiciones de Dios en sus vidas, la mayoría de ellos le dirá: "Obedecer las leyes de Dios y vivir una vida buena". En raras ocasiones escuchará: "Soy justificado y bendecido mediante la fe en Cristo".

Pero ¿qué dice realmente la Biblia respecto al evangelio que debemos predicar? La respuesta se encuentra en Romanos 1:17: "Porque en el evangelio la justicia de Dios se revela por fe y para fe, como está escrito: Mas el justo por la fe vivirá". ¿Qué ha de revelarse en este evangelio? No nuestros pecados, ¡sino la justicia de Dios! ¿Ha estado oyendo predicación de fuego y azufre que se centra en sus pecados, o ha estado oyendo predicación que le muestra que es usted la justicia de Dios mediante la fe en Cristo? Solamente oír sobre la gracia de Dios y que es usted justo por la fe en Cristo le hará libre de su batalla con el pecado, la adicción y la atadura.

Cómo vivir por fe y para fe

Romanos 1:17 nos dice que esta justicia de Dios que tenemos en Cristo es revelada "por fe y para fe" y que el justo "por la fe vivirá". ¿Puede ver esta poderosa verdad? No es esa idea de que cuando es usted salvo por gracia mediante la fe, pasa a las obras y observa lo que hace para mantener su salvación. Muchos cristianos experimentan gozo abundante cuando son salvos, solamente para perder ese gozo rápidamente cuando se les dice: "Ahora que eres salvo, tienes que trabajar para agradar a Dios a fin de permanecer salvo".

Esos creyentes sinceros intentan con todas sus fuerzas hacerlo, solamente para sentirse desalentados y condenados cuando fallan una y otra vez. Debido a que han escuchado un evangelio pervertido, no van de fe en fe, sino de fe a obras. No, amigo mío, es de fe, en fe, en fe, en fe… ¡todo el camino hasta que veamos a Jesús cara a cara

Esto no significa que no haya ningún lugar para las buenas obras o para vivir una vida santa. Esas cosas son subproductos de vivir por fe y para fe. Serán evidentes en su vida cuando viva creyendo que es usted justificado, hecho justo y bendecido mediante la fe en Cristo.

Me gusta el modo en que lo expresa la Nueva Traducción Viviente: "Esa Buena Noticia nos revela cómo Dios nos hace justos ante sus ojos, lo cual se logra del principio al fin por medio de la fe" (Romanos 1:17, NTV).

Por tanto, si alguien se acerca a usted y le dice que está predicando el evangelio, no sólo se trague todo: anzuelo e hilo. Discierna por usted mismo si lo que está escuchando sobre la justicia se logra del principio al fin por medio de la fe.

El verdadero evangelio marca toda la diferencia

Permítame compartir un testimonio que demuestra cómo escuchar el verdadero evangelio puede marcar toda la diferencia en su vida. Proviene de Sally, que vive en Nueva Jersey. Ella escribió:

Yo solía escuchar enseñanza que contenía una mezcla de condenación y gracia. Cuanto más tiempo me mantenía bajo esa enseñanza, más condenada me sentía. Llegué a un punto en que estaba tan temerosa que oraba a Dios para que me sacara de esa tenaza de condenación.

El Señor milagrosamente dio a mi esposo una oferta de trabajo increíblemente generosa en los Estados Unidos. Así que mi esposo y yo nos trasladamos desde Hong Kong hasta los Estados Unidos.

Aunque dejé de escuchar esos mensajes legalistas, seguí gravemente deprimida durante mucho tiempo. La voz de la condenación no se detenía. Siempre que pensaba en ello, corrían lágrimas por mis mejillas durante horas. El estrés era demasiado para soportarlo. No podía encontrar consuelo en la lectura de la Biblia porque recordaba el modo en que me habían enseñado las Escrituras: siempre condenando, encontrando fallos y acusando. Oré a Dios pidiendo una salida.

Un día, mientras navegaba por el Internet para hacer cierta investigación para mi tarea de música, me encontré con la palabra JUSTIFICADO. El pasaje que estaba leyendo no tenía nada que ver con la fe pero, aun así, esa palabra avivó algo en mi interior e inmediatamente me puse a llorar incontroladamente. Comencé a mantener con Dios esta pequeña discusión: "No te creo. No me digas que estoy justificada. Esto no es lo que me dijo mi anterior iglesia. ¡Me dijeron que tenía que obedecer a la perfección para ser justificada!".

Seguí llorando hasta que estaba agotada, y en el silencio siguiente oí la palabra justificada *suavemente pero a la vez afirmativamente en mi espíritu. Ya no seguí discutiendo sino que la acepté, aunque seguía sin entender lo que Dios parecía estar diciéndome.*

Le pedí al Señor que me revelara lo que estaba sucediendo y, poco después de ese incidente, me encontré con la predicación del pastor Prince en You-Tube. En ese momento no le conocía, y no tengo idea alguna de cómo termine haciendo clic en su sermón. Cuando estaba a punto de abandonar la página, ¡escuché al pastor Prince hablando sobre el tema de la justificación! ¡Vaya! El Señor estaba revelando la respuesta a mi oración, de modo que seguí escuchando.

En su mensaje, el pastor Prince explicó que el cordero era utilizado como un sacrificio en la antigua Israel para justificar a aquellos que habían quebrantado la ley. Yo lloraba mientras lo escuchaba. Finalmente entendí, sin duda alguna, que soy justificada por la sangre del Cordero de Dios, Cristo, ¡aunque siga sin ser perfecta en mi conducta!

Mi vida cambió de modo dramático después de ese episodio. Comencé a ver todos los sermones del pastor Prince por cualquier medio donde estuvieran disponibles porque el Espíritu en mí seguía dando testimonio de que todo lo que él predicaba era verdad.

Ahora, la Biblia se ha vuelto muy querida para mí. Cada vez que la leo, obtengo revelación tras revelación de la gracia y la misericordia de Dios. La satisfacción que llega al leer y escuchar su Palabra es increíble.

Experimentar restauración al ver la belleza de Jesús

Las bendiciones de Sally no se detuvieron ahí. Ella sigue compartiendo lo siguiente:

Los años de vivir bajo condenación habían causado que yo envejeciera muy rápidamente. Pero ahora me veo cada vez más jovial y enérgica. He aprendido a descansar en Jesús, y el dolor y la incomodidad que sentía en todo mi cuerpo desaparecieron sin que me diera cuenta. La predicación del pastor Prince sobre Jesús y su belleza ha hecho que me enfoque en el Señor mismo. Llegué a estar tan cautivada por su belleza que me olvidé del dolor, y el dolor se fue por sí solo.

Desde que comencé a perseguir la justicia de Él en lugar de la mía propia, siempre estoy también en el lugar correcto y en el momento correcto para experimentar milagros. Son demasiados para que los incluya aquí, pero van desde grandes asuntos como comprar y vender nuestra casa y encontrar un nuevo empleo, hasta asuntos pequeños y triviales, como encontrar un albergue temporal para nuestro gato durante nuestra mudanza. Ya no importa si somos capaces de hacerlo todo del modo correcto, pues todas las cosas obran para nuestro beneficio. Siempre terminamos consiguiendo el mejor precio, la mejor casa, la mejor oferta de trabajo: lo mejor de todo, por encima de nuestra imaginación, todo lo cual no nos merecemos.

¡Es sencillamente increíble vivir una vida bajo la abundancia de su gracia y su regalo de la justicia! Quiero dar las gracias al pastor Prince por exponer la belleza de Cristo y la perfección de su obra terminada. Es el conocimiento de Jesús mismo lo que me sacó de la depresión profunda y la desesperación para llevarme a un sendero de gozo, paz y esperanza. ¡Es lo mejor que me ha sucedido jamás en mi vida!

Gracias, Sally, por compartir su maravilloso testimonio. Me regocijo con usted, y no tengo duda alguna de que su historia animará a muchas personas y las situará en el camino hacia la libertad.

Querido amigo, si está experimentando la condenación y la angustia que experimentó Sally, oigas estas preciosas palabras de seguridad de su Padre celestial: "Eres JUSTIFICADO mediante la fe en el sacrificio de mi Hijo". Sea libre de la voz de la condenación y, al igual que Sally, ¡comience a vivir la vida lleno de gozo, paz y esperanza!

El poder de Dios para victorias duraderas

Es muy importante para usted oír el evangelio correcto, el que dice que es usted perdonado y justificado por la fe, porque el evangelio es poder de Dios para salvación. Volvamos a leer esta verdad vital que el apóstol Pablo enseñó a la iglesia primitiva:

> *Porque no me avergüenzo del evangelio, porque es poder de Dios para salvación a todo aquel que cree; al judío primeramente, y también al griego.*
> —*Romanos 1:16*

Como hemos establecido en el capítulo anterior, "salvación", además de la maravillosa bendición de ser salvo del infierno para ir al cielo, también engloba cualquier liberación, preservación y seguridad que usted necesite en el aquí y ahora.

¿De qué necesita ser salvo hoy? ¿Está sufriendo una enfermedad debilitante? ¿Está en las tenazas de la ansiedad, los ataques de pánico o la depresión profunda que le mantienen encarcelado en su propia casa? Quizá sienta la pesada carga de la culpabilidad y la condenación debido a una larga adicción. Amigo, estoy aquí para decirle que su liberación, su

preservación, su respuesta se encuentra en el evangelio de
Jesucristo: el poder de Dios para su salvación.

Su liberación, su preservación, su respuesta
se encuentra en el evangelio de Jesucristo:
el poder de Dios para su salvación.

El evangelio de la gracia de nuestro Señor es lo que le hará
libre y le mantendrá libre. La Biblia no dice que la medicina, la
psicología, el dinero o el Internet es el poder de Dios para su
salvación. Esas cosas son buenas y tienen su lugar, pero no son
el poder de Dios que le hace libre y le proporciona victorias duraderas. Solamente el evangelio verdadero y no adulterado de su
gracia puede lograr eso.

Por tanto, cualquiera que sea su reto, no abandone, querido lector. Dios sabe exactamente lo que está usted pasando.
Él se interesa por usted y quiere que sea libre en cada área de
su vida. Por eso Él ha puesto este libro en sus manos; tan sólo
siga leyendo; siga escuchando el verdadero evangelio que le revela su perdón total, su justicia eterna o justificación en Cristo,
y el amor incondicional de Él por usted. ¡Y no tengo ninguna
duda de que el poder de Dios romperá esas cadenas y abrirá
esas puertas de la cárcel por usted!

No deje que su celo esté mal dirigido

El diablo es un adversario astuto. Consigue que personas se
alejen de la simplicidad del evangelio y pasen a las obras porque
sabe que muchos creyentes son sinceros respecto a querer
agradar a Dios. Sabe que tienen un entusiasmo o celo por Dios;
pero también sabe que el hombre tiene algo llamado orgullo.
Por tanto, ¿qué hace? Se aprovecha de su orgullo y dirige mal

su celo utilizando la ley. Les dice: "¿Quieres estar a cuentas con Dios y agradarle? Entonces aquí están sus leyes a obedecer, y obedecerlas perfectamente". En el libro de Romanos, Pablo habla sobre este celo mal dirigido, que prevalecía entre sus hermanos judíos:

> *Amados hermanos, el profundo deseo de mi corazón y mi oración a Dios es que los israelitas lleguen a ser salvos. Yo sé que ellos tienen un gran entusiasmo por Dios, pero es un fervor mal encauzado. Pues no entienden la forma en que Dios hace justas a las personas ante él. Se niegan a aceptar el modo de Dios y, en cambio, se aferran a su propio modo de hacerse justos ante él tratando de cumplir la ley.*
>
> —Romanos 10:1–3, NTV

Lo mismo sigue sucediendo en la actualidad. Muchos creyentes, en su celo por Dios o su orgullo, están intentando agradar a Dios y llegar a ser justos mediante el intento de cumplir la ley. No entienden que Dios hace justo al individuo únicamente por la gracia mediante la fe. Ellos rechazan el camino de Dios y se aferran a lo que creen que les hace justos: su obediencia a las leyes de Dios.

Sin embargo, la ironía de todo ello es que al intentar cumplir las leyes de Dios para ser justos, las personas producen obras de la carne como adulterio, fornicación, odio, herejías y borracheras (véase Gálatas 5:18–21). ¿Por qué? Porque el poder del pecado es la ley (véase 1 Corintios 15:56). La ley aviva o agita las pasiones pecaminosas en nuestra carne (véase Romanos 7:5).

Vemos un clásico ejemplo de esta verdad en el Antiguo Testamento. En el monte Sinaí, cuando el pueblo de Dios presumía de poder ser justos delante de Dios al obedecer sus leyes (véase Éxodo 19:8, 24:3), eso produjo una obra de la carne. Hicieron un becerro de oro y lo adoraron, quebrantando el primer mandamiento de Dios de no tener ningún otro dios (Éxodo 32:1–8). En el Nuevo Testamento tenemos el caso de Pablo. Él dijo: "Pero yo no conocí el pecado sino por la ley; porque tampoco conociera la codicia, si la ley no dijera: No codiciarás" (Romanos 7:7).

Amigo, ese es el resultado de situarse bajo la ley e intentar obedecer las leyes de Dios para ser hecho justo. Se producen obras de la carne, contrariamente al fruto del Espíritu.

La gracia produce fruto

Gálatas 5:22–23 enumera el fruto del Espíritu como "amor, gozo, paz, paciencia, benignidad, bondad, mansedumbre, templanza, dominio propio". Observemos que Pablo menciona el fruto del Espíritu solamente en el quinto capítulo. En los cuatro primeros capítulos habla sobre la gracia, contrastándola con la ley y contendiendo ardientemente por la justificación por la fe, porque los cristianos gálatas estaban regresando a la ley. Pablo esencialmente los estaba llevando del nuevo bajo la gracia pura, antes de hablarles sobre el fruto del Espíritu.

¿Puede ver cómo el fruto de estar bajo la gracia es el fruto del Espíritu? Observemos también que Pablo les llama las *obras* de la carne y el *fruto* del Espíritu. ¿Cuál es la diferencia entre "obras" y "fruto"? Las obras son resultado del *esfuerzo propio* que viene de estar bajo las pesadas demandas de la ley. ¡*Fruto* es el resultado de la vida! Al igual que un árbol producirá por naturaleza buen fruto cuando está bien regado y recibiendo la cantidad correcta de luz del sol, así también el cristiano producirá buen fruto sin el esfuerzo propio cuando sea bien regado por la palabra de su gracia y expuesto a la luz del sol del amor de Dios.

Amado, si quiere mostrar el fruto del Espíritu, asegúrese de no estar oyendo la ley predicada, sino la gracia no adulterada de nuestro Señor Jesús. Asegúrese de estar oyendo el sonido del cuerno de carnero desde el púlpito para recordarle que es usted justificado por la fe en el Cordero que murió por usted. Esto le ayudará a edificar su vida sobre la sólida roca de Cristo y el fundamento firme de su obra terminada. Contienda ardientemente por oír y por vivir según el verdadero evangelio, por gracia mediante la fe. Eso le introducirá en la tierra prometida, porque el evangelio es el poder de Dios para su salvación en cada área de su vida.

CAPÍTULO 8

LIBERTAD DE LA AUTOCONDENACIÓN

Palabras crueles dichas con enojo. Una traición de la confianza. Promesas rotas. Una relación destructiva que usted sabía que no debería haber comenzado.

¿Ha estado antes en esos oscuros caminos? Muchas personas viven bajo la sombra de la culpabilidad y la condenación. Los errores de su pasado les persiguen, y es un viaje dolorosamente solitario y arduo para ellas.

Quizá el paralítico que fue bajado por el tejado a manos de sus cuatro fieles amigos en el libro de Marcos entendía un poco de esto. La Biblia nos dice que estaba paralítico hasta el punto de solamente poder estar tumbado en un lecho, y fue así como sus amigos lo llevaron hasta la casa donde estaba Jesús. Con el hombre tumbado inerte en su lecho, sus cuatro amigos le bajaron por el techo y le pusieron delante de Jesús, el único modo que sabían de poder llevar a su amigo paralítico delante de Jesús y asegurar su sanidad. La Escritura nos dice que cuando Jesús vio la fe de ellos, dijo al paralítico: "Hijo, tus pecados te son perdonados" (Marcos 2:5).

Para todos los que estaban viendo esa escena desarrollarse aquel día, debió de haber sido muy extraño lo que Jesús dijo: "tus pecados te son perdonados". El hombre estaba claramente paralítico. Estaba allí obviamente buscando sanidad. ¿Qué tenía que ver el perdón con su estado o su sanidad?

Pero Jesús sabía que eso era exactamente lo que ese pobre

hombre necesitaba oír para que su sanidad se manifestara. Y ciertamente, ante las siguientes palabras de Jesús: "¡Ponte de pie, toma tu camilla y vete a tu casa!", el hombre paralítico "se levantó de un salto, tomó su camilla y salió caminando entre los espectadores, que habían quedado atónitos" (Marcos 2:11–12, NTV). ¿Qué había sucedido? Jesús vio, cuando nadie más podía, que el hombre necesitaba oír que era perdonado, que Dios no le condenaba. Y esas palabras abrieron la puerta para su sanidad y le dejaron libre de su parálisis. No es extraño que los espectadores quedarán atónitos, pues el hombre pasó de estar inmóvil e indefenso ¡a estar activo, fuerte, y completamente sano delante de sus propios ojos!

Mi querido amigo, si está paralizado por un pesado sentimiento de condenación por algo en su pasado, quiero que sepa sin ninguna duda que Dios no le está reteniendo su victoria. Él le ama, entiende su dolor y su sufrimiento, y le ha perdonado mediante la cruz. Quiere que sepa que su pasado no tiene que envenenar su futuro. Dios tiene increíbles planes para su futuro. Sin importar cuantos días oscuros haya experimentado, sus días más brillantes y gloriosos siguen estando por delante.

Su pasado no tiene que envenenar su futuro.
Dios tiene increíbles planes para su futuro.

Y esta es la razón de que esté tan seguro: la Palabra de Dios viva declara: "Cosas que ojo no vio, ni oído oyó, ni han subido en corazón de hombre, son las que Dios ha preparado para los que le aman" (1 Corintios 2:9). Esto significa que Dios ha preparado muchas y maravillosas puertas abiertas de oportunidad, favor y éxito para que usted pase por ellas en próximos tiempos.

Tan limpio, que el Espíritu de Dios vive en usted

La Escritura pasa a decir que aunque usted puede que no sea capaz de ver en este momento las cosas buenas que Dios tiene para su futuro, "Dios nos las reveló a nosotros por el Espíritu... Y nosotros no hemos recibido el espíritu del mundo, sino el Espíritu que proviene de Dios, para que sepamos lo que Dios nos ha concedido" (1 Corintios 2:10, 12). ¿No son esas las mejores noticias? El Espíritu Santo está en nosotros para revelarnos las cosas que Dios nos ha concedido. Estos son dones preciosos y valiosos, como el don del perdón, el don de la no condenación, el don de la justificación, el don de la vida eterna, ¡y los diferentes dones del Espíritu que Dios ha puesto en nuestras vidas!

Porque es usted un creyente en Jesucristo, no sólo han sido perdonados todos sus pecados, sino que también ha sido justificado por la fe y ha sido hecho justo mediante su sangre. ¡Y el Espíritu Santo vive *en* usted! Tiene algo que los patriarcas del Antiguo Testamento nunca tuvieron. Abraham, el "amigo de Dios" (Santiago 2:23), nunca lo tuvo. Moisés, que sacó a los hijos de Israel de Egipto, nunca lo tuvo. Incluso David, a quien la Biblia llama un "varón conforme al mi corazón [de Dios]" (Hechos 13:22), nunca lo tuvo. Tenían el Espíritu *sobre* ellos, pero no *en* ellos. En aquel entonces, el Espíritu Santo iba y venía (véase 1 Samuel 16:13–14; Salmos 51:11). Usted y yo, sin embargo, hemos sido tan perfectamente limpiados por la sangre de Jesús, una vez para siempre, que el Espíritu Santo ahora vive *en* nosotros, ¡y permanece con nosotros *para siempre* (véase Juan 14:16–17)!

Porque es usted un creyente en Jesucristo, no sólo han sido perdonados todos sus pecados, sino que también ha sido justificado por la fe y ha sido hecho justo mediante su sangre.

El apóstol Pablo nos dice que cuando creímos en Jesús, Él nos identificó como suyos dándonos el Espíritu Santo. El Espíritu Santo es la garantía de Dios de que Él nos dará la herencia que ha prometido, y que nos ha adquirido para ser su propio pueblo (véase Efesios 1:13–14). Amigo, cuando usted creyó el evangelio y fue salvo, fue sellado con el Espíritu Santo de la promesa. El Espíritu Santo es el sello de Dios sobre su vida para atestiguar que se le ha dado el don gratuito de la justificación y de la vida eterna mediante la obra terminada de Jesús. Por eso cuando escucha predicar la pureza del evangelio de la gracia, el Espíritu Santo en usted responde con gran gozo y gran paz.

Sentirse nacido de nuevo, una vez más

He recibido muchos testimonios de personas que compartieron que cuando me oyeron predicar la primera vez sobre el amor de Dios y su hermosa gracia, sintieron como si estuvieran naciendo de nuevo, una vez más. Cuando oyeron el evangelio siendo predicado, los grilletes de la religión cristiana, el legalismo, el farisaísmo, y años de penosa condenación comenzaron a caer uno por uno. Preciosa intimidad con el Señor Jesús fue restaurada. El temor fue sustituido por su perfecto amor, las inseguridades por la seguridad de su gracia, y la duda de uno mismo por su fuerte abrazo de afirmación. Eso es lo que hace la predicación del evangelio de la gracia. ¡Cambia vidas!

Escuche este reporte de oración de Pete de Oklahoma, quien comparte:

> *Cuando oí uno de los sermones del pastor Prince por primera vez, supe que este mensaje de gracia era lo que había estado buscando durante toda mi vida cristiana. Fue como si naciera de nuevo, ¡una vez más!*
>
> *Desde entonces, he estado escuchando y alimentándome de la palabra de la gracia diariamente.*

Creo que lloraba cada día a medida que he asimilado la comprensión de que todos mis pecados son perdonados. Mi fe ha atravesado el techo, ¡y mi vida ha sido radicalmente transformada!

Mi esposa y mis cuatro hijos también han estado escuchando los sermones del pastor Prince, y hemos sido para siempre "arruinados" por este increíble mensaje de gracia. Esta verdad ha dado fruto en nuestras vidas, ¡y ha causado que seamos bendecidos por encima de cualquier cosa que pudiéramos haber pensado!

Gracia: la última pieza del rompecabezas

Permita que comparta otro precioso testimonio, de Daphne, de Reino Unido. No tengo ninguna duda de que será usted muy bendecido:

Soy una alcohólica recuperada que recibió a Jesucristo hace cinco años. En aquel momento, incluso después de ser salva seguía estando llena de autocondenación y me resultaba difícil creer que Jesús realmente se interesara por mí. Creía que Él estaba muy enojado conmigo y que necesitaba intentar ser buena. Para nosotros los alcohólicos que hemos estado muy enfermos con la adicción, esta autocondenación y la creencia en que nunca vamos a ser capaces de hacer lo que Dios espera de nosotros, con frecuencia nos envía de nuevo a la bebida, a desarrollar una adicción a las drogas, o incluso a morir como resultado de complicaciones.

Pero cuando oí al pastor Prince predicar en televisión, de repente la última pieza del rompecabezas cayó en su lugar. Fue la primera vez que había oído sobre la gracia de Dios. Después de eso, compré y leí los libros del pastor Prince. Gracia y verdad en la persona de Jesús llegaron y marcar toda la diferencia. Los cambios se produjeron en mí cuando entendí y creí que todo ya había sido hecho por mí en la cruz, y que Jesús quería sanarme y derramar su gracia en mi vida.

Ayudar a otros a experimentar sobriedad duradera

Actualmente, Daphne patrocina a muchas mujeres alcohólicas mediante un programa de recuperación de doce pasos, e incluso dirige un retiro para ellas. Pero dirige el programa "con la gracia de Dios en primera línea, de modo que no es un programa legalista". Ella dice:

Cuando ayudo a las mujeres a comenzar su viaje con el programa, les entrego ejemplares de libros del pastor Prince para que los lean. También les enseño pedazos de los mensajes del pastor Prince.

Esas mujeres ahora tienen una probabilidad mucho mejor de obtener libertad duradera. Antes de recibir el mensaje de la gracia, tenían las mismas creencias equivocadas que yo tenía. Al igual que yo, ellas creían que nunca podrían estar a la altura de lo que un enojado Dios de juicio espera de ellas. Sin una creencia correcta acerca del Dios verdadero y su gracia, la sobriedad duradera no es posible para ninguno de nosotros, y todas habríamos regresado otra vez a la bebida.

Desde que escuché el evangelio de la gracia, ahora creo que el Señor quiere ayudarnos a todos porque nos ama a cada uno de nosotros. Me encanta ver a personas recuperarse de sus adicciones. Es solamente

*su gracia lo que nos ha dado a mis amigas y a mí
verdadera libertad. También he sido capaz de perdonar a otros y a mí misma.*

Ver restauración en las relaciones

Daphne no sólo experimentó las anteriores victorias, sino que
su relación con su único hijo también fue restaurada. En realidad comenzó cuando ella fue hospitalizada debido a una infección en la vesícula. Ella comparte lo siguiente:

*Doy gracias a Jesús porque me advirtieron a tiempo,
o habría perdido la vida. Era una larga enfermedad
porque los médicos no pudieron operar para qui-
tarme la vesícula hasta que la infección hubo remi-
tido dos meses después.*

*Al mirar atrás, ahora veo lo bueno que fue Dios,
porque durante el periodo de espera para mi opera-
ción, mi hijo de 31 años llegó desde el otro extremo
de Inglaterra para cuidarme. Nuestra relación, que
había quedado dañada debido a mi alcoholismo, fue
reconstruida durante ese periodo. Mientras se ocu-
paba de mí, ¡mi hijo también dejó el consumo de
drogas sin que yo tuviera que decir nada! Mi hijo
pudo ver el cambio en mí, y creo que el Señor está
ministrando a mi hijo; él se ha abierto al hecho de
que pudiera haber un ser amoroso (Dios) por ahí que
quiere cuidar de nosotros.*

*Al creer correctamente en la gracia del Señor, he
experimentado una inmensa sanidad en mi cuerpo
y mi familia de una manera que nunca creí posible.
Estoy viendo más milagros a mi alrededor. El Espíritu Santo está sanando y enseñando a otros por*

medio de mí; veo más personas que ya no beben ni participan en otras adicciones después de haber encontrado libertad en Jesús y su gracia. Hay muchas muchachas de edades entre los veinte y los sesenta que están aprendiendo el verdadero significado de la gracia. ¡Jesús nos ama mucho a todos!

Gracias, Daphne, por tomarse el tiempo para compartir su poderosa historia. Estoy acuerdo con usted al cien por ciento. Cuando esas preciosas muchachas, u otras personas con adicciones, experimenten verdadera gracia, encontrarán libertad de la condenación y de sus ataduras paralizantes.

Una trampa peligrosa y viciosa

¿Puede ver por la historia de Daphne cómo es tan vital que crea en el amor de Dios para usted? Debido a la sobreabundante gracia de Él, su pasado no tiene que determinar su futuro. En Cristo tiene una nueva vida, un nuevo comienzo y un nuevo futuro. Lo que Dios hizo por Daphne, puede y quiere hacerlo también por usted.

En Cristo tiene una nueva vida, un nuevo comienzo y un nuevo futuro.

Por tanto, no permita que la autocondenación se lleve lo mejor de usted. Es una trampa peligrosa y viciosa. Escuche el modo en que Daphne describe los peligros de esta trampa: "Para nosotros los alcohólicos que hemos estado muy enfermos con la adicción, esta autocondenación y la creencia en que nunca vamos a ser capaces de hacer lo que Dios espera de nosotros, con frecuencia nos envía de nuevo a la bebida, a desarrollar una adicción a las drogas, o incluso a morir como resultado de complicaciones".

¡La condenación mata! Cualquier adicción con la que pueda estar batallando en este momento, la condenación le mantendrá esclavizado a ella. La condenación es una trampa que le mantiene encarcelado. Le carcome desde dentro hacia fuera.

La autocondenación no puede alejarse por fuerza de voluntad

Sencillamente no puede alejar la autocondenación por fuerza de voluntad. No puede sólo decirse a sí mismo que se olvide de los errores y las malas decisiones que ha tomado. Puede intentar hacer lo posible para olvidarse de su pasado, pero siempre regresará para perseguirle. ¿Ha estado en esa situación antes? Nuestros pecados demandan una respuesta; demandan una resolución. No se puede simplemente ocultarlos debajo de la alfombra.

La Biblia nos dice que el alma que peca morirá (véase Ezequiel 18:20) y que la paga del pecado es muerte (véase Romanos 6:23). Nuestra conciencia clama contra nosotros y demanda que se ejecute castigo por nuestros pecados. Por eso necesita tener una revelación inconmovible de su identidad de justicia en Cristo. En la cruz, Jesús ocupó su lugar de castigo y condenación y se convirtió en el pago total para todos sus pecados. Y cuando usted creyó en Jesús, ¡fue justificado por la fe! La cruz del Calvario ha marcado toda la diferencia. Es la única respuesta que satisfará su conciencia culpable.

La cruz del Calvario ha marcado toda la diferencia. Es la única respuesta que satisfará su conciencia culpable.

El fundamento para victorias duraderas

Ahora bien, y esta es una pregunta importante, ¿qué produce esta justificación por la fe? Veamos el testimonio de Daphne. Cuando ella recibió el evangelio de la gracia, compartió: "Los cambios se produjeron en mí cuando entendí y creí que todo ya había sido hecho por mí en la cruz, y que Jesús quería sanarme y derramar su gracia en mi vida". ¿Cuándo se produjo el cambio y la libertad para ella? En el momento en que entendió el poder de la obra terminada de Jesucristo nuestro Señor y que ella es totalmente justificada por la fe. La cruz, mi querido lector, ¡es el fundamento para victorias duraderas y transformación genuina desde dentro hacia fuera!

La cruz, ¡es el fundamento para victorias duraderas y transformación genuina desde dentro hacia fuera!

Le digo que muchas personas son incapaces de experimentar libertad duradera de sus temores, adicciones y ataduras porque aún no entienden el evangelio de la gracia. Usted puede evaluar cuán bien entiende lo que Jesús logró en la cruz por usted mirando cuán libre es en Cristo actualmente. ¿Batalla constantemente con pensamientos de temor, duda, culpabilidad y condenación? ¿Está enredado persistentemente en un hábito de pecado o adicción?

Si eso le describe, necesita experimentar lo que Daphne experimentó. Necesita estudiar, meditar y alimentarse del evangelio de la gracia. No se retire de la gracia; sea fuerte en la gracia que Dios le ha mostrado. Fuerte en entender que sus pecados son perdonados; fuerte en el conocimiento de que es justificado por la fe mediante la gracia; sea fuerte en la revelación de que es usted la justicia de Dios en Cristo.

Cuando usted sea fuerte en el evangelio de la gracia, ¡producirá una vida piadosa, santa y gloriosa! De la misma manera en que no puede tocar el agua y no mojarse, no puede "tocar" la gracia sin llegar a ser santo. Y esta santidad es una verdadera santidad que viene desde dentro hacia fuera. Es una santidad que fluye de un corazón que ha sido emancipado de la autocondenación. No estamos hablando sobre cambios externos superficiales; estamos hablando sobre cambios que suceden en los más profundos rincones del corazón de la persona, sus motivaciones y sus pensamientos. El verdadero cambio en una persona cuyo corazón es lavado por la preciosa sangre de Jesús y tocado por su gracia produce victorias duraderas.

De la misma manera en que no puede tocar el agua y no mojarse, no puede "tocar" la gracia sin llegar a ser santo.

Cuando Daphne recibió la revelación del evangelio de la gracia y aprendió que todos sus pecados son perdonados, ¿dio como resultado que sintiera que ahora tenía una licencia para pecar más? ¿Produjo un deseo de regresar a ser una alcohólica? Claro que no. La verdadera gracia no produce licencia o deseo de pecar. La verdadera gracia produce la capacidad de no pecar más. La verdadera gracia no produce el deseo de adulterar. La verdadera gracia produce el deseo de edificar un matrimonio fuerte.

La gracia produjo en Daphne libertad duradera del alcoholismo y la autocondenación, pero no se detuvo ahí. También produjo en ella el deseo de ayudar a otras preciosas mujeres que están batallando con el alcoholismo y la condenación. En otras palabras, su fe produjo buenas obras. Debe usted entender que ella no *tiene* que prestar voluntariamente su tiempo para ayudar a esas mujeres. No tiene que hacerlo, pero *quiere* hacerlo. Eso es lo que hace la gracia en la vida de una persona. Transforma a la persona desde dentro hacia fuera. La gracia hace que una persona sea misericordiosa, amable y generosa. El don de la justicia en usted producirá frutos de justicia.

Pero ¿no somos justificados por nuestras obras?

He estado estableciendo en los últimos capítulos la buena noticia de que ha sido usted justificado por la fe en nuestro Señor Jesús, porque eso no sólo le libera de la condenación y las ataduras, sino que también produce verdadera santidad y buenas obras en su vida.

La buena noticia de que ha sido usted justificado por la fe en nuestro Señor Jesús, produce verdadera santidad y buenas obras en su vida.

Pero pastor Prince, ¿qué de que el libro de Santiago, que dice que uno es justificado por las obras y no sólo por la fe?

Esa es una pregunta excelente, y voy a responderla aquí. Es importante que los creyentes entiendan lo que Santiago quiere decir, o volverán a intentar ser justificados por las obras y terminarán en la autocondenación cuando no lo logren.

Creo que se está refiriendo a este versículo de Santiago: "veis, pues, que el hombre es justificado por las obras, y no solamente por la fe" (Santiago 2:24). Ahora bien, yo creo que no hay ninguna contradicción entre lo que dice Santiago y lo que enseña el apóstol Pablo. Lo que muchas personas no entienden es que a lo que se está refiriendo Santiago aquí es a la *justificación delante de los hombres.*

Jesús dijo: "Así alumbre vuestra luz *delante de los hombres,* para que vean vuestras buenas obras, y glorifiquen a vuestro Padre que está en los cielos" (Mateo 5:16, énfasis del autor).

¿Quién ve sus buenas obras? Los hombres. Santiago dijo: "Y si un hermano o una hermana están desnudos, y tienen necesidad del mantenimiento de cada día, y alguno de vosotros les dice: Id en paz, calentaos y saciaos, pero no les dais las cosas que son necesarias para el cuerpo, ¿de qué aprovecha? Así también la fe, si no tiene obras, es muerta en sí misma" (Santiago 2:15–17). ¿Observa que la buena obra de ayudar a los necesitados se hace delante de los hombres y para los hombres?

Mire, las personas no pueden ver con sus ojos físicos que usted ha sido justificado por la fe. No pueden ver que Dios le ha hecho justo. Le condenan o le justifica basándose en lo que usted hace. Puede que les diga a sus amigos: "Dios me ha justificado y me ha hecho justo mediante la fe en Cristo", pero ellos no van a creerle necesariamente o dar peso a sus palabras hasta que vean sus buenas obras. En su testimonio, Daphne describió cómo su hijo pudo ver el cambio en ella, lo cual a su vez le impulsó a estar más abierto al Señor y dejar su consumo de drogas. Daphne no sólo se mantuvo sobria finalmente, sino que también estaba gozosa y era perdonadora, y además de todo eso, estaba dedicando su vida a ayudar a otras mujeres a ser libres de alcohol y las drogas. Sus buenas obras le justificaron ante los ojos de su hijo.

Cómo llegan realmente las buenas obras y el buen fruto

El problema con la iglesia en la actualidad es que nos enfocamos en las obras. Queremos ver buenas obras, ¡y queremos verlas *ahora*! No es sorprendente que muchos nuevos creyentes terminen en la autocondenación cuando no pueden cumplir con las expectativas, y abandonen la iglesia.

¿Cuántas veces hemos esperado que los nuevos convertidos produzcan un buen fruto de la noche a la mañana? En el momento en que son salvos, esperamos que dejen de decir malas palabras inmediatamente y utilicen todas las palabras correctas. O esperamos que dejen de fumar y beber enseguida, y comiencen rápidamente a leer la Biblia y orar una hora cada día. Es como el pequeño muchacho cuyo padre espera que le crezca la barba de la noche a la mañana: "¿Dónde está tu barba, muchacho?". Y por mucho que lo intente, el pobre muchacho no puede hacer que le crezca la barba. Pero con el tiempo, tan sólo porque es el hijo de su padre, le crecerá la barba. Y tendrá esa barba que sigue creciendo durante el resto de su vida, ¡sin importar cuántas veces se la afeite!

La verdad es que cuando una persona ha nacido de nuevo, cuando Dios la ha justificado basándose en su fe en Cristo, las buenas obras seguirán porque esa persona sabe lo mucho que le ha sido perdonado y lo mucho que le ama Dios. Ese perdón y amor experimentados rebosarán hacia los demás (véase 1 Juan 4:19, NTV). Puede que no suceda enseguida, pero la gracia que Dios ha puesto en él o ella un día producirá fruto en su vida (véase 2 Corintios 9:8). Por eso yo predico la gracia con tanta fuerza. La gracia es la causa; las obras son el efecto. Enfóquese en la causa, y los efectos finalmente llegarán.

Pastores y líderes, les aliento a establecer a su gente en la gracia de Dios. Ayúdenlos a crecer bien en esa gracia, y las buenas obras *llegarán*. Para algunos, las buenas obras puede que lleguen rápidamente; para otros puede que tome más tiempo, pero las buenas obras llegarán a medida que su gente crezca en la gracia mediante el conocimiento de nuestro Señor Jesús (véase 2 Pedro 1:2). Tenemos que ser pacientes y dar a las personas tiempo para crecer. Permitir que Dios haga en ellos su obra profunda y duradera. Nuestra parte es seguir señalándoles hacia Jesús.

*Tenemos que ser pacientes y dar a las personas
tiempo para crecer. Permitir que Dios haga en
ellos su obra profunda y duradera. Nuestra
parte es seguir señalándoles hacia Jesús.*

Dar tiempo a las personas para producir buenas obras

Veamos los dos ejemplos de buenas obras que nos da Santiago: "¿No fue justificado por las obras Abraham nuestro padre, cuando ofreció a su hijo Isaac sobre el altar?... Asimismo también Rahab la ramera, ¿no fue justificada por obras, cuando recibió a los mensajeros y los envió por otro camino?" (Santiago 2:21, 25).

Santiago cita la ofrenda de Abraham de Isaac y la ayuda de Rahab a los dos espías israelitas como sus buenas obras. A los cristianos les gusta citar estos ejemplos y decir: "Entonces, ¿dónde están tus buenas obras? ¿No sabes que la fe sin obras está muerta?". ¡Lo que no entienden es que entre la justificación de estos dos personajes de la Biblia y sus buenas obras hay un *largo* tiempo!

Isaac tenía unos diecisiete años cuando Abraham lo ofreció en el monte Moriah. Algunos creen que era más mayor, de unos treinta años. Incluso si tomamos la edad más joven, siguen siendo más de diecisiete años entre la justificación de Abraham y la manifestación de su obra. ¡Y esperamos que los nuevos creyentes muestren buenas obras de la noche a la mañana!

Abraham fue justificado por la fe antes incluso de que naciera Isaac. En el libro de Génesis vemos que Dios llevó fuera a Abraham y dijo: "Mira ahora los cielos, y cuenta las estrellas, si las puedes contar. Y le dijo: Así será tu descendencia". Abraham creyó a Dios "y le fue contado por justicia" (Génesis 15:5–6). Es ahí cuando Abraham fue justificado. Isaac ni siquiera había sido concebido en el vientre de Sara. Y solamente cuando nació Isaac y creció hasta ser joven, Abraham hizo la buena obra de ofrecerlo a Dios. No sucedió de la noche a la mañana.

¿Y qué de Rahab? La Escritura nos dice que ella fue a los espías que había ocultado en su terrado y les dijo: "Sé que el Señor les ha dado esta tierra. Todos tenemos miedo de ustedes... Pues hemos oído cómo el Señor les abrió un camino en seco para que atravesaran el mar Rojo[a] cuando salieron de Egipto. Y sabemos lo que les hicieron a Sehón y a Og, los dos reyes amorreos al oriente del río Jordán, cuyos pueblos ustedes destruyeron por completo. ¡No es extraño que nuestro corazón esté lleno de temor!... Pues el Señor su Dios es el Dios supremo arriba, en los cielos, y abajo, en la tierra" (Josué 2:9–11, NTV).

Notemos cómo usó Rahab el término "Señor" o *Yahvé*, y declaró a los espías que Él era "el Dios supremo arriba, en los cielos, y abajo, en la tierra". Ella ya era creyente en *Yahvé*. Por eso estuvo dispuesta a ayudar a los israelitas, e incluso les suplicó que les salvaran a ella y a su familia cuando los israelitas entraran en Jericó (véase Josué 2:11–13, NTV). Ella no tenía ninguna duda de que el mismo Señor que había abierto el mar Rojo y había derrotado a los dos reyes amorreos por ellos también les daría la tierra de Jericó. Rahab debió de haber crecido escuchando sobre cómo el Señor había secado el mar Rojo para los israelitas, y había creído entonces en el Señor, que Él era seguramente el Dios supremo del cielo y la tierra. Por tanto, si pensamos en ello, como en el caso de Abraham, ¡debieron de haber pasado bastantes años entre su creencia en Dios y su buena obra!

Un último pensamiento para aquellos a quienes les gusta señalar los dos ejemplos de buenas obras que da Santiago: si consideramos los actos que "justificaron" tanto a Abraham como a Rahab, intento de asesinato y mentiras, respectivamente, no podemos decir que sean actos morales o buenos ejemplos de obediencia a la ley. Claramente, Santiago no estaba hablando de nuestra justificación delante de Dios, o la base para que recibamos bendiciones del Él.

Dará fruto en el terreno de la gracia

Muchos de nosotros, a pesar de nuestras mejores intenciones, hemos cometido errores y hemos tomado malas decisiones. Y a pesar de nuestros fracasos, Dios en su gracia sigue siendo paciente con nosotros.

Hay un hermoso pasaje que dice: "La caña cascada no quebrará, y el pábilo que humea no apagará" (Mateo 12:20). Las cañas pueden ser convertidas en flautas que producen hermosas melodías. El pábilo se utiliza como mecha en lámparas. Amigo mío, cuando haya perdido su canto, cuando el fuego en usted se esté apagando, Dios no va a quebrarlo o a apagarlo y echarlo a un lado. No, Él no le dará la espalda; le amará para que regrese a la restauración de modo que haya un canto en su corazón una vez más. Él renovará su pasión de vivir para Él y su gloria a medida que vea su amor por usted.

Dios le amará para que regrese a la restauración de modo que haya un canto en su corazón una vez más.

También descubrirá, como muchas de las preciosas personas que escriben a mi ministerio, que cuando sabe y cree que es justificado por la fe, es cuestión de tiempo antes de que produzca buenas obras y viva una vida que le glorifique a Él. Tan sólo permita que sus raíces profundicen en el sano terreno de su gracia y se mantengan ante la brillante luz del sol de su amor, ¡y la gloriosa presencia de Él en su vida será evidente a todos!

CAPÍTULO 9

EXPERIMENTE LIBERTAD DEL TEMOR

El temor es una atadura destructiva. El temor le paraliza y evita que cumpla el increíble destino que Dios tiene para usted. El temor le hace sentirse inadecuado e inseguro, y viene con efectos secundarios malsanos que van desde ataques de pánico hasta trastornos del sueño. El temor no es racional. El temor es una enfermedad espiritual, razón por la cual no puede alejar el temor razonando. No puede sencillamente decirle a alguien que esté batallando con el temor y se sienta atenazado por ataques de pánico que tan sólo deje de sentirse temeroso. Una enfermedad espiritual no puede ser remediada con medios naturales. El temor puede ser erradicado únicamente por un encuentro personal con la persona de Jesús. La Palabra de Dios nos dice: "En el amor no hay temor, sino que el perfecto amor echa fuera el temor; porque el temor lleva en sí castigo" (1 Juan 4:18).

Amado, si lo que acabo de describir sobre el temor le resulta demasiado familiar, quiero que sepa que no está en el corazón de su Padre celestial para usted que viva atormentado por el temor. No hay temor en el amor de Dios. Su perfecto amor echa fuera todo temor.

No hay temor en el amor de Dios. Su perfecto amor echa fuera todo temor.

No sé si habrá experimentado alguna vez el amor de Dios, pero mi deseo es que HOY capte una revelación de su amor por usted de una manera profunda y personal. Y a medida que su amor inunde su corazón, es mi oración que cada temor que le tenga atado sea echado fuera para siempre de su vida.

Juan 3:16 nos dice: "Porque de tal manera amó Dios al mundo, que ha dado a su Hijo unigénito, para que todo aquel que en él cree, no se pierda, mas tenga vida eterna".

Oh, cuán claramente proclama este versículo que Dios le ama. Y si usted supiera lo mucho que Él estima y atesora a su Hijo amado, obtendría un destello de lo mucho que Él le ama, porque entregó a su Hijo por usted. Por eso yo predico y escribo acerca del evangelio de la gracia. El evangelio de la gracia se trata de revelar el perfecto amor de Dios, un amor cuya longitud, profundidad y altura quedaron demostradas en la cruz. Un amor que entregó al Hijo de Dios como un sacrificio. Un amor que llevó sus pecados y los míos, para que podamos recibir su vida eterna y vivir libres de cualquier atadura.

¿Conoce la verdadera naturaleza de Dios?

Cómo vemos a Dios es importante, porque una percepción defectuosa de Dios puede dar como resultado toda una vida de temor y atadura. Demasiadas personas tienen una impresión incorrecta de Dios, porque durante generaciones la gente le ha descrito como demandante y fácilmente provocado a ira. Le han hecho parecer duro, enojado, insensible y condenador, tan sólo esperando a que el hombre tropiece. Estas representaciones de Dios hacen que muchas personas sinceras tengan un temor de Dios malsano. Y cuando creen que Dios está contra ellos y quiere castigarles, les resulta imposible salir de sus pecados, adicciones, ansiedades y temores.

Amigo mío, si le han mostrado a un Dios de juicio y enojo

toda su vida, permita que las Escrituras le revelen su verdadera naturaleza:

- "Dios es amor" (1 Juan 4:8).

- "Pero tú, Señor, eres Dios clemente y compasivo, lento para la ira, y grande en amor y verdad" (Salmo 86:15, NTV).

- "tú, Señor nuestro, eres un Dios compasivo y perdonador" (Daniel 9:9, NVI).

- "oh Jehová, de tus piedades y de tus misericordias, que son perpetuas" (Salmo 25:6).

¡Este es nuestro Dios! ¡Dios es amor! Él es lento para la ira, misericordioso y paciente. Está lleno de perdón, paciencia y misericordia. Esto es precisamente lo contrario al modo en que al mundo (e incluso las películas de Hollywood) le gusta representar a Dios. ¡Gracias a Dios que podemos acudir a la santa Palabra para obtener la verdad!

¡Dios es amor! Él es lento para la ira, misericordioso y paciente. Está lleno de perdón, paciencia y misericordia.

Vea a Jesús, amigo de pecadores, y vea a Dios

Si quiere entender más la verdadera naturaleza de Dios, tan sólo mire a Jesús. El dijo: "El que me ha visto a mí, ha visto al Padre...Las palabras que yo os hablo, no las hablo por mi propia cuenta, sino que el Padre que mora en mí, él hace las obras" (Juan 14:9–11). ¿Ha visto alguna vez a Jesús enojado con los pecadores? ¿Estuvo alguna vez furioso con las prostitutas o con los recaudadores de impuestos? ¿Reprendió a la mujer en el pozo, que había tenido cinco esposos, o a la mujer que fue agarrada en adulterio? Ahora bien, a veces estuvo enojado con los escribas y fariseos duros de corazón y que se resistían a la gracia, pero siempre fue amable y amoroso hacia los pecadores y los marginados de la sociedad. ¡Esa es la naturaleza de su Padre celestial!

Jesús siempre fue amable y amoroso hacia los pecadores y los marginados de la sociedad. ¡Esa es la naturaleza de su Padre celestial!

Jesús demostró tal misericordia, que quienes le aborrecían le catalogaron sarcásticamente como "amigo de pecadores" para decir calumnias sobre su integridad (véase Mateo 11:19). El mismo tipo de acusación se lanza contra mi ministerio en la actualidad cuando predico sobre la gracia de Dios y su corazón paternal de amor. Las personas me llaman todo tipo de nombres horribles. He sido acusado de justificar el pecado, dar a las personas licencia para pecar, ¡e incluso dar a los hombres una excusa para dejar a sus esposas y casarse con sus secretarias! Todo eso no puede estar más lejos de la verdad. Si ha estado leyendo este libro y mis otros libros, conoce mi posición sobre el pecado. El pecado produce consecuencias destructivas, y yo estoy al cien por ciento en contra del pecado. Pero al tener el corazón de nuestro Señor Jesús, amo al pecador y a cada creyente incluso si está batallando contra el pecado.

Quienes aborrecían a Jesús le llamaban amigo de pecadores. Pero lo que tenía intención de ser una etiqueta derogatoria es realmente una hermosa imagen de su gracia. La gracia no rehúye al pecador; la gracia *persigue* al pecador. La gracia no hace un piquete contra quienes fallan; la gracia los abraza para que sean restaurados y produce una verdadera transformación interior para ellos. La gracia no condena a quienes batallan contra el pecado; la gracia produce santidad en ellos.

La gracia no hace un piquete contra quienes fallan; la gracia los abraza para que sean restaurados y produce una verdadera transformación interior para ellos.

Como mi Señor Jesús, yo quiero ser conocido como un amigo de pecadores. Los pecadores encontraban solamente desesperación, juicio y condenación en la ley, pero encontraron esperanza, gozo y libertad en Jesús. Él les mostró su gracia, y su gracia les transformó de vivir una vida de pecado a vivir una vida de santidad. Él nunca justificó sus pecados. Mil veces no. ¡Cómo podría hacerlo, cuando Él entregó su vida para salvarlos de sus pecados!

Vemos un ejemplo del amor de nuestro Señor por los pecadores cuando hizo amistad con el corrupto recaudador de impuestos Zaqueo. Se invitó a sí mismo a la casa de Zaqueo, lo amó, y le mostró gracia. Antes de que terminara la noche, Zaqueo se puso de pie en presencia de todos sus invitados a cenar y le dijo a Jesús: "He aquí, Señor, la mitad de mis bienes doy a los pobres; y si en algo he defraudado a alguno, se lo devuelvo cuadruplicado" (Lucas 19:8). ¡Ese es el poder de la gracia! La gracia cambia las vidas de las personas desde dentro hacia fuera. Jesús no le dio a Zaqueo ningún mandamiento, ninguna condenación, ninguna ley…tan sólo gracia, gracia, y más gracia. Y el corazón de Zaqueo fue transformado para siempre. La gracia produce verdadera santidad.

Cómo entran el temor y la tristeza

En el capítulo anterior a esta historia, leemos acerca de un joven rico que se acercó a Jesús diciendo: "Maestro bueno, ¿qué haré para heredar la vida eterna?" (Lucas 18:18). Ahora escuchemos atentamente cómo respondió Jesús: "¿Por qué me llamas bueno? Ninguno hay bueno, sino sólo Dios" (Lucas 18:19). Jesús sabía que ese joven rico no le veía como Dios sino solamente como un "maestro". ¿Acaso no sigue siendo eso cierto del mundo en que vivimos en la actualidad? Hay muchas personas que ven a Jesús como un gran hombre, un gran filósofo y una gran figura histórica, pero no lo ven como su Señor y Salvador.

Desgraciadamente, hay también creyentes que son salvos, lavados por la sangre de Jesús y hechos justos por la fe, pero que ahora se relacionan con Jesús solamente como un maestro y no como su Salvador. Creen que después de haber sido salvos por gracia, han de ser justificados por sus obras mediante el cumplimiento de los Diez Mandamientos. Olvidan que el modo en que Dios nos hace justos ante sus ojos es "del principio al fin por medio de la fe" (Romanos 1:17, NTV).

Cuando nacimos de nuevo en Cristo, fuimos justificados por la fe. Hasta el día en que veamos a Jesús, seguiremos siendo justificados por la fe y no por nuestras obras. Nuestra justificación es por fe y para fe, y no por fe para obras. La buena noticia es que quienes son justificados por la fe producirán buenas obras y darán fruto de santidad. Y no sólo les encontrará obedeciendo los mandamientos de Dios inconscientemente, ¡sino que también los encontrará sobresaliendo en cumplimiento externo con motivación interna!

---

*Nuestra justificación es por fe y para
fe, y no por fe para obras.*

Sin embargo, a aquellos que como el joven rico piensan que pueden ser justificados por obras y hacer algo para heredar la vida eterna, nuestro Señor Jesús les llevará de regreso a la ley para situarlos al límite de sí mismos. Jesús le dijo al joven rico: "Los mandamientos sabes: No adulterarás; no matarás; no hurtarás; no dirás falso testimonio; honra a tu padre y a tu madre". El joven rico (quizá con una sonrisa) respondió: "Todo esto lo he guardado desde mi juventud". Al oír eso, Jesús dijo: "Aún te falta una cosa: vende todo lo que tienes, y dalo a los pobres, y tendrás tesoro en el cielo; y ven, sígueme". Cuando el joven rico oyó eso, se alejó con tristeza (véase Lucas 18:20–23).

Cuando usted acuda al Señor para ser justificado por sus obras, Él le señalará a la ley. Sin importar cuán perfectamente crea que ha guardado los Diez Mandamientos, como el joven rico, se verá que carece de una cosa. Para el joven rico era en el área del dinero. El primer mandamiento es: "No tendrás dioses ajenos delante de mí" (Éxodo 20:3). Sin embargo, el dinero era su dios, y se alejó triste cuando el Señor le pidió que vendiera todo lo que tenía.

Amado, nadie puede cumplir las demandas de la ley y ser justificado. Podemos ser justificados solamente por la fe en la sangre del Cordero. Si usted no está anclado en esta verdad y si su conciencia no ha sido lavada por la sangre del Cordero, siempre se sentirá temeroso.

La ley demanda, la gracia suple

Creo que el Señor puso estas dos historias lado a lado, una en Lucas 18 y la otra en Lucas 19, para ayudarnos a entender que podemos ser justificados solamente por la fe y no por nuestras obras. La justificación por la fe produce esperanza, paz, gozo, y un corazón para Jesús que da como resultado un buen fruto.

Intentar ser justificados por obras produce temor, ansiedad y la incapacidad de producir fruto duradero.

Cuando el joven rico llegó queriendo ser justificado por sus obras, el Señor le dio la ley y él se fue triste. No hay registro alguno de que diera ni siquiera una moneda a los pobres. Pero veamos lo que sucedió cuando Jesús se invitó a sí mismo a la casa de Zaqueo. Ningún mandamiento se dio, solamente pura gracia; y el resultado fue que Zaqueo diera la mitad de su riqueza a los pobres, ¡e hiciera un compromiso público de restituir cuatro veces más de lo que había robado!

La ley demanda, la gracia suple.

La ley demanda, y da como resultado temor, culpabilidad y tristeza. La gracia suple, y produce generosidad, santidad y transformación interior del corazón.

La ley demanda, y da como resultado
temor, culpabilidad y tristeza. La gracia
suple, y produce generosidad, santidad y
transformación interior del corazón.

Ahora dígame, ¿qué evangelio deberíamos predicar? ¿Justificación por obras mediante la ley? ¿O justificación por fe mediante el poder de la gracia de Dios?

Desgraciadamente, debido a que a muchos se les ha enseñado y creen, como el joven rico, que pueden ser justificados delante de Dios solamente por sus obras, terminan siendo conscientes de que le han fallado a Él. Terminan con una temerosa expectativa del castigo y el juicio de Dios. Toda cosa mala que les sucede refuerza ese temor; incluso cuando las cosas van bien, tienen temor a perder las bendiciones o la protección de Dios debido a un error que puede que acaben de cometer. ¿El resultado? Inseguridad, miedo, ansiedad y todo tipo de temores se convierten en compañeros constantes que les roban la alegría de la vida, y menos aún pueden vivir con valentía y confianza.

Las buenas nuevas de la no condenación en Cristo

Amigo, si eso lo describe a usted, si ha estado viviendo en el abismo del temor durante todo el tiempo que puede recordar, es momento para su libertad. Puede comenzar este viaje de libertad hoy mismo creyendo que el corazón de Dios está lleno de amor, gracia y misericordia hacia usted. Escuche el latido del corazón de su Padre: "Porque no envió Dios a su Hijo al mundo para condenar al mundo, sino para que el mundo sea salvo por él. El que en él cree, no es condenado" (Juan 3:17–18). ¿Cree usted en Jesús? ¡No hay condenación para nadie que clame al nombre de Jesús! Todo aquel que clame a Él y crea en Él no es condenado sino salvo. Estas son las buenas nuevas del evangelio.

Todo aquel que clame a Él y crea en Él no es condenado sino salvo. Estas son las buenas nuevas del evangelio.

Por desgracia, estas buenas nuevas de no condenación de parte de Dios no están siendo proclamadas desde todo lugar. Muchos creyentes siguen viviendo bajo el pesado yugo de la condenación y el temor porque oyen el pacto mosaico siendo proclamado y se sitúan bajo los Diez Mandamientos.

Veamos cómo describe el apóstol Pablo los Diez Mandamientos en 2 Corintios 3:7–9: "Y si el ministerio de muerte grabado con letras en piedras fue con gloria…¿cómo no será más bien con gloria el ministerio del espíritu? Porque si el ministerio de condenación fue con gloria, mucho más abundará en gloria el ministerio de justificación".

Nadie puede argumentar que Pablo estaba hablando aquí solamente sobre las leyes ceremoniales (como matar animales para los sacrificios) y no de los Diez Mandamientos, porque solamente los Diez Mandamientos fueron escritos y "grabados en piedras": escritos por el dedo de Dios mismo. Y Pablo los llama "el ministerio de muerte" y "ministerio de condenación".

Pablo entonces contrasta los Diez Mandamientos con el nuevo pacto de la gracia al describir el segundo como el "ministerio del espíritu" y "ministerio de justificación". ¿Puede ver la clara distinción que Dios hace en su Palabra? Los Diez Mandamientos ministran muerte y condenación, mientras que el evangelio de la gracia ministra el espíritu de libertad y el don de la justificación de Dios.

Cuál es el verdadero problema

Ahora bien, por favor entienda lo siguiente: ¡los Diez Mandamientos son gloriosos! El problema nunca han sido los Diez Mandamientos o la ley perfecta de Dios. El problema siempre ha sido la capacidad del hombre imperfecto para guardar la perfecta ley de Dios. Basándonos en los términos del pacto mosaico, si usted cumplía la ley de Dios era bendecido; pero si no lo hacía, era maldito, era condenado, y tenía una sentencia de muerte colgando sobre su cabeza.

El hecho es que incluso bajo el viejo pacto, ningún hombre era capaz de guardar la ley perfectamente. Desde el principio mismo de la ley, Dios hizo una provisión de sacrificios animales para que la maldición del hombre, su condenación y su sentencia de muerte pudieran ser transferidas al toro o cordero sacrificial. ¿De qué es esto una imagen? ¡Es una imagen de Jesús en la cruz! Cuando Juan el Bautista vio a Jesús en las riberas del río Jordán, dijo: "He aquí el Cordero de Dios, que quita el pecado del mundo" (Juan 1:29). Por tanto, incluso en la ley vemos que la única esperanza del hombre de estar a cuentas con Dios una vez para siempre es Cristo.

La única esperanza del hombre de estar a cuentas con Dios una vez para siempre es Cristo.

El libro de Hebreos explica esto de manera hermosa:

> *El sistema antiguo bajo la ley de Moisés era solo una sombra—un tenue anticipo de las cosas buenas por venir—no las cosas buenas en sí mismas. Bajo aquel sistema se repetían los sacrificios una y otra vez, año tras año, pero nunca pudieron limpiar por completo a quienes venían a adorar. Si los sacrificios hubieran podido limpiar por completo, entonces habrían dejado de ofrecerlos, porque los adoradores se habrían purificado una sola vez y para siempre, y habrían desaparecido los sentimientos de culpa. Pero en realidad, esos sacrificios les recordaban sus pecados año tras año. Pues no es posible que la sangre de los toros y las cabras quite los pecados.*
>
> —Hebreos 10:1-4, NTV

Mi querido lector, lo que no pudo ser logrado mediante la sangre de toros y cabras fue logrado perfectamente por la sangre de Jesucristo. En Cristo hemos sido purificados una vez para siempre. La maldición, culpabilidad, condenación y castigo por todos los pecados han sido satisfechos totalmente en la cruz. En Cristo ya no estamos bajo el ministerio de condenación, sino que estamos bajo el glorioso ministerio de justificación.

---

*En Cristo ya no estamos bajo el ministerio
de condenación, sino que estamos bajo el
glorioso ministerio de justificación.*

¿Cuán libre es usted?

El libro de Hebreos sigue explicando: "Él anula el primer pacto para que el segundo entre en vigencia. Pues la voluntad de Dios fue que el sacrificio del cuerpo de Jesucristo nos hiciera santos, una vez y para siempre" (Hebreos 10:9–10, NTV).

Nuestro Señor Jesús no vino para abolir la ley, sino para cumplirla (véase Mateo 5:17). La ley fue perfectamente cumplida en la cruz cuando Él gritó: "¡Consumado es!" (véase Juan 19:30). Él cumplió las demandas del primer pacto, que es el pacto mosaico de los Diez Mandamientos, ¡a fin de poner en efecto el segundo, que es el nuevo pacto de la gracia de Dios!

Estamos en la era de la gracia de Dios. ¡Por eso predicamos el evangelio de la gracia! Amigo, ¡la cruz de Jesús ha marcado toda la diferencia! Ya no tiene usted que vivir en condenación y temor bajo el viejo pacto de la ley. Ahora está bajo el nuevo pacto de la gracia, donde es plenamente perdonado, justificado y hecho justo mediante la sangre de Jesús para reinar en vida.

Cuando entiende que es usted justificado por la fe y no por sus obras en el nuevo pacto de la gracia de Dios, sucede algo liberador. Usted es libre del ministerio de condenación y de la muerte que ministra: culpabilidad, inseguridad, miedo, ansiedades y todo tipo de temores debilitantes. La condenación le roba la paz en su corazón y el gozo en su relación con su Padre. Le roba la fe y la confianza en el amor de Él y su capacidad para salvarle. Pero cuando sabe y cree que no está usted bajo el ministerio de condenación sino bajo el ministerio de justificación, puede acudir libremente ante su Padre celestial y llevar toda la ansiedad de su corazón a Él. No estará constantemente temeroso de que sus fracasos hagan que Él le castigue o le retire sus bendiciones y su protección, porque sabe que Jesús llevó el castigo que debía ser para usted sobre sí mismo en la cruz.

Cuando sabe y cree que no está usted bajo el ministerio de condenación sino bajo el ministerio de justificación, puede acudir libremente ante su Padre celestial y llevar toda la ansiedad de su corazón a Él.

Querido lector, mientras lee estas palabras, quizá sepa lo que es batallar con el temor cada día. Quizá haya estado inundado de temores de ser incapaz de lidiar con ciertos retos en sus circunstancias. Puede que pensamientos temerosos de perder la salud, el trabajo, a sus hijos o su vida misma le mantengan despierto en la noche. Quizá sufre ataques de ansiedad severos, y el pensamiento mismo de ir a alguna parte fuera de su casa le llena de un temor sofocante. Quiero que sepa que esa no es la vida que Dios quiere que usted viva. Mediante el sacrificio de su Hijo y la perfección de la obra terminada de Cristo, Él ha abierto un camino para que usted viva libre de la cautividad del temor.

La madre de todos los temores

Lo que he compartido hasta ahora en este capítulo es fundamental para que usted sea libre de temor, ataduras y el ciclo de derrota en el que pueda estar en este momento. Le aliento a que pase algún tiempo para repasar las secciones anteriores y medite realmente en las verdades liberadoras de la Palabra de Dios que he compartido con usted. Medite en cómo se aplican a usted personalmente. Creo que cuando lo haga, experimentará personalmente que cada nudo de temor se disipa a medida que ve el perfecto amor del Señor por usted.

En Cristo ha sido redimido de todo temor. Ya no necesita vivir con temor al juicio, el castigo y la condenación de Dios por sus pecados. Debido a que es creyente en Jesús, ¡la maldición de la ley y su ministerio de muerte y condenación ya no tienen una tenaza sobre usted! Su Palabra proclama victoriosamente que "Cristo nos ha rescatado de la maldición dictada en la ley. Cuando fue colgado en la cruz, cargó sobre sí la maldición de nuestras fechorías. Pues está escrito: «Maldito todo el que es colgado en un madero»" (Gálatas 3:13, NTV). ¡Ha sido usted redimido!

Debido a que es creyente en Jesús, ¡la maldición de la ley y su ministerio de muerte y condenación ya no tienen una tenaza sobre usted!

¿Sabe cuál es la madre de todos los temores? Yo creo que es el temor a la muerte. ¿Por qué los creyentes se sitúan bajo el temor a la muerte cuando han sido perdonados, justificados y redimidos? Es sencillo: cuando los creyentes no creen que todos sus pecados han sido castigados y perdonados mediante la muerte de Jesucristo en la cruz, su conciencia nunca descansa. Como resultado, la paga del pecado, que es la muerte, sigue oprimiéndolos y manteniéndolos bajo atadura.

Pero aquí está la buena noticia: la Palabra de Dios nos dice: "Debido a que los hijos de Dios son seres humanos—hechos de carne y sangre—el Hijo también se hizo de carne y sangre. Pues solo como ser humano podía morir y solo mediante la muerte podía quebrantar el poder del diablo, quien tenía el poder sobre la muerte" (Hebreos 2:14, NTV). ¿Por qué hizo Él todo esto? Para "libertar a todos los que vivían esclavizados por temor a la muerte" (Hebreos 2:15, NTV). Nuestro Señor Jesús quiere libertarnos del temor a la muerte y de toda atadura.

Lea de nuevo Hebreos 2:15 y verá que el temor a la muerte conduce a otros temores y ataduras: "estaban durante toda la vida sujetos a servidumbre". Las personas que tienen temor a la muerte automáticamente tienen temor a caer enfermos, de modo que se preocupan todo el tiempo por su salud. Cada pequeño síntoma les causa ansiedad y les hace seguir visitando a los médicos. Muchas veces, el temor a la muerte es la raíz de los temores que tiene la gente a volar, conducir, o simplemente ir al centro comercial, porque imaginan que les suceden las cosas peores. Para algunas personas, el temor a la muerte es tan severo que interfiere en su vida cotidiana; consume sus pensamientos y afecta negativamente a las decisiones que toman.

Si eso le describe a usted, le aliento a que tome tiempo para anclarse en la verdad de estos versículos. Sepa por encima de ninguna sombra de duda que Jesús, mediante su muerte en la cruz, le ha libertado del temor a la muerte, y con ello de toda atadura en la que pudiera estar en este momento. Hebreos 2:15 nos muestra claramente que en el momento en que el temor a la muerte es eliminado de su corazón, su atadura es también quitada. Su misma susceptibilidad a estar en atadura es quitada. ¡Aleluya! Jesús murió en la cruz para hacerle libre. Cuanto más establecido esté en esta verdad, más experimentará la vida abundante que Él vino para darle.

Encontrar finalmente libertad del temor

Permítame alentarle con el testimonio de Ursula. Esta preciosa hermana de Sudáfrica encontró libertad de todos sus temores, incluido su temor a la muerte, cuando sencillamente comenzó a entender la verdadera naturaleza de Dios y tuvo una revelación personal de su amor y su obra terminada. Aquí está su historia:

Me crié con miedo a morir. Recuerdo estar ansiosa respecto a morir a temprana edad, e incluso sufrir terribles pesadillas desde los seis años de edad. Quería depender de Dios para obtener mi libertad, pero no podía relacionarme con Él ni confiar en Él.

Debido a las incertidumbres que afrontaba, me propuse crear una casa perfecta y completamente segura donde pudiera vivir, trabajar y finalmente educar a una familia en paz y seguridad; sin embargo, cuando me convertí en esposa y madre, me resultaba cada vez más estresante mantener seguros a mis seres queridos. Tengo tres muchachos aventureros, y me sentía cada vez más fuera de control cuando tenía que enfrentarme a lo impredecible de la vida.

Comencé a aislarme cada vez más, encerrada en mis expectativas irreales y mi temor a exponer mis vulnerabilidades al duro juicio de los demás. Comencé a experimentar mareos, dificultad para pensar y sentimientos de desmayo. Finalmente, mi ansiedad aumentó hasta el punto en que estaba paralizada por el temor.

Varios especialistas me realizaron diversas pruebas, pero nadie pudo señalar una causa concreta para mis síntomas. Me sentía como la mujer que tenía hemorragias de sangre en la Biblia y que había gastado todo su dinero buscando diferentes curas, y aún así nada había funcionado.

Hace tres años y medio me admitieron en un hospital para tratar ataques de pánico continuos que duraban casi una semana. Era un pozo tan profundo y oscuro que me resulta difícil encontrar palabras para describirlo adecuadamente. Tenía la sensación de haber sido enterrada viva en el infierno, totalmente desconectada de Dios y de los demás.

Pero cuando estaba tumbada en aquella cama en el hospital, Dios atravesó la neblina de mi temeroso pensamiento y me mostró amorosamente que Él no era la fuente de mis problemas como yo había llegado a creer, sino mi solución. Desesperadamente me aferré a esa verdad y, a medida que lo dice, comenzó a llegar la ayuda. Dios trajo a un consejero a mi vida, quien me predicó la gracia de Dios. Entonces, sucedió que mi esposo salió a almorzar con alguien en su oficina, y la esposa de ese hombre me pasó un DVD de Joseph Prince a través de su esposo.

Cuando vi el DVD, la verdad de lo que se predicaba que se quedó profundamente en mi alma. Desde entonces, me conecté en línea y descargué más MP3 y los he estado escuchando casi cada día durante estos últimos tres años. Cuando acepté el poderoso amor de mi Padre que Él ha puesto a mi disposición en Cristo, mi corazón fue transformado y comencé a desarrollarme y prosperar.

Han pasado tres años desde mi estancia en el hospital, y Dios ha restaurado progresivamente todo lo que las langostas han comido. He sido sanada hasta el punto de ya no requerir medicamentos antidepresivos. En cambio, vivo disfrutando de intimidad con Dios, con mi familia y amigos que nunca podría haber imaginado antes. Jesús ha entrado en todas las áreas oscuras de mi vida para estar conmigo, ser mi amigo y consolarme con su presencia. ¡Él me muestra el amor y el perdón de Dios y restaura mi esperanza para el futuro!

Doy gracias a Dios por el ministerio de Joseph

Prince al revelar la verdad de quién es Dios a las
personas que están desesperadas por intimidad con
su Papá Dios, ¡y por predicar con valentía las buenas
nuevas del evangelio de la gracia!

¡Qué glorioso testimonio de libertad del temor paralizante! Me gusta que Ursula ahora disfruta de una intimidad con Dios que nunca pensó que fuera posible. Cuando ella no tenía una revelación de su amor y su perdón, no podía relacionarse con Dios y confiar en Él para obtener su libertad. De hecho, incluso creía que Dios era la fuente de sus problemas. Mire, cuando su percepción de Dios y su acercamiento a Él están basados en la ley mosaica del viejo pacto, no puede usted tener una relación íntima con Él, y se mantiene atrincherado en sus temores.

Por el contrario, cuando tiene una revelación del amor de Dios y se acerca a Él no mediante la ley sino confiando puramente en su gracia, tendrá la intimidad con Él que desea. Y esta intimidad producirá buen fruto en su vida. Ya sea temor a la muerte, temor al rechazo, temor al fracaso, un problema de relaciones o una larga adicción, se encontrará venciendo su desafío a medida que el amor y el poder de Él obran poderosamente usted, por medio de usted y para usted. ¡No puede evitar prosperar y desarrollarse cuando se deleita en la gloria del poderoso amor de Dios y su increíble gracia!

CAPÍTULO 10

GLORIOSA GRACIA

La gracia transforma vidas.

He recibido muchos poderosos testimonios de personas de todo el mundo que han despertado a su identidad de justicia en Cristo y han encontrado libertad de sus pecados. El evangelio de la gracia rompe el velo de la religión cristiana y lleva a las personas a una relación íntima con Dios. La Palabra de Dios nos dice: "Velad debidamente, y no pequéis" (1 Corintios 15:34).

La revolución de la gracia es este velad o gran despertar a la justicia. Cuando las personas oyen que se predica el verdadero evangelio, el evangelio que les dice que la obra terminada de Jesús les ha justificado, comienzan a entender lo amadas, valoradas y preciosas que son en Cristo. Desde entonces en adelante, sus vidas nunca serán igual. Comienzan a entender que no tienen que vivir en derrota, vivir atados a adicciones, y vivir en fracaso. En lugar de ver a alguien sin valor cuando se miran en el espejo, ¡ven a un hijo del Dios Altísimo muy favorecido, muy bendecido y profundamente amado!

Cuando las personas oyen el verdadero evangelio,
que les dice que la obra terminada de Jesús
les ha justificado, nunca serán igual.

La gracia quita sus cargas

Kirk, que vive en Alemania, compartió conmigo lo siguiente:

*Mi esposa había pensado en el suicidio porque yo se-
guía fallando a la hora de cumplir las promesas que
le había hecho. Parecía que cuanto más me esforzaba
por hacer bien las cosas, más terminaba haciendo las
cosas mal. Finalmente, ella me dejó y en cinco meses
estábamos oficialmente divorciados. Entonces ella se
trasladó a Australia con nuestro hijo de nueve años.*

*Yo sabía que mi mala conducta era un espino en
mi matrimonio, pero no sabía cómo enderezar las
cosas; sin embargo, Dios lo sabía, y por eso me señaló
hacia el pastor Joseph Prince.*

*El mismo día en que escuché por primera vez pre-
dicar al pastor Prince acerca de la gracia de Dios,
sentí como si me quitaran de los hombros una pesada
carga. Fue como si Dios supiera acerca de mi carga
más de lo que yo mismo sabía, y abrió un camino
para liberarme.*

*Yo solía ser muy consciente de mis debilidades y
errores, creyendo que nunca escaparía de las maldi-
ciones de Dios y el fuego del infierno debido a todo
eso. Cada día hacía compromisos para vivir correctamente, pero me encontraba batallando para mejorar
mi conducta. Estaba atormentado por el temor y por
mi incapacidad.*

*A pesar de asistir a la iglesia, el estudio de la Bi-
blia y reuniones de oración regularmente, me sentía
tan vacío que me preguntaba si entraría en el cielo.
También estaba confundido porque pensaba que Dios
era misericordioso al darnos, pero haría que su ira*

cayera sobre aquellos que le desobedecían. Intentar
enderezarme a mí mismo delante de Dios para evitar
su ira y obtener sus bendiciones era como vivir bajo
una maldición.

Rendirse al poder de la gracia

El punto de inflexión de Kirk y su restauración llegaron cuando
él siguió oyendo sobre la gloriosa gracia de Dios:

A medida que seguí escuchando a Joseph Prince com-
partir el mensaje de gracia y el don de la justicia,
comencé a alimentarme del amor de Dios por mí.
Mi vida se volvió cada vez más significativa porque
descubrí que ya no soy yo quien vivo; Jesús es quien
opera en mí. Cuanto más me enfoco en su amor por
mí, más me enamoró de Él y más se convierte la Bi-
blia en un libro acerca de su amor.

Fue durante los periodos de separación y divorcio
de mi esposa cuando me rendí completamente al
poder de la gracia de Dios porque no me quedaba
otra cosa que hacer excepto decir sí a Jesús. Jesús
cambió la agitación de mi divorcio y la convirtió en
una victoria. Comencé a experimentar la vida como
nunca antes a medida que Dios seguía interviniendo
en mi vida cotidiana, sanándome y arreglando pro-
blemas en mi vida, e incluso problemas que yo no le
había pedido que arreglara.

Al mismo tiempo, Dios también estaba sanando
a mi esposa de la herida emocional y renovando el
amor en su corazón y su mente. Gradualmente, ella
se fue abriendo a mí y me mostró su interés y su
bondad.

Milagrosamente, volvimos a estar juntos y somos uno otra vez por su gracia. Ahora estoy con mi familia cada fin de semana, algo que antes nunca era posible. Me ascendieron en mi empresa, y con el ascenso llegó un auto de la empresa que me permite pasar más tiempo con mi esposa y mi hijo.

Además de restaurar mi matrimonio, Dios también me liberó de un pecado sexual. Antes de descubrir el mensaje de la gracia, yo veía pornografía; sin embargo, desde que comencé a seguir el ministerio del pastor Prince, el deseo de ver pornografía sencillamente murió, y ya no satisfago mis deseos en esa área. ¡Jesús lo hizo todo por mí aunque yo no lo merezco en absoluto!

Le doy gracias a Dios por haber levantado al pastor Joseph Prince para llevar las buenas nuevas a aquellos a quienes Dios ama, quienes están derribados por errores, desesperanzas y adicciones, esas personas como yo. Ahora camino con valentía, sabiendo que estoy totalmente seguro en Jesucristo y que Él siempre está a mi lado. La vida eterna es mi herencia en Cristo Jesús por la fe, no por mis propias obras.

Vaya. ¿No es bueno Dios? El matrimonio de Kirk fue restaurado y él también fue liberado de una adicción a la pornografía. Ya no está "derribado por errores, desesperanzas y adicciones". Y todo sucedió porque despertó a la justicia y entendió lo mucho que Dios le ama incondicionalmente e irrevocablemente. ¡Aleluya!

La gracia genuina glorifica a Jesús

Pero aunque Dios restaura la gloriosa verdad del evangelio de la gracia al cuerpo de Cristo, hemos de ser conscientes de que el enemigo también produce una gracia falsa para intentar confundir a las personas y hacer que se desvíen del verdadero ministerio de la gracia de Dios. ¿Por qué hay una gracia falsa? La realidad es que hay falsificaciones de cosas solamente cuando son de gran valor y muy apreciadas. Se pueden encontrar diamantes falsos, pero no piedras falsas.

Ahora bien, no se desaliente y tenga temor de haber podido ser desviado por la gracia falsa. Tan sólo sea diestro en la Palabra de Dios y aprenda a discernir lo que es bíblico leyendo la Palabra de Dios por usted mismo. Edifique un fundamento fuerte sobre el verdadero evangelio de la gracia. La manera más sencilla de saber si alguien está predicando el evangelio de la gracia es evaluar si la enseñanza glorifica a nuestro Señor Jesús. ¿Hace esa enseñanza que usted quiera vivir una vida que le glorifica a Él? ¿Hace hincapié en sus obras o en la obra de nuestro Señor Jesús? ¿Hace esa enseñanza que esté usted ocupado consigo mismo u ocupado con nuestro Señor Jesús?

La manera más sencilla de saber si alguien está predicando el evangelio de la gracia es evaluar si la enseñanza glorifica a nuestro Señor Jesús.

Algunos de ustedes puede que se hayan cruzado con una enseñanza que afirma que *todo el mundo* finalmente será salvo. Esto se denomina "reconciliación universal", y quiero decir esto desde el principio: es una herejía. Tales enseñanzas no exaltan ni glorifican a nuestro Señor Jesús. No se puede hablar de salvación eterna sin la persona de Jesús y su obra terminada en la cruz.

¡Jesús es el único camino! Jesús dijo: "Yo soy el camino, y la verdad, y la vida; nadie viene al Padre, sino por mí" (Juan 14:6).

¿Hay corrección bajo la gracia?

También están quienes enseñan que ser santo no es importante ya que estamos bajo la gracia. Afirman que bajo la gracia no hay corrección y ninguna necesidad de crecer en santidad. Permítame decir lo siguiente: ¡tales "maestros" están propagando error! La verdad del asunto es que no puede usted llegar a ser más justo, pero puede llegar a ser más santo. La gracia verdadera produce santidad verdadera. Por eso el apóstol Pablo exhorta a la iglesia corintia: "Velad debidamente, y no pequéis" (1 Corintios 15:34). Cuanto más está bajo la gracia, cuanto más establecido está en su justificación en Cristo, más querrá vivir una vida santa y estar abierto a la corrección de Dios.

Cuanto más establecido está en su justificación en Cristo, más querrá vivir una vida santa y estar abierto a la corrección de Dios.

Entonces, ¿hay corrección bajo la gracia? Claro que sí. Pero quiero que esté establecido en el hecho de que bajo el nuevo pacto de la gracia, Dios *no* corrige a sus hijos utilizando accidentes, enfermedades y males. La corrección en el nuevo pacto tiene lugar mediante su Palabra. Pablo nos dice: "Toda la Escritura es inspirada por Dios, y útil para enseñar, para redargüir, para corregir, para instruir en justicia" (véase 2 Timoteo 3:16). Observemos que la corrección mediante la Palabra de Dios incluye "instruir en justicia", lo cual es creer que ha sido usted justificado o hecho justo por la fe en nuestro Señor Jesús. He descubierto que a veces el Espíritu Santo utiliza el liderazgo designado por Dios para lograr esto (véase Gálatas 6:1, 2 Timoteo 4:2, 2 Tesalonicenses 3:15): indicarle de nuevo a la obra terminada de Jesús y a quién es usted en Cristo. Por eso es tan vital que sea parte de una iglesia local con buenos líderes.

Observemos cómo corrige el apóstol Pablo a aquellos en la iglesia corintia que se enredaron en pecado y en inmoralidad sexual:

> *¿No sabéis que vuestros cuerpos son miembros de Cristo? ¿Quitaré, pues, los miembros de Cristo y los haré miembros de una ramera? De ningún modo. ¿O no sabéis que el que se une con una ramera, es un cuerpo con ella? Porque dice: Los dos serán una sola carne. Pero el que se une al Señor, un espíritu es con él. Huid de la fornicación. Cualquier otro pecado que el hombre cometa, está fuera del cuerpo; mas el que fornica, contra su propio cuerpo peca. ¿O ignoráis que vuestro cuerpo es templo del Espíritu Santo, el cual está en vosotros, el cual tenéis de Dios, y que no sois vuestros? Porque habéis sido comprados por precio; glorificad, pues, a Dios en vuestro cuerpo y en vuestro espíritu, los cuales son de Dios.*
>
> —1 Corintios 6:15-20

¿Cómo los corrigió Pablo? Al decir: "¿No sabéis que vuestros cuerpos son miembros de Cristo?", los corrigió al recordarles firmemente su identidad de justicia en Cristo. Entonces pasó a recordarles que sus cuerpos eran templos del Espíritu Santo. ¿Qué nos dice todo esto? Nos dice que cualquiera a quien se le recuerde su justicia en Cristo y tenga una revelación de ello, ¡tendrá el poder para vencer el pecado!

*Cualquiera a quien se le recuerde su justicia
en Cristo y tenga una revelación de ello,
¡tendrá el poder para vencer el pecado!*

Quienes han olvidado o no están establecidos en su identidad de justicia en Cristo son quienes quedan atrapados por las fuerzas destructivas del pecado. Bajo la gracia somos llamados a caminar en novedad de vida como los hijos de Dios justificados. Somos llamados a reinar en vida mediante la abundancia de gracia y el don de la justicia. Hemos sido comprados por precio, un elevado precio en la cruz, ¡y ahora somos llamados a vivir para la gloria de nuestro Señor Jesús!

La gracia le libera para vivir una vida que glorifica a Cristo

Anteriormente mencioné la importancia de leer la Biblia por usted mismo y ser diestro en la Palabra de Dios. Veamos este pasaje de Romanos 6:

> *Nuestro viejo hombre fue crucificado juntamente con él, para que el cuerpo del pecado sea destruido, a fin de que* no sirvamos más al pecado. *Porque el que ha muerto, ha sido* justificado del pecado. *Y si morimos con Cristo, creemos que también viviremos con él; sabiendo que Cristo, habiendo resucitado de los muertos, ya no muere; la muerte no se enseñorea más de él. Porque en cuanto murió, al pecado murió* una vez por todas; *mas en cuanto vive, para Dios vive. Así también vosotros consideraos muertos al pecado, pero vivos para Dios en Cristo Jesús, Señor nuestro.* No reine, pues, el pecado *en vuestro cuerpo mortal,*

> *de modo que lo obedezcáis en sus concupiscencias;*
> *ni tampocos presentéis vuestros miembros al pecado*
> *como instrumentos de iniquidad, sino presentaos vo-*
> *sotros mismos a Dios como vivos de entre los muertos,*
> *y vuestros miembros a Dios como* instrumentos de
> justicia. Porque el pecado no se enseñoreará de vo-
> sotros; *pues no estáis bajo la ley, sino* bajo la gracia.
> —*Romanos 6:6–14 (énfasis del autor)*

Hay un pensamiento erróneo de que predicar los Diez Mandamientos puede producir santidad en las personas. En realidad, si leemos atentamente el pasaje anterior, veremos que es
realmente la predicación del evangelio de la gracia y la obra terminada de Jesús lo que da a las personas victoria sobre el pecado. Debido a la cruz del Calvario, ya no somos "esclavos del
pecado". Somos "libres del pecado" y "muertos al pecado".

Es la predicación del evangelio de la gracia
y la obra terminada de Jesús lo que da a
las personas victoria sobre el pecado.

También, en Cristo, por el poder de su gloriosa gracia, usted
tiene la libertad y el poder de glorificar a su Señor al no permitir que el pecado reine en su cuerpo mortal y al presentar sus
miembros "como instrumentos de justicia" para Dios. Ahora
puede saber más allá de toda sombra de duda que "el pecado no
se enseñoreará de vosotros; *pues no estáis bajo la ley, sino bajo*
la gracia" (énfasis del autor) ¡Ese es el glorioso evangelio de la
gracia! La gracia produce vidas gloriosas, victoriosas y santas.

Ahora bien, si usted conoce a personas que están viviendo
en pecado y afirman que están bajo la gracia, ¡sabrá que sin
duda *no* están viviendo bajo la gracia! ¿Cómo pueden estarlo

cuando la Biblia afirma que el pecado no tendrá dominio sobre quienes están bajo la gracia? Gracia es el poder para ir y no pecar más (véase Juan 8:11). ¡Se está produciendo una revolución de la gracia y está liberando a personas preciosas del poder del pecado!

La santidad es un fruto de la gracia de Dios

Hay personas que piensan que predicar la gracia de Dios da a la gente licencia para pecar y respalda el libertinaje. ¡No es eso en absoluto lo que hace la gracia de Dios! Por el contrario, la increíble gracia de Dios transforma el corazón de la persona y produce verdadera santidad. Con verdadera santidad me refiero a una santidad que no es solamente externa, sino también profunda e íntima, comenzando en el centro mismo del corazón de la persona. La santidad es un fruto de la gracia de Dios.

La increíble gracia de Dios transforma el corazón de la persona y produce verdadera santidad.

La palabra "santidad" en el Nuevo Testamento es la palabra griega *hagiasmos*, que a veces se traduce también como "santificación".[1] En el momento en que usted recibió a Jesús como su Señor y Salvador, fue justificado por la fe y hecho perfectamente justo. También fue hecho santo o santificado, lo cual es ser apartado para el Señor. Y a medida que crece en la gracia y el conocimiento de Jesús, es progresivamente transformado a su imagen de gloria en gloria (véase 2 Corintios 3:18). Ahora bien, no puede usted ser más justo, porque ya es justo al cien por ciento por la sangre de Jesús. Pero bajo la gracia puede crecer en santidad en la manera en que vive su vida.

Yo estoy a favor de la santidad y vehementemente en contra

del pecado. Donde difiero de algunos predicadores es en mi enfoque en *cómo* detenemos el poder del pecado y ayudamos al pueblo de Dios a crecer en santidad. Para muchos predicadores, la respuesta al pecado es predicar los Diez Mandamientos. Yo creo que la respuesta es predicar a Jesús y el evangelio de la gracia.

Cuando las personas experimentan el amor incondicional de Jesús, se enamoran de Él e inevitablemente se desenamoran del pecado. ¿Por qué? Porque cuando uno es amado y está enamorado, desea agradar, honrar y dar gloria a Aquel que le ama incondicionalmente. Una mujer que es amada por su esposo, y que está enamorada de su esposo, no va por ahí buscando maneras de cometer adulterio.

De igual manera, una iglesia que sabe que es amada por su Salvador, y que está enamorada de su Salvador, no va por ahí buscando maneras de deshonrarlo. Por eso mi misión cada domingo es predicar el evangelio de la gracia en mi iglesia. Mi parte es revelar a nuestro Señor Jesús a la congregación y mostrarles su hermosa gracia en la Palabra de Dios. Cuando ellos experimenten el favor de Dios inmerecido y que no se ha ganado, vivirán vidas gloriosas, victoriosas y santas.

Una iglesia que sabe que es amada por su Salvador,
y que está enamorada de su Salvador, no va
por ahí buscando maneras de deshonrarlo.

Leemos en 1 Juan 4:10: "En esto consiste el amor: no en que nosotros hayamos amado a Dios, sino en que él nos amó a nosotros, y envió a su Hijo en propiciación por nuestros pecados". Ahora bien, ¿qué viene primero? ¿Nuestro amor por Dios, o el amor de Dios por nosotros? ¡El amor de Dios por nosotros! Sin embargo, muchos siguen predicando que el cristianismo se trata de nuestro amor por Dios. Amigo, el cristianismo se trata del amor de Dios por usted. Es su amor por usted y en usted lo que da como resultado una transformación interior del corazón. El cristianismo no es una religión; es una relación. El cristianismo no se trata de una lista de cosas que hay que hacer y no hay que hacer; se trata de intimidad y de un corazón sincero. Por eso no se puede predicar santidad y conducta correcta a alguien que aún no ha experimentado y ha gustado la gracia de Dios.

La santidad es un resultado del crecimiento

Yo no puedo demandar una barba a mi hijo Justin, que tiene tres años de edad al escribir este libro. Algunas cosas solamente pueden llegar con el crecimiento. Cuando Justin se despierta en la mañana, yo no espero que haga su propia cama, se cepille los dientes y se cambie el pañal. ¿Le amo como hijo mío aunque su conducta no es "perfecta"? Claro que sí, pero reconozco que algunas cosas vendrán con el crecimiento.

De modo similar, la santidad es un resultado del crecimiento. La santidad es el fruto y no la raíz. El apóstol Pablo lo dice de este modo: "Mas ahora que habéis sido libertados del pecado y hechos siervos de Dios, tenéis por vuestro fruto la santificación, y como fin, la vida eterna" (Romanos 6:22). El fruto viene con el crecimiento. No se puede demandar fruto a un árbol joven. Entonces, ¿cómo se cultiva el árbol para que produzca fruto? Sencillamente regándolo y alimentándolo. De la misma manera, cuando un creyente está bien arraigado y establecido en el evangelio de la gracia, dará fruto a su tiempo. Cuanto más crezca en la gracia y el conocimiento de nuestro Señor Jesucristo, más dará el fruto de la santidad. La santidad es un subproducto de la gracia.

---

*Cuando un creyente está bien arraigado y establecido
en el evangelio de la gracia, dará fruto a su tiempo.*

Ahora quiero llamar su atención a los siguientes versículos:

• *"Amados, si Dios nos ha amado así, debemos también
nosotros amarnos unos a otros" (1 Juan 4:11).*

• *"Maridos, amad a vuestras mujeres, así como Cristo amó
a la iglesia, y se entregó a sí mismo por ella" (Efesios 5:25).*

• *"Las casadas estén sujetas a sus propios maridos, como
al Señor" (Efesios 5:22)*

• *"Hijos, obedeced en el Señor a vuestros padres, porque
esto es justo" (Efesios 6:1).*

• *"y renovaos en el espíritu de vuestra mente" (Efesios 4:32).*

¿Cuál es el denominador común en todos estos versículos?
El denominador común es la persona de Jesús y su amor, gracia
y obra terminada en la cruz. Nosotros no tenemos capacidad
de amarnos unos a otros, amar a nuestro cónyuge, honrar a
nuestros padres y perdonarnos unos a otros, excepto si *primero*
hemos experimentado el amor de Él y su perdón en nuestras
vidas. Estar ocupado, consumido y absorbido en el amor de
Jesús y le hace santo. ¡Jesús es su santidad!

---

*Nosotros no tenemos capacidad de amarnos unos
a otros, excepto si primero hemos experimentado
el amor de Él y su perdón en nuestras vidas.*

El amor es el cumplimiento de la ley

Hay personas que piensan que predicar el evangelio de la gracia le convierte en alguien que está contra los Diez Mandamientos. ¡Cuán lejos está eso de la verdad! No le he dicho a la gente que se ponga en contra de los Diez Mandamientos. Lo que he estado predicando es que no podemos ser justificados guardando los Diez Mandamientos. En los 1.500 años que el pueblo de Dios vivió bajo la ley, ni un solo hombre (aparte de nuestro Señor Jesús) pudo ser justificado por los Diez Mandamientos.

Ahora, escuche con atención lo que estoy a punto de decir. Bajo la gracia, cuando experimente el amor de nuestro Señor Jesús, ¡terminará cumpliendo la ley! Bajo la gracia terminará siendo santo. ¡La gracia produce verdadera santidad! Como proclama con valentía el apóstol Pablo: "El amor no hace mal al prójimo; así que el cumplimiento de la ley es el amor" (Romanos 13:10).

Cuando el amor de Jesús está en usted, no puede evitar cumplir la ley. Cuando su corazón rebosa de la gracia y la paciencia de Dios, no tendrá deseo alguno de cometer adulterio o asesinar, de dar falso testimonio o codiciar. Tendrá el poder para amar a su prójimo como a usted mismo. ¿De dónde proviene ese poder? De estar firmemente arraigado y establecido en la gracia de Dios. Usted tiene capacidad de amar, ¡porque Él le amó primero! Por eso la Biblia declara en Romanos 13:10 que "el cumplimiento de la ley es el amor".

De hecho, cuando el pueblo de Dios está bajo la gracia, no solamente cumplirá la letra de la ley, sino que también la excederá y recorrerá la milla extra. La ley nos ordena no cometer adulterio, y hay personas que pueden cumplir solamente la letra de la ley y no cometer adulterio externamente; sin embargo, en su interior no tienen amor alguno por su cónyuge. La gracia cambia todo eso. La gracia no solamente aborda lo superficial;

va más profundo y enseña a un hombre a amar su esposa como Cristo amó a la Iglesia. Del mismo modo, la ley puede ordenar a una persona que no codicie, pero no tiene capacidad alguna para hacer que esa persona sea generosa. Repito: la gracia de Dios va por encima de lo superficial para transformar interiormente un corazón codicioso en un corazón que es amoroso, compasivo y generoso.

Cuando el pueblo de Dios está bajo la gracia, no solamente cumplirá la letra de la ley, sino que también la excederá y recorrerá la milla extra.

¿Recuerda la historia de Zaqueo? Ni un solo mandamientos se le dio; sin embargo, cuando el amor y la gracia de nuestro Señor Jesús tocaron su corazón, el recaudador de impuestos antes codicioso quiso dar la mitad de su riqueza a los pobres y restituir cuatro veces a cada persona lo que le había robado. El amor al dinero murió cuando llegó el amor de Jesús.

Diga sí a Jesús y su gracia

Quiero alentarlo a estar consumido con la persona de Jesús. La Palabra de Dios dice que "ustedes están unidos a Cristo Jesús, a quien Dios ha hecho nuestra sabiduría—es decir, nuestra justificación, santificación y redención" (1 Corintios 1:30, NVI). Jesús mismo es su sabiduría, su justificación, ¡y también su santificación! La palabra griega usada aquí para "santificación" es *hagiasmos*, la misma palabra utilizada para "santidad". Nuestra santidad o santificación se encuentra en la persona de Jesús. Por tanto, siempre que tenga un pensamiento sucio, una agitación en usted o una tentación a pecar, deténgase durante un rato y mire a Jesús. Vea la cruz. Vea y experimente su amor, perdón y gracia para usted de manera nueva. ¡Jesús es su victoria sobre cada tentación, adicción y atadura!

Hay personas que creen que lo único que hay que hacer es decir no a la tentación. Pero ¿sabe qué? Su fuerza de voluntad no es rival para el pecado. La realidad es que cuanto más intente decir no mediante sus propias fuerzas, peor se volverá la situación. El apóstol Pablo describe precisamente esta batalla que él mismo experimentó: "Porque no hago el bien que quiero, sino el mal que no quiero, eso hago" (Romanos 7:19). Por tanto, la respuesta es no depender de su fuerza de voluntad para decir no a la tentación, ¡sino depender de la gracia de Dios y decir sí a Jesús!

No depender de su fuerza de voluntad para decir no a la tentación, ¡sino depender de la gracia de Dios y decir sí a Jesús!

En medio de su batalla y su tentación, diga SÍ a Jesús. Diga: "Señor Jesús, te doy gracias porque tú eres mi justificación, santidad y redención". ¡Convierta cada tentación en una oportunidad de mirar y alabar a Jesús! Eso es lo que Pablo hizo. Tan sólo veamos lo que él dice en Romanos 7:24-25: "¡Miserable de mí! ¿quién me librará de este cuerpo de muerte? Gracias doy a Dios, por Jesucristo Señor nuestro".

La respuesta de Pablo para la victoria sobre el pecado se encuentra en una *persona*. Su pregunta es: *"¿quién* me librará?". No dice: *"¿qué mandamiento* me librará?". ¡Su libertad de todo hábito de pecado se encuentra en la persona de Jesús! ¡Dígale sí a Él! Él es su justificación y su santidad. Permita que Él entre en las áreas donde se siente más débil, y permita que su gracia le transforme desde dentro hacia fuera.

La guerra en nuestro interior

Ahora bien, por favor recuerde que no hay nada de malo en la ley perfecta de Dios. De hecho, Pablo dice: "Porque según el hombre interior, me deleito en la ley de Dios" (Romanos 7:22). Sin embargo, pasa a decir: "pero veo otra ley en mis miembros, que se rebela contra la ley de mi mente, y que me lleva cautivo a la ley del pecado que está en mis miembros" (Romanos 7:23). ¿Lo ve? La ley de Dios es santa, justa y buena, pero no tiene poder alguno para hacerle a usted santo, justo y bueno. ¡Mediante la ley es el conocimiento del pecado (véase Romanos 3:20)!

Pablo explica esto con mayor claridad:

> *¿Qué concluiremos? ¿Que la ley es pecado? ¡De ninguna manera! Sin embargo, si no fuera por la ley, no me habría dado cuenta de lo que es el pecado. Por ejemplo, nunca habría sabido yo lo que es codiciar si la ley no hubiera dicho: «No codicies.» Pero el pecado, aprovechando la oportunidad que le proporcionó el mandamiento, despertó en mí toda clase de codicia. Porque aparte de la ley el pecado está muerto. En otro tiempo yo tenía vida aparte de la ley; pero cuando vino el mandamiento, cobró vida el pecado y yo morí. Se me hizo evidente que el mismo mandamiento que debía haberme dado vida me llevó a la muerte; porque el pecado se aprovechó del mandamiento, me engañó, y por medio de él me mató. Concluimos, pues, que la ley es santa, y que el mandamiento es santo, justo y bueno...fue el pecado lo que, valiéndose de lo bueno, me produjo la muerte...Sabemos, en efecto, que la ley es espiritual. Pero yo soy meramente humano, y estoy vendido como esclavo al pecado...Yo sé que en mí, es decir,*

en mi naturaleza pecaminosa, nada bueno habita.
Aunque deseo hacer lo bueno, no soy capaz de ha-
cerlo. De hecho, no hago el bien que quiero, sino el
mal que no quiero...Porque en lo íntimo de mi ser
me deleito en la ley de Dios; pero me doy cuenta de
que en los miembros de mi cuerpo hay otra ley, que
es la ley del pecado. Esta ley lucha contra la ley de mi
mente, y me tiene cautivo. ¡Soy un pobre miserable!
¿Quién me librará de este cuerpo mortal? ¡Gracias a
Dios por medio de Jesucristo nuestro Señor!
—Romanos 7:7–14, 18–19, 22–25, NTV

No hay nada de malo en la perfecta ley de Dios; pero cuando combinamos la perfecta ley de Dios con la carne (el principio de pecado), el resultado no es santidad. Es, tal como Pablo describía, una vida dominada por el pecado, la condenación y la muerte. Al igual que una cuchara puede utilizarse para agitar sedimento en un vaso de agua, así también la ley agita las pasiones pecaminosas en nuestra carne. Quienes predican con fuerza los Diez Mandamientos no reconocen en absoluto la carne del hombre ni entienden lo que Pablo describe en Romanos 7.

En la carne del hombre no habita ninguna cosa buena, y mientras estemos en este cuerpo mortal, el principio del pecado en nuestra carne seguirá siendo agitado. Por eso incluso después de haberse convertido en un creyente en Jesús, sigue experimentando la tentación a pecar. Por eso, aunque la ley de Dios es gloriosa, la Palabra de Dios la llama el ministerio de muerte y condenación. Pero gloria sea a nuestro Señor y Salvador, Jesucristo, porque esto no tiene que terminar en desgracia y desesperanza. Debido a lo que Jesús logró en la cruz, Pablo nos recuerda:

Pues bien, si aquel ministerio fue así, ¿no será to-
davía más glorioso el ministerio del Espíritu? Si es

glorioso el ministerio que trae condenación, ¡cuánto más glorioso será el ministerio que trae la justicia! En efecto, lo que fue glorioso ya no lo es, si se le compara con esta excelsa gloria. Y si vino con gloria lo que ya se estaba extinguiendo, ¡cuánto mayor será la gloria de lo que permanece!... Sin embargo, la mente de ellos se embotó, de modo que hasta el día de hoy tienen puesto el mismo velo al leer el antiguo pacto. El velo no les ha sido quitado, porque sólo se quita en Cristo... Así, todos nosotros, que con el rostro descubierto reflejamos como en un espejo la gloria del Señor, somos transformados a su semejanza con más y más gloria por la acción del Señor, que es el Espíritu.
—2 Corintios 3:8–11, 14, 18, NTV

Amigo, está claro por la Palabra de Dios que la ley agita nuestra naturaleza del pecado, ¡mientras que la gracia produce verdadera santidad! La santidad se trata de llegar a ser cada vez más como Jesús, y se produce cuando el velo de la ley es quitado. Cuando el velo es quitado, vemos a nuestro hermoso Salvador cara a cara, y su gloriosa gracia nos transforma de gloria en gloria. El glorioso evangelio de la gracia siempre produce vidas gloriosas.

Es mi oración que a medida que usted lea las páginas de este libro, tenga una mayor revelación de lo maravilloso que es su Salvador, de lo perfecta que fue su obra en el Calvario, y lo profundamente amado que es USTED. Y cuando contemple a Jesús, ¡que crezca de gloria en gloria y brille como un testamento a toda la bondad de Él!

PARTE 3

VALORE LA PERSONA DE JESÚS

CAPÍTULO 11

CREZCA EN GRACIA AL OÍRLO A ÉL

Hubo una vez un hombre rico que amaba a su único hijo por encima de todas las cosas. Como padre e hijo, comenzaron a crear juntos una colección de arte. Cada minuto libre que tenían estaban en subastas y ventas adquiriendo raras obras de arte, todo desde Picasso hasta Rafael.

En un periodo de unos diez años, se habían hecho con las colecciones más raras y más valiosas del mundo. Entonces estalló la guerra, y llegó una carta un día informando al hijo que había sido seleccionado para ir al Ejército. El hijo, sintiéndose impulsado a servir a su país como habían hecho su padre y su abuelo antes, fue a la guerra.

Mientras estaba lejos, el hijo escribía a su papá cada día. Un día, dejaron de llegar cartas. Los peores temores del padre se cumplieron cuando recibió un telegrama del departamento de guerra informándole que su hijo había resultado muerto mientras intentaba rescatar a otro soldado.

Unos seis meses después, alguien llamó a la puerta. El padre abrió la puerta y vio a un soldado más joven que llevaba un paquete grande bajo su brazo. El joven soldado dijo: "Señor, usted no me conoce, pero yo soy el hombre al que su hijo salvó el día que murió. Mientras él me estaba sacando del camino del peligro, le dispararon al corazón y murió al instante. Su hijo era mi amigo, y pasamos muchas noches simplemente hablando. Él hablaba de usted y de su amor por el arte".

El joven soldado le entregó el paquete y dijo: "Sé que esto no es mucho, y que no soy un artista, pero quería que usted tuviera que este retrato que he hecho de su hijo tal como lo recuerdo al verlo por última vez".

El padre abrió el paquete y se encontró mirando un retrato de su único hijo. Refrenando las lágrimas, dijo: "Usted ha captado la esencia de la sonrisa de mi hijo en este retrato, y lo atesoraré por encima de todos los demás". El padre colgó el retrato sobre su chimenea. Cuando llegaban visitas su casa, él siempre atraía su atención al retrato de su hijo antes de mostrarles cualquier otra de sus obras maestras.

Cuando el padre murió, se difundió la noticia de que su colección completa de obras de arte se iba a ofrecer en una subasta exclusiva y privada. Coleccionistas y expertos en arte de todo el mundo se reunieron para tener la oportunidad de comprar alguna de ellas. Quedaron un poco sorprendidos cuando el primer cuadro del bloque de la subasta era el modesto retrato que el soldado hizo del hijo del hombre.

El subastero dio un golpe con su mazo y preguntó si alguien comenzaba a pujar. La multitud sofisticada se burló y demandó que sacaran los Van Gogh y los Rembrandt, pero el subastero insistió: "¿Quién comienza a pujar por este cuadro? ¿Cien dólares? ¿Doscientos dólares?". La multitud, a la espera de ver los cuadros más serios, siguió susurrando que continuara la subasta. Aun así, el subastero preguntó: "¡El hijo! ¡El hijo! ¿Quién se queda con el hijo?".

Finalmente, una voz desde la parte de atrás dijo: "Pujaré diez dólares por el hijo". La persona no era otra que el joven soldado a quien el hijo había salvado con su muerte. Él dijo: "No vine con la intención de comprar nada, y lo único que tengo a mi nombre son diez dólares, pero pujaré los diez dólares por el cuadro".

El subastero siguió buscando una puja más elevada, pero la multitud enojada gritaba: "Véndaselo a él y sigamos con la subasta". El subastero golpeó con el mazo y vendió el cuadro al soldado por la puja de diez dólares.

"Finalmente podemos seguir con la subasta", dijo alguien desde la segunda fila. Pero justamente en ese momento, el subastero anunció: "La subasta queda ahora oficialmente cerrada". La multitud quedó asombrada y demandó saber por qué, cuando ninguna de las piezas "reales" había sido vendida, la subasta podía terminar.

El subastero sencillamente respondió: "Cuando me dijeron que dirigiera esta subasta, me hablaron de una estipulación en el testamento del fallecido. No podía divulgar esa estipulación hasta este momento. Según los deseos del fallecido, solamente el cuadro del hijo tenía que venderse hoy. Y quien se quede con este cuadro los obtiene todos: cada pieza de arte de esta colección. Así que en este día, por diez dólares, el joven soldado ha comprado una de las colecciones de arte más valiosas del mundo y toda la propiedad en la cual se alberga. La subasta queda cerrada". Y con el movimiento de su mazo, dejó a la multitud que se quedó en un asombrado silencio, mirando fijamente al joven soldado.

Cada vez que pienso en esta historia,[1] pienso en el modo en que, igual que el padre en esta historia, Dios está buscando personas que valoren y aprecien a su Hijo. Quien reciba al Hijo recibe todas las bendiciones de Dios. A aquel que valora a su Hijo, Él da todo lo bueno que tiene. ¿Y cómo valoramos a su Hijo? Una de las principales maneras es tomando tiempo para oírle. Oír su palabra de gracia para nosotros y oír lo que Él ha hecho por nosotros mediante su sacrificio en la cruz.

Dios está buscando personas que valoren
y aprecien a su Hijo. Quien reciba al Hijo
recibe todas las bendiciones de Dios.

El salmista dice: "Escucharé lo que hablará Jehová Dios; porque hablará paz a su pueblo (Salmo 85:8). La palabra hebrea para "paz" aquí es *shalom*, que significa completo, sensatez, bienestar en cuerpo y mente, seguridad, contentamiento, y paz en nuestras relaciones con las personas.[2]

Amigo mío, si desea experimentar un aumento en estas bendiciones en su cuerpo, familia, carrera y ministerio, entonces enfóquese en oír a Jesús y crecer en el conocimiento de Él y de su gracia. La Biblia nos dice que gracia y paz (y toda bendición buena) nos son multiplicadas cuando crecemos en el conocimiento de Jesús nuestro Señor (véase 2 Pedro 1:2).

Oiga sus palabras de gracia

No hace mucho tiempo, el Señor abrió mis ojos para ver, en el relato de lo que sucedió en el monte de la Transfiguración, lo importante que es oír al Hijo de Dios y ser establecido en sus palabras de gracia. Veamos la historia con un corazón abierto para oír su palabra para nosotros ahora.

En los relatos que se encuentran en los Evangelios de Mateo y Lucas, vemos que nuestro Señor Jesús llevó a sus discípulos Pedro, Santiago y Juan a lo alto de un monte a orar. La Escritura nos dice que "mientras oraba, la apariencia de su rostro se transformó y su ropa se volvió blanca resplandeciente" (Lucas 9:29, NTV). Entonces, dos de las figuras más ilustres en la fe judía, Moisés y Elías, aparecieron y comenzaron a hablar con Jesús. Los discípulos, que inicialmente se habían quedado dormidos mientras Jesús oraba, se despertaron. Imagine su asombro cuando vieron a esos dos grandes hombres, uno representando la ley y el otro representando a los profetas, ¡apareciendo con Jesús en gloria!

Pedro, sintiendo que tenía que decir algo pero sin saber qué decir, expresó: "Maestro, bueno es para nosotros que estemos aquí; y hagamos tres enramadas, una para ti, una para Moisés, y una para Elías" (Lucas 9:33).

Ahora bien, Pedro no entendía que al decir eso, estaba situando a Jesús al mismo nivel que Moisés y Elías, y el Padre tuvo que corregir a Pedro. Mientras Pedro seguía hablando, una nube los cubrió y de la nube salió una voz que dijo: "Este es mi Hijo amado; a él oíd" (Lucas 9:35). Cuando los discípulos oyeron eso, se postraron en el suelo con gran temor. Jesús se acercó a ellos, los tocó y dijo: "Levantaos, y no temáis" (Mateo 17:7). Cuando ellos se atrevieron a levantar la vista, no vieron a nadie excepto al Señor.

Ahora imagine esto: acaba de ser cubierto por la brillante nube de la gloria *shekinah* de Dios y ha oído al Padre decir desde el cielo: "Oigan a mi Hijo Jesús". Mientras está postrado en el suelo, absolutamente aterrado, ¿no se pregunta lo que Jesús dirá? ¿Cuáles serán sus primeras palabras? Entonces, el Señor Jesús se acerca a usted, le toca, y con seguridad y calidez le dice: "Levántate, no temas".

¿No es eso hermoso, muy propio de nuestro Señor Jesús? Sus primeras palabras cuando sus discípulos estaban aterrados no fueron palabras pertenecientes a una nueva ley o mandamiento. Fueron palabras de gracia. De hecho, en el texto original griego tenemos una imagen más completa de lo afirmadoras y alentadoras que fueron sus palabras. La palabra "levantaos" aquí es la palabra griega *egeiro*, que significa "elevar".[3] Jesús, al ver a Pedro, Santiago y Juan postrados sobre sus rostros, no sólo los tocó, literalmente los elevó mientras les declaraba palabras de seguridad. Esta es la naturaleza de nuestro Señor. Su presencia y sus palabras siempre le levantarán, espíritu, alma y cuerpo, cuando usted se sienta abatido o en temor.

> *Su presencia y sus palabras siempre le*
> *levantarán, espíritu, alma y cuerpo, cuando*
> *usted se sienta abatido o en temor.*

Es también significativo que el Señor Jesús llevase concreta-
mente a esos tres discípulos, Pedro, Santiago y Juan, al monte de
la Transfiguración. El nombre de Pedro, *Petros* en griego, significa "piedra",[4] lo cual es una imagen de la ley (véase 2 Corintios
3:7, NTV). Santiago se deriva del nombre del Antiguo Testamento Jacob, que significa "suplantador"[5]. El nombre de Juan en
hebreo, *Jochanan*, se deriva de una raíz que significa "gracia".[6]
Por tanto, si juntamos los tres nombres, Pedro, Santiago y Juan,
hay un mensaje oculto para nosotros: *¡la piedra (o la ley) ha
sido suplantada (o sustituida) por la gracia!* Amigo, la gracia ha
venido en la persona de nuestro Señor Jesús y ha sustituido a la
ley. Óigale hoy. ¡Oiga sus palabras de gracia!

¿A quién está oyendo hoy?

El Padre dijo muy claramente: "A *Él* oíd", no "a *ellos* oídlos".
En ese monte de la Transfiguración de nuestro Señor, Moisés
y Elías estaban allí junto con Jesús. ¿Quién era Moisés? El le-
gislador. ¿Quién era Elías? No sólo un profeta del Antiguo Testamento, sino también el restaurador de la ley (en el Antiguo
Testamento, cuando Israel seguía a otros dioses, llegó Elías al
pueblo como el restaurador de la ley).

Para el creyente, la ley de Moisés ha cumplido su propósito
de llevar al hombre al límite de sí mismo. Los profetas también
han cumplido su propósito de recordar al hombre las leyes de
Dios. Ambos han cumplido sus propósitos. Ahora es el día de la
gracia. Es el día del Hijo de Dios; no de los *siervos* de Dios, sino
del *Hijo* de Dios mismo.

Desgraciadamente, hay muchos creyentes en la actualidad que ponen a Jesús (la gracia) al mismo nivel que la ley de Moisés. Se ven a sí mismos como restauradores de la ley y pelean para que la ley de Moisés sea restaurada. Pero ese no es el corazón del Padre. Por eso el Padre habló y dijo: "A *Él* oíd".

Creo que las personas que defienden regresar a la ley de Moisés no entienden que mediante la ley no es el conocimiento, o la santidad, o Dios, ¡sino el "conocimiento del pecado"! Veamos Romanos 3:20–22:

> *Ya que por las obras de la ley ningún ser humano será justificado delante de él; porque por medio de la ley es el conocimiento del pecado. Pero ahora, aparte de la ley, se ha manifestado la justicia de Dios, testificada por la ley y por los profetas; la justicia de Dios por medio de la fe en Jesucristo, para todos los que creen en él.*

Notemos que en el pasaje anterior, el apóstol Pablo dice: "Pero *ahora*, aparte de la ley, se ha manifestado la justicia de Dios" (énfasis del autor). ¿Quiere vivir en el *ahora* o en el pasado? ¿Y quiere la última revelación de Dios? Bien, ¡la última revelación de Dios es la gracia! Es la revelación de la justicia de Dios que le ha sido dada a usted como un don aparte de la ley, y esta revelación llegó mediante el Hijo. Por eso Moisés (la ley) y Elías (los profetas) fueron ambos testigos de que debemos oírlo A ÉL, al Hijo, que es la gracia, hoy.

Su provisión fluye cuando usted lo oye a Él

Hoy día, a pesar de lo que esté afrontando en la vida, tome tiempo para oírlo a Él. Si está preocupado por síntomas en su cuerpo, siga oyendo y oyendo acerca de que a nuestro Señor

Jesús le gustaba sanar y sigue sanando en la actualidad. Oiga cómo soportó los crueles latigazos romanos por usted, para que por sus llagas sea usted sanado (véase Isaías 53:5). Oiga que Él fue haciendo el bien y sanando a TODOS los oprimidos (corporalmente, emocionalmente y mentalmente) por el diablo (véase Hechos 10:38, Mateo 9:35). Oiga cómo cuando Él veía a las multitudes que esperaban su toque sanador, era movido a compasión; no los veía como personas con demandas imposibles, sino como ovejas sin pastor (véase Mateo 9:36). Y oiga que Él es el mismo ayer, hoy y para siempre (véase Hebreos 13:8). La fe inundará su espíritu, ¡y su sanidad y su salud divina llenarán cada célula, órgano y sistema de su cuerpo!

Amado, si está ansioso por las necesidades y demandas del mañana, siga oyendo que Dios está a favor de usted y no contra usted. Oiga que Él le ha dado TODAS las cosas por medio de Cristo (véase Romanos 8:31–32), de modo que lo único que necesita hacer es recibir libremente TODAS sus bendiciones, incluidos el favor, la sabiduría, la sanidad y la provisión que usted necesita para cualquier reto que pueda estar afrontando. Oiga al Hijo recordarle a su amoroso Padre celestial, quien conoce cada una de sus necesidades y promete que se ocupará de usted si usted echa todas sus ansiedades sobre Él y simplemente busca primero su don de la justificación (véase Mateo 6:31–33). Mi querido amigo, a medida que escuche y se establezca en la gracia de Él hacia usted, toda preocupación y ansiedad se evaporarán como la neblina cuando sale el sol de la mañana, y verá su fresca provisión de favor para cada nueva necesidad.

Y si ha experimentado la punzada de la traición, si ha sido herido por las palabras de personas cercanas a usted, o si se siente totalmente desalentado, oiga las palabras de afirmación del Señor. Óigale decirle: "nunca te dejaré ni te abandonaré". Permita que esas palabras restauren su corazón, lleven estabilidad a sus emociones, y le den la fe para decir con valentía:

"El Señor es mi ayudador; no temeré lo que me pueda hacer el hombre" (Hebreos 13:5-6).

Amigo, para crecer realmente en gracia y ver su fruto manifestarse en nuestras vidas, necesitamos seguir oyendo al Hijo y sus palabras de gracia, porque es muy fácil deslizarse y volver a ser consciente de la ley o de las demandas, contrariamente a ser consciente de la gracia o la provisión. Tan sólo veamos lo que Pedro, Santiago y Juan hicieron después de lo que sucedió en el monte de la Transfiguración.

Para crecer realmente en gracia y ver su fruto manifestarse en nuestras vidas, necesitamos seguir oyendo al Hijo y sus palabras de gracia.

La atracción de otras voces

En el relato de Mateo, el capítulo termina con Pedro y Jesús yendo a Capernaúm (véase Mateo 17:24-27). Cuando estaban allí, los recaudadores del impuesto del templo se acercaron a Pedro y preguntaron si Jesús pagaba el impuesto del templo. "Sí, lo paga", respondió Pedro confiadamente y sin vacilación.

Entonces leemos que Jesús le preguntó a Pedro: "¿Qué te parece, Simón? Los reyes de la tierra, ¿de quiénes cobran los tributos o los impuestos? ¿De sus hijos, o de los extraños?".

A la pregunta de Jesús, Pedro respondió: "De los extraños. Jesús le dijo: Luego los hijos están exentos".

Ahora bien, ¿de qué se trataba todo eso? Mire, Pedro había sido muy rápido en decir sí a los recaudadores del impuesto del templo, y una vez más no se había dado cuenta de lo que estaba diciendo. ¿De qué se trataba realmente el asunto? Bajo la ley de Moisés, el impuesto del templo era para el mantenimiento del templo, el cual fue construido para Dios. Pero Jesús como el

Hijo no tenía que pagar el impuesto del templo porque Él era mayor que el templo. El Hijo de Dios había venido y estaba allí.

Sin ser consciente de ello, Pedro había situado a Jesús al mismo nivel que Moisés tal como había hecho en el monte de la Transfiguración. Ahora bien, el motivo de Pedro era bueno, pues lo estaba haciendo por el honor de Jesús. No quería que la gente pensara que Jesús no pagaba el impuesto del templo. Pero estaba viendo inconscientemente a nuestro Señor Jesús como un mero hombre y no sabía que en su celo sincero, en realidad había rebajado a nuestro Señor poniéndolo al mismo nivel que la ley.

¿A quién estaba "escuchando" Pedro? Aún seguía pensando en Moisés y lo que Moisés había dicho sobre el impuesto del templo. Ni siquiera preguntó o consultó al Hijo. Anteriormente, en el monte de la Transfiguración, había oído al Padre decir claramente: "Este es mi Hijo amado; a él oíd". Y aun así, antes de que termine el capítulo, encontramos a Pedro de nuevo "escuchando" a Moisés.

Pero miremos a nuestro Señor Jesús. ¿Se ofendió? Veamos lo que el Señor le dijo a Pedro: "Sin embargo, para no ofenderles, ve al mar, y echa el anzuelo, y el primer pez que saques, tómalo, y al abrirle la boca, hallarás un estatero; tómalo, y dáselo por mí y por ti".

¿No es maravilloso el Señor? Pacientemente mostró a Pedro que el impuesto del templo no se aplicaba a Él porque Él era el Hijo del Padre, y pacientemente le estaba diciendo a Pedro que demostraría esta verdad convocando a la abundancia del lago como el Creador. Y con la misma rapidez con la que Jesús había revelado quién era, se humilló y pagó el impuesto del templo para Él mismo *y* para Pedro. ¡Él es mansedumbre y majestad, gloria y humildad personificadas! Estas son las excelencias de nuestro hermoso Señor y Salvador. ¿Acaso no se llena su corazón de calidez y amor cuando le contempla? Él es Aquel en quien el Padre quiere que confiemos y escuchemos. Y cuando lo hacemos, somos transformados para ser como Él, de gloria en gloria.

¡Él es mansedumbre y majestad, gloria
y humildad personificadas!

¿Qué acerca de las voces de juicio?

Y ¿cómo pagaron los otros dos discípulos, Santiago y Juan? Si leemos el relato de Lucas de la transfiguración en el capítulo 9, encontraremos que está seguido por nuestro Señor Jesús que no es bienvenido por las personas de una aldea samaritana. Cuando Santiago y Juan vieron el modo en que los samaritanos rechazaron a Jesús y no le trataron con respeto, hablaron y dijeron: "Señor, ¿quieres que mandemos que descienda fuego del cielo, como hizo Elías, y los consuma?" (Lucas 9:54).

Los discípulos habían oído al Padre decir: "Oigan a mi Hijo amado"; sin embargo, encontramos a Pedro mirando a Moisés, y ahora vemos a Santiago y Juan mirando a Elías como ejemplo a seguir. ¿Qué respondió Jesús a su sugerencia de hacer descender fuego del cielo como juicio sobre la gente? Jesús dijo: "Vosotros no sabéis de qué espíritu sois; porque el Hijo del Hombre no ha venido para perder las almas de los hombres, sino para salvarlas" (Lucas 9:55-56).

El espíritu de Elías es un espíritu de juicio. Jesús les dijo a los dos hermanos muy claramente que al decir lo que dijeron, no eran del espíritu de gracia. Lo que vemos aquí es qué tan rápidamente como Pedro volvió a oír la voz de Moisés, Santiago y Juan volvieron a escuchar la voz de Elías. Mi querido lector, este no es el corazón del Padre. Tenemos que ser sabios para no situar a nuestro Señor al mismo nivel que la ley y los profetas.

Hay muchos en la actualidad que siguen luchando por las voces de Moisés y Elías, la ley y los profetas, sin entender plenamente que en el nuevo pacto se trata de oír la voz del Hijo de Dios resucitado. Hemos de oír las palabras de nuestro Señor, quien está sentado a la diestra de Dios, después de haber completado perfectamente su obra en la cruz, donde tomó sobre sí mismo el castigo por todos nuestros pecados una vez para siempre.

La ley de Moisés demanda, mientras que el espíritu de Elías ejecuta juicio, clamando para que caiga fuego sobre aquellos que no cumplen con las demandas de la ley. Pero quiero que vea cómo nuestro Señor Jesús ha cumplido ambas cosas (véase Mateo 5:17). Él no vino para destruir la ley o los profetas, sino para cumplirlos. En la cruz cumplió todos los requisitos de justicia de la ley en nuestro nombre y tomó sobre sí mismo todo el feroz juicio de Dios por nuestros pecados. Su sacrificio perfecto ha satisfecho plenamente a Dios y ha silenciado la ley y los profetas. ¡Hoy le oímos *a Él*!

Su sacrificio perfecto ha satisfecho plenamente a Dios y ha silenciado la ley y los profetas. ¡Hoy le oímos a Él!

Ni la ley ni los profetas tienen la respuesta

¿Por qué quiere el Padre que oigamos solamente al Señor Jesús? ¿Por qué tenemos que enfocarnos en Jesús y crecer en el conocimiento de su gracia? Porque ni la ley ni los profetas tienen la respuesta a nuestro clamor más profundo de intimidad y paz con Dios, y de disfrutar de su presencia y su poder en cada área de nuestras vidas. Si leemos la Escritura, veremos que aunque Moisés y Elías hicieron poderosas hazañas, estos dos grandes hombres de Dios fallaron al final.

Hacia el final de su vida, Moisés golpeó la roca dos veces en desobediencia, gritó al pueblo, habló con poca sabiduría debido al enojo y la impaciencia, y terminó sin que se le permitiera entrar en la tierra prometida. Así es como término su ministerio. ¿Por qué fueron tan severas las consecuencias de los actos de Moisés? Porque representó mal a Dios. En su enojo, representó a Dios como enojado y crítico hacia su pueblo, cuando Dios en realidad les amaba y cuidaba. Esto nos dice que, como predicadores de la Palabra de Dios, necesitamos ser muy precisos en el modo en que representamos a Dios.

¿Y Elías? Pese a increíbles victorias y evidencia del poder de Dios en su ministerio, en sus últimos días Elías pensó que Jezabel era más grande que Dios y huyó de ella. Su ministerio terminó en depresión y desaliento (véase 1 Reyes 19), y su manto fue a Eliseo.

En comparación, donde la ley y los profetas fallaron, nuestro Señor Jesús tuvo éxito. Leamos esta hermosa profecía del Mesías en Isaías 42:1, 3–4:

> *He aquí mi siervo, yo le sostendré;*
> *mi escogido, en quien mi alma tiene contentamiento…*
> *No quebrará la caña cascada, ni apagará el pábilo que*
> *   humeare; por medio de la verdad traerá justicia.*
> *No se cansará ni desmayará.*

Mientras que Moisés falló y Elías se desalentó, las Escrituras nos dicen que nuestro Señor Jesús "no se cansará ni desmayará". Mientras que Moisés fue impaciente, nuestro Señor Jesús fue paciente con Pedro, y es paciente con usted y conmigo hoy, especialmente cuando cometemos errores y fracasamos. Y mientras que Moisés falló respecto a hacer entrar al pueblo de Dios a la tierra prometida, nuestro Señor Jesús terminó la obra que su Padre le envió a hacer y nos ha dado entrada a todas las bendiciones y las promesas de Dios (véase Efesios 1:3, 2 Corintios 1:20). Mientras que Elías se desalentó, Jesús no fue desalentado por el rechazo de los samaritanos. Él es su roca y su fortaleza cuando usted se siente desalentado. ¡Todos los grandes hombres de Dios en el Antiguo Testamento juntos no pueden compararse con nuestro hermoso Señor Jesucristo!

Este es el Hijo amado de Dios, y hoy le dice a usted: "Levántate. Está firme en mi justicia y sé levantado de la derrota". De la misma manera que nuestro Señor Jesús podía tocar a un hombre con lepra y sanarlo, puede tocar cada área de deformidad, debilidad o vergüenza en su vida y transformarla en sanidad y fortaleza por su gracia. Esta ha sido la experiencia de muchas personas que han escrito para contarme sus historias de increíbles victorias después de comenzar a escuchar el evangelio de la gracia y permitir que el Señor Jesús los levante y los saque de cada pozo en el que estaban.

El Hijo amado de Dios hoy le dice a usted: "Levántate. Está firme en mi justicia y sé levantado de la derrota".

El poder de oírlo a Él

Permita que le aliente con uno de tales testimonios de Javier, un precioso hermano que vive en Illinois:

> *Me crié como hijo de pastor y fui bautizado a los ocho años de edad. Sin embargo, desde los quince años hasta que tuve veintiocho, estuve metido en la bebida, experimentando con diferentes tipos de drogas, y tomando antidepresivos para lidiar con mi vida.*
>
> *Me casé a la edad de veinticinco. Después de tres años, mi esposa finalmente me dijo que ya no podía seguir manejando mi estilo de vida, y que se llevaba a nuestra hija recién nacida a vivir con su madre*

porque yo estaba destruyendo propia vida y las vidas de quienes me rodeaban. Fue entonces cuando clamé a Dios pidiendo ayuda.

Justamente en ese momento, resultó que encendí el televisor y, mientras cambiaba de canales, me detuve cuando escuché a este hombre de Dios diciéndome que Dios me ama. También oí que a pesar de lo que hubiera hecho, Dios me ha perdonado y nunca dejará de amarme. Desde ese día, he grabado y he visto sus programas Destinados para reinar dos veces al día.

En dos años, por la gracia de Dios dejé de beber y de consumir drogas. También dejé de tomar antidepresivos y no sufrí ningún efecto secundario. Además de todo esto, recibí el bautismo del Espíritu Santo después de verle enseñar sobre el tema, y dos semanas después comencé a orar en el Espíritu. También he visto despegar mi vida espiritual.

Mi esposa vio el cambio en mi vida y decidió no abandonarme. Acabamos de celebrar nuestro décimo aniversario de bodas en julio, y ahora tenemos dos hermosas hijas, de siete y cinco años de edad.

Después de cinco años de meditación, estudio y enfocarme solamente en el mensaje de la obra terminada de Jesús en la cruz, comencé un ministerio basado en la gracia. Comenzamos a introducir el evangelio de la gracia en hogares para ancianos, y comenzamos nuestros propios servicios los sábados.

Quiero que sepa que aprender sobre el evangelio de la gracia mediante su ministerio ha transformado a un borracho deprimido y adicto a las drogas en un pastor sano y amoroso que lleva el mensaje de la gracia a todas partes. ¡Gloria sea a Jesucristo, el autor y consumador de nuestra fe!

Mi querido lector, a pesar de lo que pueda estar afrontando en este día, quiero alentarlo a prestar atención a las palabras que el Padre declaró en el monte de la Transfiguración: *"Este es mi Hijo amado; a él oíd"*. Él ya no demanda de usted. Cristo ha venido. Él ha cumplido todo lo que la ley demanda y todo lo que los profetas han declarado (véase Mateo 5:17). *¡La gracia ha venido! ¡Óigalo a Él!*

Tome tiempo en este día para oír al Señor Jesús mediante predicación y enseñanza ungidas que le señalen hacia la obra terminada de Él que le hace perfectamente justo delante del Padre. Óigale revelar su perfecto amor por usted mediante su Palabra. A medida que le oiga y permita que sus palabras de gracia entren profundamente su corazón, no podrá evitar ser transformado desde dentro hacia fuera para caminar en victorias y libertad duradera.

CAPÍTULO 12

UNA REVOLUCIÓN DE RELACIÓN

La revolución de la gracia se trata de Jesús. No hay ninguna revolución de la gracia sin la cruz. Lo que nuestro amado Señor Jesús logró en el Calvario ha marcado toda la diferencia. La cruz puso fin al viejo pacto y comenzó el nuevo pacto de la gracia. Lo que comenzó en una colina en Jerusalén es ahora una revolución que se ha extendido hasta los confines de la tierra. Hoy día, el evangelio de la gracia es predicado con poder, valentía y autoridad como nunca antes.

Han pasado casi dos décadas desde que el Señor me habló por primera vez acerca de predicar el evangelio de la gracia. Él me dijo: "Si no predicas la gracia radicalmente, vidas no serán radicalmente bendecidas y radicalmente transformadas". Esas palabras que Él me habló mientras estaba de vacaciones con Wendy en los Alpes suizos están para siempre grabadas en mi corazón.

Han definido mi vida, mi ministerio y mi iglesia. Tal como el Señor ha prometido, estamos viendo muchas vidas preciosas ser gloriosamente transformadas por la valiente predicación del evangelio de la gracia. En lugar de huir de Dios, personas se están enamorando de Jesús una vez más. En lugar de vivir en la esclavitud del pecado, preciosas personas están siendo liberadas de las cadenas de la adicción. Y en lugar de vivir con culpabilidad, condenación y juicio perpetuos, personas están viviendo con mayor gozo, paz y seguridad de su justicia en Cristo.

¡De eso se trata la revolución de la gracia! Es una revolución del increíble amor de Dios. Una revolución de favor, una revolución de restauración, y una revolución de vidas de personas transformadas por un poderoso encuentro con nuestro Señor Jesús.

Separación contra intimidad

La revolución de la gracia es una revolución de relación. El viejo pacto de la ley era sobre reglas, religión y regulaciones. El nuevo pacto de la gracia es sobre relación. El viejo pacto de la ley creaba separación entre Dios y su pueblo; el nuevo pacto de la gracia produce intimidad entre Dios y sus hijos.

El viejo pacto de la ley creaba separación entre Dios y su pueblo; el nuevo pacto de la gracia produce intimidad entre Dios y sus hijos.

Permítame que le lleve a ver lo que sucedió realmente cuando la ley fue dada a los pies del monte Sinaí. Antes de que el pueblo de Dios hubiera oído ni siquiera los Diez Mandamientos, proclamó: "Todo lo que Jehová ha dicho, haremos" (Éxodo 19:8). Esta afirmación refleja el orgullo y la autoconfianza del hombre. Esto no es una acusación contra los hijos de Israel, sino contra todos los hombres que presumen de poder cumplir todas las leyes de Dios. Cuando las personas dicen que pueden cumplir las leyes de Dios antes incluso de haber oído cuáles son esas leyes, eso es poner confianza en la carne. Eso es orgullo.

Por tanto, a los pies del monte Sinaí, cuando el hombre presumió de su propia autosuficiencia diciendo que cumpliría las leyes de Dios, el tono de Dios cambió inmediatamente. El Señor le dijo a Moisés en el monte Sinaí: "Y señalarás término al pueblo en derredor, diciendo: Guardaos, no subáis al monte, ni toquéis sus límites; cualquiera que tocare el monte, de seguro morirá. No lo tocará mano, porque será apedreado o asaeteado; sea animal o sea hombre, no vivirá" (Éxodo 19:12–13).

Mi querido amigo, esa es la ley del viejo pacto. Tome solamente un momento e imagine que está a los pies del monte Sinaí. Véalo tal como se describe en la Palabra de Dios: "Todo el monte Sinaí humeaba, porque Jehová había descendido sobre él en fuego; y el humo subía como el humo de un horno, y todo el monte se estremecía en gran manera" (Éxodo 19:18). Este es el escenario donde fueron dados los Diez Mandamientos.

Era un lugar terrible donde estar. No crea solamente mis palabras; léalo por usted mismo. Todo esto está documentado para nosotros en el libro de Éxodo: "Todo el pueblo observaba el estruendo y los relámpagos, y el sonido de la bocina, y el monte que humeaba; y viéndolo el pueblo, temblaron, y se pusieron de lejos. Y dijeron a Moisés: Habla tú con nosotros, y nosotros oiremos; pero no hable Dios con nosotros, para que no muramos" (Éxodo 20:18–19).

El viejo pacto de la ley era un pacto que estaba vacío de relación. Era un pacto de distancia y separación de Dios. El pueblo, atenazado por el temor, no quería que Dios hablase con ellos. Ese fue (y sigue siendo) el efecto de la ley.

Cuando el pueblo de Dios presumió de su propia justicia (reflejando el orgullo que hay en el corazón de cada persona, haciéndole creer que realmente puede hacer todo lo que Dios demanda), Dios desató sobre ellos sus normas de justicia, e inmediatamente se produjo una división y distancia entre el Dios perfectamente recto y el hombre desesperadamente pecador. La ley ciertamente no era lo mejor de Dios para su pueblo; pero como ellos presumieron de que podían cumplirla, Dios se la dio por 1.500 años (hasta que vino Cristo) para mostrarles que no podían hacerlo, y que un pacto basado en la gracia era superior.

Desde ese punto en adelante, el pueblo de Dios tuvo temor de Él y se alejó de cualquier relación con Él, pidiendo a Moisés que se comunicara con Él en nombre de ellos. Ese es el contexto de la entrega del viejo pacto de la ley. No estaba fundado en una relación sino en la separación de Dios.

Dios le honra cuando usted honra a su Hijo

Desgraciadamente, hay personas actualmente que creen que seguimos estando bajo el viejo pacto y que el hombre es justificado por cumplir los Diez Mandamientos. Predican desde el monte Sinaí, y su predicación está llena de truenos, relámpagos, humo, fuego y terremotos del monte Sinaí. ¿Los ha oído antes? Yo creo que muchas de ellas son personas sinceras, bien intencionadas y honestas; pero se puede ser sincero, bien intencionado y honesto pero aun así estar sinceramente equivocado.

Creo que nuestra enseñanza de la Palabra de Dios no puede ser evaluada puramente en virtud de la sinceridad; necesita ser evaluada sobre la base de nuestro trato de la persona de nuestro Señor Jesucristo. Creo con todo mi corazón que Dios le honra según el modo en que usted honra a su Hijo.

Dios le honra según el modo en que
usted honra a su Hijo.

Exalte el nombre de Jesús y será usted exaltado. Promueva la persona de Jesús y será usted promovido. Eleve la obra de Jesús y será usted elevado. Predicar que el hombre es justificado por guardar los Diez Mandamientos en realidad niega y muestra que no valoramos, o no tenemos entendimiento, de lo que logró para nosotros en el Calvario el sacrificio de nuestro Señor Jesús.

Exalte el nombre de Jesús y será usted exaltado.
Promueva la persona de Jesús y será usted promovido.
Eleve la obra de Jesús y será usted elevado.

La Palabra de Dios nos dice: "Pues, si ustedes pretenden hacerse justos ante Dios por cumplir la ley, ¡han quedado separados de Cristo! Han caído de la gracia de Dios" (Gálatas 5:4, NTV). La Reina-Valera 1960 dice: "De Cristo os desligasteis, los que por la ley os justificáis; de la gracia habéis caído".

No sé de usted, pero yo, mi familia y mi iglesia no queremos desligarnos de Cristo. Cuando nuestros seres queridos están enfermos, ¡queremos que todo el poder de sanidad de Cristo tenga efecto sobre nosotros! Amén.

No caiga de la gracia e intente justificarse delante de Dios mediante la ley. Deje de rechazar, pelear y alejar la gracia de Dios. Es mi oración que incluso mientras le estas palabras, esté permitiendo que su amor, gracia y poder le levante de toda derrota que esté experimentando.

Amigo, Dios le ama más profundamente de lo que usted entiende. Él le valora, le atesora y le ama. Es momento de soltar sus propias obras y permitir que la gracia de nuestro Señor Jesucristo revolucione completamente su vida desde dentro hacia fuera.

Cuando Cristo está en pleno efecto en su vida, esa victoria que usted ha estado creyendo llegará a producirse rápidamente en el nombre de Jesús. Esa adicción destructiva con la que ha estado batallando durante años será derribada y ya no será una tenaza en su vida. Esa enfermedad que ha estado intentando vencer ya no será más, y oro para que usted reciba sanidad sobrenatural en este momento en su cuerpo.

Declaro que por las llagas de Él, es usted completamente sanado en el nombre de Jesús. El cáncer y la enfermedad terminal no tienen dominio sobre el cuerpo de la persona que está leyendo estas palabras. Declaro salud, sanidad, longevidad y restauración en el poderoso nombre de Jesús. Que su juventud sea renovada como la del águila, y sea usted satisfecho con la promesa de una larga vida y días buenos en el nombre de Jesús. ¡Amén y amén!

Mientras escribía esto, se avivó en mí el espíritu de fe de Dios para creer con usted por su sanidad y salud. Tenemos un Dios que hace milagros, y puede superar por completo cualquier cosa que los médicos pudieran haber dicho sobre su estado, así que confíe en su amor, su gracia y su paz. Que su poder de sanidad tenga pleno efecto en su cuerpo, ¡en el nombre de Jesús!

Tengo muchas ganas de escuchar acerca de lo que Dios ha hecho en usted, así que asegúrese de escribirme a praise@joseph prince.com. Espero regocijarme y alabar al Señor con usted.

¿Está en el monte correcto?

Si quiere usted verdadera libertad y estabilidad en la vida, es importante que edifique su vida sobre el fundamento correcto. Todo procede del fundamento correcto. Edifique su vida sobre el fundamento incorrecto y se encontrará fácilmente movido cuando lleguen las tormentas de la vida. Pero edifique su vida sobre el fundamento correcto y será como el hombre que construyó su casa sobre la roca: inconmovible y sólido ante las adversidades.

Si edifica su fundamento sobre el monte Sinaí, está edificando sobre un fundamento que fomenta temor e inseguridad en su relación con Dios. Al final, está construyendo sobre un fundamento que alimenta su sentimiento de separación de Dios. Entonces ¿cómo va usted a encontrar la confianza para acudir a Él y esperar encontrar la esperanza y la ayuda que necesita de Él?

Hay muchos que siguen acampados en el viejo monte Sinaí,

predicando la ley y pensando que eso es lo que hará que las personas se acerquen más a Dios y les dará confianza en su caminar cristiano. Por desgracia, sucede lo contrario. Los hijos de Israel estaban llenos de temor ante el humo, la oscuridad, el terremoto y los relámpagos cuando fue dada la ley en el monte Sinaí, y no podían esperar a huir de Dios. Lo mismo sucede en los corazones de las personas cuando oyen y ven solamente a un Dios de condenación, juicio e ira. En lugar de correr *hacia* Dios, corren para alejarse *de* Él. En lugar de experimentar intimidad con el Señor que les da fortaleza y les cambia desde dentro hacia fuera, experimentan separación y distancia que les lleva cada vez más profundamente a conductas destructivas sin esperanza alguna de libertad.

Mi querido lector, quiero anunciarle hoy que Dios ha movido montañas. Él ya no está en el monte Sinaí. Debido a la cruz de Jesús, donde fue derramada su ira por todos nuestros pecados, Dios se ha movido al monte Sion, el monte de la gracia, el lugar de reconciliación, relación y cercanía con su pueblo.

Dios se ha movido al monte Sion, el monte de la gracia, el lugar de reconciliación, relación y cercanía con su pueblo.

Solamente en los Salmos, encontrará muchas escrituras acerca de que Dios ha escogido Sion, y bendecirá a quienes estén en Sion:

Porque Jehová ha elegido a Sion; la quiso por habitación para sí. Este es para siempre el lugar de mi reposo; aquí habitaré, porque la he querido. Bendeciré abundantemente su provisión; a sus pobres saciaré de

pan. Asimismo vestiré de salvación a sus sacerdotes,
y sus santos darán voces de júbilo.

—*Salmo 132:13–16*

Ama Jehová las puertas de Sion más que todas las
moradas de Jacob.

—*Salmo 87:2*

Sino que escogió [el Señor] la tribu de Judá, el monte
de Sion, al cual amó.

—*Salmo 78:68*

Cantad a Jehová, que habita en Sion.

—*Salmo 9:11*

Pero yo he puesto mi rey sobre Sion, mi santo monte.

—*Salmo 2:6*

Los que confían en Jehová son como el monte de Sion,
que no se mueve, sino que permanece para siempre.

—*Salmo 125:1*

Mire la última escritura. Es el monte Sion, y no el monte Sinaí, el que no se mueve. ¡Permanece para siempre! ¿Qué significa eso? Si usted establece su vida sobre el monte Sion, disfrutará de estabilidad. Si sus bendiciones y victorias vienen del monte Sion, ¡perdurarán!

En el Nuevo Testamento está claro en qué monte debemos tener ambos pies firmemente plantados:

Porque no os habéis acercado al monte [monte Sinaí]
que se podía palpar, y que ardía en fuego, a la oscu-
ridad, a las tinieblas y a la tempestad...sino que os
habéis acercado al monte de Sion, a la ciudad del

> *Dios vivo, Jerusalén la celestial, a la compañía de*
> *muchos millares de ángeles, a la congregación de los*
> *primogénitos que están inscritos en los cielos, a Dios*
> *el Juez de todos, a los espíritus de los justos hechos*
> *perfectos.*
>
> —*Hebreos 12:18, 22–23*

Según esta escritura, el monte Sinaí es un lugar de oscuridad, tinieblas y tempestad. Como contraste, ¿qué encontramos en el monte Sion? Encontramos la ciudad de Dios viviente, una innumerable compañía de ángeles, y la Iglesia. El Dios viviente se sienta entronado en el monte Sion, no en el monte Sinaí.

El Dios viviente se sienta entronado en el
monte Sion, no en el monte Sinaí.

¿Quiere que ángeles los vigilen a usted y a su familia? Acérquese al monte Sion, ¡donde encontrará un número incontable de ángeles! ¿Quiere experimentar cómo ha de ser la vida de la iglesia? Entonces acuda al monte Sion, donde Dios como "el juez de todo" ¡le juzga justo y perfecto en Cristo nuestro Señor!

¿Por qué puede Dios juzgarnos como justos y perfectos en el monte Sion? Se debe únicamente al sacrificio y la obra terminada de su Hijo Jesús. La palabra hebrea para Sion es *Tsiyown*, que significa "lugar agrietado".[1] Un lugar agrietado es un lugar que ha sido resecado o quemado por el calor intenso. ¿Puede ver que el monte Sion habla del monte Calvario, el lugar donde Jesús, el Cordero sacrificial de Dios, fue quemado por la feroz indignación de Dios contra todos nuestros pecados? El monte Sion tipifica la obra terminada de nuestro Señor Jesús en la cruz.

Los truenos y relámpagos, símbolos tangibles del juicio de Dios, cuando se dio la ley en el monte Sinaí cayeron sobre nuestro Señor Jesús en la cruz. Allí tuvo lugar un intercambio divino. Él fue quemado y agrietado para que nosotros pudiéramos tener el pozo de agua viva en nosotros, que salta para vida eterna (véase Juan 4:14). Él fue castigado para que nosotros pudiéramos ser bendecidos (véase Gálatas 3:13–14). Él fue hecho pecado para que nosotros podamos ser justificados (véase 2 Corintios 5:21). Él fue hecho pobre para que podamos tener abundancia (véase 2 Corintios 8:9). Amado, la razón por la que usted y yo podemos ser justos delante de Dios en el monte Sion y disfrutar de toda bendición de la redención, ¡es que estamos firmes en la obra terminada de Cristo! ¡Aleluya!

La razón por la que usted y yo podemos ser justos
delante de Dios en el monte Sion y disfrutar de
toda bendición de la redención, ¡es que estamos
firmes en la obra terminada de Cristo!

Ha sido usted acercado a Dios

¿Sabía que fue en el monte Sion en Jerusalén donde nació la Iglesia? Cuando el día de Pentecostés llegó, el Espíritu de Dios descendió como un fuerte viento y llenó a los 120 discípulos que estaban en el aposento alto (véase Hechos 2:2–4). El Espíritu de Dios no podía esperar a habitar en los creyentes que habían sido justificados por la sangre de Jesús.

¿Puede imaginar a Dios viviendo dentro de usted? ¿Cuánto más cerca puede llegar a estar de Dios? Está usted muy cerca, es uno en espíritu con Dios (véase 1 Corintios 6:17) porque nuestro Señor Jesús se acercó primero y entregó su vida por usted. ¡Eso es lo que ha logrado por usted la obra terminada de nuestro Señor Jesús!

Permítame decir esto otra vez: la revolución de la gracia

es una revolución de relación. Los testimonios que recibe constantemente mi ministerio tienen una constante, además de varias victorias increíbles: las personas se están enamorando profundamente de Jesús. La intimidad con Dios está siendo restaurada. La religión se ha convertido en relación. El "tengo que" se ha convertido en "quiero". Personas están experimentando nueva vida y una intimidad con Dios que nunca antes habían tenido. Quienes antes estaban lejos se han acercado a Dios, y en ese lugar de cercanía sus necesidades son más que satisfechas.

La revolución de la gracia es una revolución de relación.

Mi querido lector, esta puede ser su realidad, su punto final a las luchas y la sequedad que en este momento afronta. Todo comienza cuando usted valora la persona de Jesús y lo que Él ha logrado por usted para experimentar cercanía con Dios.

¿Qué sucede cuando usted se mantiene en este lugar de cercanía con Dios? Usted habita en el lugar de abundancia, en la tierra de Gosén. *Gosén* significa literalmente "acercarse"[2] a Dios. En la historia de José en el Antiguo Testamento, cuando la tierra pasaba por una hambruna, José les dijo a sus hermanos: "Daos prisa, id a mi padre y decidle: Así dice tu hijo José: Dios me ha puesto por señor de todo Egipto; ven a mí, no te detengas. Habitarás en la tierra de Gosén, y *estarás cerca de mí*, tú y tus hijos, y los hijos de tus hijos, tus ganados y tus vacas, y todo lo que tienes. *Y allí te alimentaré*, pues aún quedan cinco años de hambre, para que no perezcas de pobreza tú y tu casa, y todo lo que tienes (Génesis 45:9–11, énfasis del autor).

Amigo, el mundo en que vivimos en la actualidad está lleno de hambruna, incertidumbre económica, corrupción y todo tipo de maldad y de tragedias. Las personas están más temerosas que nunca a viajar por mar o por aire. Muchas personas viven vidas estresadas y ansiosas debido al caos que ven a su alrededor. Como dice la Escritura, el mundo será más oscuro, y lo es (véase Isaías 60:2).

Pero en medio de toda esta oscuridad e incertidumbre, quiero que sepa que hay una tierra de Gosén donde usted y su familia pueden refugiarse. Es un bendito lugar donde Dios dice: "Estarán cerca de mí, tú y tus hijos, y los hijos de tus hijos. ¡Allí te alimentaré!".

En medio de toda esta oscuridad e incertidumbre,
hay un bendito lugar donde Dios dice:
"Estarán cerca de mí, tú y tus hijos, y los
hijos de tus hijos. ¡Allí te alimentaré!".

Eso es lo que la revolución de la gracia hace por usted. Es una revolución de relación restaurada; le acerca a Dios. Estar establecido el monte Sion es tener una intimidad con Dios que nunca antes soñó que fuera posible. Y en esa intimidad, la esterilidad da lugar al fruto; la carencia es sustituida por abundancia; la tristeza y la enfermedad por gozo y vida; el temor por amor; la confusión y la inseguridad por paz y seguridad; la derrota por victoria; las caídas por victorias. ¡Y la falta de objetivo por destino divino!

La revolución de la gracia le acerca a Dios.

La intimidad con Jesús produce buen fruto

Adeline del Reino Unido me escribió con su reporte de alabanza que refleja lo que acabamos de decir. Ella comparte:

Cuando me encontré con su programa de televisión hace casi dos años, estaba al límite de mí misma y como usted ha dicho, a la vez "vagaba" y "me preguntaba" qué le sucedió a mi relación con el Señor.

Estaba sirviendo en la iglesia pero me sentía espiritualmente seca y también agotada y cansada. Mi matrimonio no iba bien. De hecho, mis familiares me aconsejaban que saliera de esa relación porque estaban preocupados acerca de cómo estaban siendo afectados mis hijos por las tensiones y la presión en nuestro matrimonio.

Fue mi esposo quien primero vio su programa en televisión y me habló sobre usted. Por curiosidad yo lo vi, y doy gracias a Dios de haberlo hecho, porque antes de eso había clamado a Dios y le había dicho que no podía seguir viviendo de ese modo. ¡Dios oyó mi clamor y me respondió muy por encima de lo que yo había pedido o imaginado!

La ley demanda pero la gracia suple, ¡suple y suple! A medida que veía y escuchaba, volví a enamorarme otra vez de Jesús. ¿Cómo no puedo hacerlo cuando Jesús está siendo revelado cada vez que se enseña la Palabra? Me siento como una oveja que ha sido dirigida a alimentarse en verdes pastos, y a descansar y beber junto a aguas de reposo.

Por primera vez desde que conocí a Jesús cuando tenía once años, estoy experimentando "prosperidad" como nunca antes había visto. Primero, Él hizo que mi alma prosperara. Entonces, como un efecto en cadena, mi matrimonio comenzó a prosperar porque en lugar de pedir tiempo muerto, me enamoré otra vez de mi esposo. El sentimiento fue mutuo a medida que mi esposo también fue impactado por el mensaje

*de gracia que estaba oyendo, ¡y nuestro matrimonio
nació de nuevo!*

*Incluso mis hijos están siendo bendecidos cuando
escuchan sus mensajes, y ahora disfrutan una paz en
el hogar que antes no estaba ahí. Mi hijo de seis años
incluso le cita en Romanos 6:14, diciendo que "el pecado no tendrá dominio sobre nosotros ¡porque no estamos casados con el Sr. Ley sino con el Sr. Gracia!*

*Servir al Señor en la iglesia ha adoptado también
una dimensión diferente porque ahora sirvo debido a
la abundancia de su gracia. A causa de la revelación
que he recibido de quién soy en Cristo, también estoy
mejor capacitada para realizar mis obligaciones
como enfermera para cuidar de pacientes con enfermedades críticas en lugar de aborrecerlos. Ahora
quiero cuidarlos porque estoy en una posición para
marcar una diferencia en su estado.*

*Ha sido un tiempo INCREÍBLE, ¡descubriendo lo
que es la gracia! Dios verdaderamente nos da abundancia en reposo, y este ha sido un año de fruto incesante para mí y mi familia. Es el evangelio de la
gracia, y Dios le está usando a usted para llevar su
amor y su vida abundante a su cuerpo.*

*No me canso de escuchar este evangelio, porque
esta buena noticia es tan BUENA que no puede ser
otra cosa sino verdad. Todo aquel con quien lo he
compartido ha sido alentado al oír su Palabra por
medio de su ministerio, y está experimentando una
revolución del evangelio. ¡Gracias, pastor Prince!
¡DIOS ES BUENO!*

Oír el mensaje de la gracia llevó a Adeline a la tierra
de Gosén, donde ella "se enamoró de Jesús otra vez" y su

matrimonio fue restaurado. De esa intimidad con Dios, ella también experimentó un aumento en paz y fruto incesante para ella misma y su familia, a medida que la gracia de Él siguió supliendo cada una de sus necesidades. También, ella es ahora una portadora de su espíritu de gracia y amor en su trabajo como enfermera, y está marcando una diferencia tangible en las vidas de sus pacientes. ¡Gloria al Señor!

Hecho eternamente justo por la fe

Amado, ¿cómo permanece plantado en Sion y en el lugar de cercanía e intimidad con el Señor? Siendo establecido en su posición de justificado en Cristo Jesús. Nuestro Señor Jesús murió en la cruz y resucitó al tercer día para darnos una justicia eterna que está anclada por la fe en Él (véase Romanos 4:5). ¡Ese es el evangelio de Jesucristo!

¿Cómo permanece plantado en Sion y en el lugar de cercanía e intimidad con el Señor? Siendo establecido en su posición de justificado en Cristo Jesús.

Por favor entienda que no tengo nada en contra de los Diez Mandamientos. Tan sólo tengo un problema con aquellos que dicen que es necesario cumplir los Diez Mandamientos para ser hecho justo, porque según esa norma, ¡nadie puede hacerlo! Ningún hombre puede cumplir perfectamente los Diez Mandamientos de manera interna y externa. Según la Escritura, si quebrantamos tan sólo una ley, somos culpables de quebrantar toda la ley (véase Santiago 2:10). Los Diez Mandamientos son santos, justos y buenos, ¡pero no pueden hacerle a usted santo, justo y bueno! No podemos ser justificados por la ley. Podemos ser justificados solamente por la fe en el Señor Jesús.

Dígame una persona que haya sido justificada por los Diez Mandamientos. Incluso la persona que de modo vehemente le dice que usted es hecho justo en su relación con el Señor al cumplir los Diez Mandamientos, ha fracasado en cumplirlos, y seguirá fallando en pensamiento, palabra y obra. Lea atentamente lo que el apóstol Pablo dijo en Gálatas:

> *Sabemos que una persona es declarada justa ante Dios por la fe en Jesucristo y no por la obediencia a la ley. Y nosotros hemos creído en Cristo Jesús para poder ser declarados justos ante Dios por causa de nuestra fe en Cristo y no porque hayamos obedecido la ley. Pues nadie jamás será declarado justo ante Dios mediante la obediencia a la ley.*
>
> —Gálatas 2:16, NTV

Vuelva a leer la última frase: "Pues nadie jamás será declarado justo ante Dios mediante la obediencia a la ley". Ahora bien, ¿está el apóstol Pablo en contra de la ley de Dios y en contra de los Diez Mandamientos? ¡Claro que no!

De la misma manera, estamos a favor de la ley por la razón por la cual Dios dio la ley. Dios dio la ley para llevar al hombre al límite de sí mismo y comenzar a ver una necesidad de la gracia salvadora de un Salvador. Ningún hombre puede ser justificado y hecho recto mediante la ley.

La justificación bajo la ley se gana mediante las obras, y la justificación bajo la gracia se recibe por la fe mediante la gracia. Usted es justificado hoy por su fe en nuestro Señor Jesucristo. En el momento en que recibió a Jesús como su Señor y Salvador personal fue hecho eternamente justo sin ninguna obra.

Pero, pastor Prince, ¿cómo puedo ser hecho justo sin ninguna obra?

Por eso, mi querido lector, ¡es una revolución de la gracia!

Jesús ha derrocado el sistema en el que el hombre tenía que ganarse la justificación de Dios, y nos sitúa bajo uno donde Dios proporciona su propia justicia por medio de su Hijo. La gracia es el favor de Dios inmerecido y que no puede ganarse. Usted recibió justificación eterna de Dios como un regalo gratuito por la fe mediante la gracia en el segundo en que creyó en nuestro Señor Jesús.

Jesús ha derrocado el sistema en el que el hombre tenía que ganarse la justificación de Dios, y nos sitúa bajo uno donde Dios proporciona su propia justicia por medio de su Hijo.

Bajo la ley, la justificación es una obra. Bajo la gracia, la justificación es un regalo gratuito sin obras. Salvación, justicia y vida eterna no tienen precio. El hombre nunca puede hacer suficientes buenas obras para merecerlos y ganárselos. ¡Tenían que ser dados por Dios como un regalo! Y sí que Él los dio. Entregó a su amado Hijo en la cruz, para que usted y yo ahora podamos ser llamados los hijos y las hijas de Dios.

El abismo ha sido cubierto

Como un hijo o hija en la familia de Dios, usted puede disfrutar de comunión íntima con Dios, que es su Padre celestial. Lo que la ley no podía hacer, hacernos hijos de Dios, Dios lo hizo al enviar a su Hijo Jesús. Él quería que estuviéramos cerca, tan cerca que pudiera morar en nosotros y nosotros en Él. Todo se trata de intimidad y relación.

La ley dada en el monte Sinaí puso un gran abismo de separación y distancia entre Dios y nosotros. Trazó una línea en la arena, una línea que el hombre no podía cruzar en sus esfuerzos por acercarse a Dios. Pero esa división ha sido rota debido a Jesús. El abismo ha sido cubierto. Su sacrificio ha rasgado el velo que nos separaba de Dios.

Jesús es la razón de que podamos cruzar desde el monte Sinaí al monte Sion. Ahora podemos acercarnos al Padre, a su trono de gracia, con valentía y confianza. Judíos o gentiles, debido a la sangre de Cristo, ambos hemos sido acercados Dios (véase Efesios 2:17–18).

Jesús es la razón de que podamos acercarnos al Padre, a su trono de gracia, con valentía y confianza.

Mi querido amigo, hoy puede tener la intimidad que siempre ha deseado tener con Dios. Puede disfrutar de abundancia en lugar de obras muertas cuando vive en el ámbito de su amor por usted, y no por un sentimiento de obligación religiosa. Si ha sido abatido por circunstancias negativas, por una larga enfermedad, o por una adicción de la cual parece no poder salir, puede usted ser un prisionero de esperanza y recibir su regalo de la justicia una vez más para reinar sobre ello (véase Zacarías 9:12, Romanos 5:17).

Puede usted comenzar de nuevo en su carrera incluso si ha visto sus sueños hechos añicos, porque sabe que en el lugar de cercanía, Dios le ama, le escucha y le restaurará. Puede vivir libre de temor, terror y opresión a medida que es cada vez más establecido en su justicia día a día (Isaías 54:14). Es mi oración que a medida que usted crezca en su revelación de cómo Jesús le ha llevado a un lugar de cercanía con Dios, camine en libertad. Que tenga victoria sobre todo lo que está evitando que cumpla todo lo que nuestro Padre tiene preparado para su bendito futuro en Él.

CAPÍTULO 13

TENGA UN CORAZÓN PARA JESÚS

Betania era un lugar que a nuestro Señor Jesús le gustaba frecuentar. Se sentía muy cómodo en Betania, donde podía estar entre sus amigos más cercanos: Marta, María y Lázaro. Betania era un hogar lejos del hogar para nuestro Señor. Allí sus amigos le querían, le honraban y valoraban verdaderamente su presencia. Por su parte, Él valoraba mucho su compañía, y siempre se sentía cómodo y relajado con ellos. Fue también en Betania desde donde nuestro Señor ascendió al cielo (véase Lucas 24:50–51).

Seis días antes de entregarse para ser crucificado, Él reunió a sus amigos en Betania, que estaba a unas dos millas (3 km) de distancia de Jerusalén. Ellos habían preparado una fiesta en su honor, pero su reunión se vio ensombrecida por la Pascua, que estaba a menos de una semana. Sus amigos entendían hasta cierto grado lo que el Señor tenía intención de hacer, y sus corazones se sentían cargados porque se preocupaban profundamente por Él.

Mientras nuestro Señor Jesús estaba comiendo, María llevó un jarro de perfume de nardo, un aceite fragante muy costoso. Tan costoso, de hecho, que equivalía al salario de todo un año. Pero María no pensó en las horas que le había costado ganarse el aceite cuando agarró el jarro en sus manos.

Era Jesús. Era su Señor.

Ella había llegado preparada para adorar a Jesús, y su corazón rebosaba de un amor que no podía expresarse con palabras a medida que se acercaba a Él. Gratitud y adoración se acumulaban en su interior mientras se arrodillaba silenciosamente a su lado. Sin ahorrar ni una gota de su exquisito tributo, ella ungió los pies del Señor y los secó con su cabello. Y toda la casa fue llena de la opulenta fragancia de su adoración a nuestro Señor Jesucristo.

Al ser testigo de este gesto extravagante, uno de los discípulos de Jesús, Judas Iscariote, se indignó. Con duras críticas a María, demandó: "¿Por qué no fue este perfume vendido por trescientos denarios, y dado a los pobres?" (Juan 12:1–5).

¿Observó que con solamente una mirada al jarro de precioso nardo, Judas fue capaz de pensar en una evaluación precisa de su valor comercial? Este hombre tenía agudeza para los negocios y supo el instante que ese perfume valía trescientos denarios. La triste realidad es esta: Judas pudo decir cuál era el valor del perfume enseguida, pero no pudo ver el valor de nuestro Señor Jesús.

Revelando el valor de Jesús

Muchas personas en el mundo actualmente saben el valor de las propiedades inmobiliarias, el valor de los productos, y el valor de empresas públicas en el mercado de valores, pero no saben el valor de Jesús.

Estoy muy contento de que usted aprecie el valor de nuestro Señor Jesús, razón por la cual está tomando tiempo para leer este libro que habla de la persona de Jesús. La revolución de la gracia se trata de revelar el valor de Jesús. Cuando conozca el valor de Jesús, quién es Él, lo que Él ha hecho, y lo que Él sigue haciendo en su vida hoy, experimentará una revolución de la gracia en su vida. Comenzará a vivir por encima de toda derrota cuando tenga un encuentro personal con el Señor Jesús.

> *Cuando conozca el valor de Jesús, quién es Él, lo que*
> *Él ha hecho, y lo que Él sigue haciendo en su vida*
> *comenzará a vivir por encima de toda derrota.*

Las personas pueden argumentar acerca de doctrina, acerca de ley y gracia, acerca de la confesión del pecado, acerca de su seguridad eterna y acerca de diferentes interpretaciones de la Biblia. Pero al final, permítame enseñarle cómo probar cada doctrina, enseñanza e interpretación bíblica.

Hágase la pregunta: ¿cómo está siendo valorado nuestro Señor Jesús en esta enseñanza? ¿Hace que uno quiera adorar, alabar y glorificar al Señor Jesús con su vida? ¿O pone más valor sobre la persona y lo que tiene que hacer? ¿Le hace estar centrado y ocupado con la persona de Jesús? ¿O le hace estar centrado y ocupado en usted mismo y si ha fallado o ha tenido éxito?

Pastor Prince, ¿está diciendo que el desempeño no es importante?

¡Definitivamente no! Estoy compartiendo con usted que la clave para el desempeño viene por el poder del amor, la gracia y el favor inmerecido de Él en su vida. Podrá usted tener un desempeño verdadero cuando sepa que es perfectamente amado.

Miremos a los niños que son valientes, confiados y seguros. Provienen de familias que están llenas de amor y afirmación; familias que les dan libertad para tener éxito. Esos niños no tienen temor al fracaso y destacan entre la multitud porque se atreven a ser diferentes para la gloria de nuestro Señor Jesucristo. Se atreven a decir no a las influencias del mundo; no se avergüenzan cuando sus iguales se burlan de sus valores cristianos. Al mismo tiempo, en un ambiente de amor, gracia y afirmación, los padres de los niños también son capaces de disciplinar, corregir y guiar al niño para que aprenda a tomar buenas decisiones para él mismo sin aplastar su espíritu.

Corregidos porque somos amados

Algunas personas tienen la idea errónea de que cuando estamos bajo la gracia no hay corrección alguna, y que cualquier cosa vale. Eso no puede estar más lejos de la verdad. ¿Hay corrección bajo la gracia?

Tan sólo pregunte a cualquiera de mis pastores, y le dirá: "¡Desde luego que la hay!". Pero la corrección está siempre saturada de amor, gracia y sabiduría. ¿Hay disciplina bajo la gracia? ¡Claro que la hay! La disciplina y corrección eficaces se comunican con una abundancia de gracia, paciencia y amor.

Están quienes argumentan que si ciertamente siempre somos favorecidos por el Señor, entonces no hay necesidad alguna de que Él nos corrija y nos discipline. Mi querido amigo, permítame ayudarle a entenderlo desde la perspectiva de un padre. Cuando mis hijos hacen algo equivocado, Wendy y yo ciertamente los corregimos y disciplinamos. Pero en nuestros corazones ellos son siempre amados y favorecidos por nosotros incluso cuando han fallado e incluso mientras son corregidos por nosotros.

¿Por qué? ¡Simplemente porque son nuestros hijos! Pese a cuál sea su desempeño, siempre los amaremos y siempre serán favorecidos en nuestros corazones. Cuán favorecidos son para nosotros es cuestión de su identidad, y no de su desempeño. Está basado en *quiénes* son ellos y *de quiénes* son, y no en lo que han hecho o no han hecho.

De igual manera, nuestro estado de ser amados y favorecidos por nuestro Padre celestial es un resultado de nuestra identidad como los hijos y las hijas de Dios mediante la obra terminada de Jesucristo. Podemos llamar a Dios nuestro Padre y Dios puede llamarnos sus hijos ¡debido a lo que Jesús ha hecho en la cruz por nosotros!

A medida que crezcamos en la gracia y el conocimiento de

nuestro Señor Jesucristo, Él nos corregirá, disciplinará y guiará. Pero es vital que usted sepa que nuestro Señor *nunca* nos corregirá con trágicos accidentes, enfermedades y males. La Biblia dice: "Pues el Señor corrige a los que ama, tal como un padre corrige al hijo que es su deleite" (Proverbios 3:12, NTV). En otras palabras, el Señor corrige a aquellos a quienes favorece, al igual que un padre terrenal corregiría a un hijo al que ama.

¿Corregiría un padre al hijo en quien se deleita infligiendo dolor y sufrimiento a ese niño? ¡Claro que no! De igual manera, nuestro Padre celestial nos corrige no al infligir dolor y sufrimiento sino con su Palabra (véase 2 Timoteo 3:16). La corrección puede llegar mediante la predicación de su Palabra, o mediante líderes piadosos con los que Él le rodea en una iglesia local, líderes que le aman y que se interesan lo suficiente para hablar a su vida.

La verdad es que cuando las personas saben que su Padre celestial les ama, pueden recibir corrección y disciplina con gratitud y humildad. Por eso es tan importante que cada hijo de Dios experimente la revolución de la gracia, que esté establecido en el perfecto amor de Él y anclado su gracia incondicional hacia él o ella. La gracia nos imparte el poder de desempeñar y de vivir una vida por encima de la derrota. La gracia es la clave para la santidad.

Cuando las personas saben que su Padre
celestial les ama, pueden recibir corrección
y disciplina con gratitud y humildad.

Es vital que sigamos recibiendo enseñanza que esté llena de la abundancia de la gracia de Dios y el don de la justicia. Cuando usted siga recibiendo enseñanzas sobre la persona de Jesús, ¡terminará reinando sobre cada derrota, pecado, adicción, temor, duda y desafío en su vida! Valore a nuestro Señor Jesús adecuadamente en su vida y será usted imparable.

¿Por qué este "desperdicio"?

Volvamos a lo que Judas dijo cuando vio a María adorando a nuestro Señor Jesús con el costoso perfume de nardo. Él pensó que era un desperdicio y dijo que se podría haber vendido y el dinero se podría haber usado para los pobres.

¿Le resulta familiar eso?

¿Le han dicho alguna vez que leer la Biblia es una pérdida de tiempo? ¿Que servir y participar en su iglesia local es una pérdida de tiempo? ¿Que llevar sus diezmos a su iglesia es un desperdicio de dinero? Mi querido lector, siempre habrá tales voces acusatorias en el mundo. ¿Por qué? Porque esas voces no entienden el valor del Señor Jesús. Muy parecido a Judas.

Judas ciertamente no entendió el valor de Jesús. Algún tiempo después de haber reprendido a María por desperdiciar el perfume sobre Jesús en lugar de venderlo y dar el dinero a los pobres, Judas fue a los principales sacerdotes en Jerusalén y pidió un precio por entregarles a Jesús. Ellos le ofrecieron treinta monedas de plata, y él estuvo de acuerdo al instante sin negociar nada más. Probablemente pensaba que la cantidad era más que justa, y que era un buen trato para él. Tan sólo por la escasa cantidad de treinta monedas de plata, estuvo dispuesto a traicionar a Jesús ante los sacerdotes. Eso nos habla precisamente de cuánto valoraba Judas a nuestro Señor Jesús.

Pastor Prince, ¿cómo puede decir que treinta monedas de plata es una suma escasa? Sería mucho dinero según los precios actuales.

Bien, quizá se podrían comprar muchas cosas actualmente con treinta monedas de plata. Pero ¿la persona de Jesús?

No tiene precio.

María entendía de manera implícita en el valor de nuestro Señor. Debido a que estimaba mucho a Jesús, ungirlo con la posesión más valiosa era sencillamente una representación externa de lo mucho que ella amaba, valoraba y apreciaba a nuestro Señor Jesús interiormente. Lo que Judas Iscariote consideró un desperdicio, María lo consideró adoración.

¿Sabe cuáles fueron las últimas palabras registradas de Judas Iscariote? Él tomó las treinta monedas de plata, las lanzó a los principales sacerdotes, y gritó con desesperación: "He traicionado sangre inocente". Entonces salió y se suicidó colgándose de un árbol. Fue un final muy triste y trágico para alguien que no valoró la persona de Jesús.

La verdad es que Judas Iscariote no tenía que colgarse de ese árbol; nuestro Señor Jesús iba de camino a ser colgado en otro árbol (la cruz) por los pecados de todo el mundo, para que "todo aquel que en él cree, no se pierda, mas tenga vida eterna" (Juan 3:16). Judas Iscariote no creía en Jesús. No nació de nuevo, y ciertamente no valoró la obra de nuestro Señor Jesús. Rechazó al Señor y su culpabilidad le condujo a ahorcarse.

¡Es triste ver que hay muchas personas en la actualidad que se castigan a sí mismas por sus propios pecados! Viven en culpabilidad y condenación perpetuas, castigándose y sujetándose a una conducta autodestructiva.

Para anestesiar las voces de acusación en su propia conciencia, muchos llegan a estar esclavizados por el alcohol, las drogas y todo tipo de consumo de sustancias debilitantes. Terminan viviendo en un estado de constante temor, ansiedad, ataques, falta de sueño y enfermedades psicosomáticas.

Amigo, ¡esa no es la vida abundante que Jesús vino a darnos! Él vino para que usted pudiera tener vida, y tenerla en abundancia. Es mi oración que a medida que lea estas páginas, ¡valore usted a Jesús y todo lo que Él ha sacrificado en la cruz por su perdón, su liberación, su redención y su libertad!

Puede dejar de castigarse a usted mismo en este momento recibiendo la verdad de que Jesús tomó su castigo cuando estuvo en su lugar en la cruz. Nuestro Señor fue castigado en la cruz para que usted pueda ser sanado y restaurado completamente, ¡cuerpo, alma y espíritu!

Puede dejar de castigarse a usted mismo en este momento recibiendo la verdad de que Jesús tomó su castigo cuando estuvo en su lugar en la cruz.

Permítame compartir con usted un testimonio realmente precioso que recibí de Garrett, que vive en Sudáfrica. Incapaz de encontrar una salida de una espiral descendente de adicción y desesperación, Garrett llegó a odiarse a sí mismo hasta el punto de intentar suicidarse. Sea bendecido al leer cómo su encuentro con Jesús y su increíble gracia dieron un giro completo a su vida:

> *Batallé contra la depresión y la desesperación por años, lo cual me condujo por un camino de autodestrucción. Durante ese periodo, perdí mucho en mi vida, incluso las personas a las que quería me abandonaron. Perdido y confundido, iba de un lugar a otro, intentando tener una vida mejor para mí, pero nada funcionó.*
>
> *Me casé por vanidad, no por amor, pero del matrimonio vino un hijo a quien amo más que a la vida misma. Sin embargo, debido a mi felicidad y a mis malas decisiones, me encontré en un mundo de adicción a las drogas y consumo de alcohol. Como resultado, perdí mi trabajo, a mi esposa y a mi querido hijo.*
>
> *Tuve que viajar desde Irlanda a Sudáfrica para ver*

a mi hijo. Me las arreglé para encontrar un empleo, pero las drogas, el alcohol y la desesperación eran más fuertes que mi capacidad para arreglar las cosas de nuevo. Era un esclavo de mi situación.

Viviendo solo, sintiéndome solo y aborreciendo en lo que me había convertido, mi mente acudió al suicidio, pero también fracasé en ese intento. Entonces conocí a una señora llamada Linda que me ayudó a ponerme de pie, y lentamente fui avanzando, soportando la vida y mis adicciones.

Clamaba a Dios pidiendo ayuda, pero en realidad no creía que me ayudaría, porque ni siquiera sabía si existía. Sin embargo, seguía mirando hacia arriba y pidiendo.

Mi relación con Linda iba muy mal, y parecía como si fuéramos a ir por caminos separados. Pensé: "No hay efecto alguno en creer en Dios". Así que volví a pedir: "Dios, ¿qué quieres de mí? ¿Qué es lo que tengo que hacer? ¿Dónde estás? ¿Estoy siendo castigado por mi modo de... realmente existes?".

Llegué a una casa vacía aquella noche. Me senté en el sofá, encendí el televisor para ver las noticias, pero el volumen estaba demasiado alto. Presioné un botón para bajar el volumen, pero en vez de cambiar el volumen, los canales de televisión comenzaron a cambiar, y me encontré con su programa. Ahora bien, yo no soy una persona que escucha la televisión cristiana, de modo que inmediatamente intenté cambiar de canal al de las noticias, pero el canal se quedó atascado.

Pastor Prince, en ese mismo instante usted miró a la cámara y dijo: "Quizá hay alguien aquí en este servicio, o viendo este programa por televisión. Su vida está en este momento siendo sacudida por ciertos vientos. Quizá sea un viento de turbulencia económica, quizá sea una tormenta de enfermedad que ha llegado a su vida. Cualesquiera que sean los vientos, cualquiera que sea la tormenta, yo estoy aquí para decirle que en medio de la tormenta busque a Jesús".

Sentí como si me golpeara un tren de carga. Me detuve en seco y sentí temor, porque solamente unos minutos atrás estaba gritando a Dios pidiendo respuestas. Estaba seguro de que Dios me estaba señalando de algún modo en aquel momento. Mi cuerpo comenzó a temblar y la luz en la habitación comenzó a ser más brillante. Aunque yo no soy una de esas personas que tienen momentos "religiosos", estoy seguro de que estaba teniendo un momento con Cristo. Así de real fue, y totalmente inesperado.

¡Su sermón cambió mi mundo! Yo no tenía idea de que Dios pudiera amar a una persona como yo después de todo lo que había hecho. Al día siguiente, salí y compré uno de sus libros. Lo terminé en dos días, y después de leerlo, sentí un hambre que nunca antes había experimentado, un entendimiento que nunca antes había tenido. Mis ojos fueron abiertos, y quería más.

Mediante sus enseñanzas, ahora soy capaz de entender la Palabra de Dios como nunca antes. Estoy aplicando la Palabra a mi vida. ¡Ahora soy libre! Libre para ser amado por Dios debido a la obra terminada de nuestro Señor Jesucristo. Soy libre para tener esperanza, libre para recibir, y libre para acudir a Jesús incluso cuando fallo.

Pastor Prince, como un resultado del conocimiento de Jesús y su increíble gracia, ahora no tengo ninguna adicción a las drogas, tampoco dependencia

*del alcohol, y mis relaciones son mejores que nunca.
Mi hijo de mi primer matrimonio está prosperando.
Mi vida de infelicidad y desesperación ya no está. Mi
trabajo está prosperando. Mi corazón ha cambiado,
mi familia se ha ampliado (Dios nos ha bendecido a
Linda y mí con gemelos, un hijo y una hija), y sé que
nuestro futuro está asegurado en Jesucristo, todo debido al mensaje de la gracia. ¡Aleluya!*

*La gracia de Dios en mi situación incluso ha re-
bosado hacia las vidas de mis amigos, quienes ahora
también son salvos y están prosperando, gracias a la
increíble gracia de nuestro Señor Jesucristo, y sus libros llenos de gracia. Ahora estoy lleno del Espíritu
Santo y reinando en vida.*

¡Gracias, pastor Prince! ¡Gracias, Jesús!

¡Qué hermoso testimonio y testamento al amor y la misericordia de nuestro Señor Jesús! Garrett, gracias por compartir y
alentar a muchos con su testimonio.

Amado, quizá, al igual que Garrett, ha estado usted metido
en el fango de la soledad, el desaliento y la autodestrucción durante lo que parece una eternidad. No desperdicie un día más en
ese lugar oscuro y autodestructivo. En cambio, adore a Aquel,
nuestro Señor y Salvador Jesucristo, que lo dio todo y permitió
que le escupieran, le humillaran por completo, le golpearan bru-
talmente y le clavaran grandes clavos en la cruz por su redención.

Adórelo a Él, y permita que la fragancia de su amor y su
gracia inunde cada área de su vida. Permita que el perfume
de su sacrificio entre en cada herida, cada desengaño y cada
inseguridad. Él ya ha pagado el precio para que usted sea sanado. Él ya ha pagado el precio para que usted sea restaurado.
Él ya ha pagado el precio para que usted acuda con valentía y

libertad ante el trono de la gracia. ¡Oh, cuánto le ama Él! ¡Le ama! ¡Él le ama!

Corazones revelados

Comencé este capítulo hablando de lo que sucedió en Betania porque creo que el Espíritu Santo quiere mostrarnos los corazones de las diferentes personas que estaban allí. Betania era la misma ciudad donde Jesús había resucitado a Lázaro, que llevaba muerto cuatro días. ¿Sabe lo que sucedió después de que Jesús hiciera este asombroso milagro?

Juan 11:53 registra que desde ese día, los principales sacerdotes y los fariseos tramaron dar muerte a Jesús. Esa fue la respuesta de los líderes religiosos de aquella época, querían matar a Jesús, Aquel que abrió ojos ciegos, destapó oídos sordos, limpió a leprosos, ¡y resucitó muertos! ¿Por qué? ¿Y qué nos dice eso sobre lo que había en sus corazones?

Para ser un principal sacerdote o un fariseo, había que ser un estudiante de la Palabra de Dios desde temprana edad, y conocer la Torá de principio a fin. Sin embargo, los líderes religiosos, que eran celosos de la ley y conocían todo respecto a la Torá, fueron precisamente las personas que tramaron matar a Jesús.

Ahora, acérquese y escuche con atención lo que estoy a punto de decir. Ellos tenían conocimiento *mental*, pero no tenían un corazón por la persona de Jesús. Tenían todo ese conocimiento de la Biblia, pero no tenían al Autor de la Biblia en sus corazones.

Estoy seguro de que habrá visto cómo, en el matrimonio, esposos y esposas pueden utilizar versículos de la Biblia para condenarse mutuamente. Ahora bien, por favor no haga eso; ¡por favor no utilice su conocimiento de la Biblia para hacer que las personas se sientan mal consigo mismas! Eso es lo que hacían los fariseos.

Ellos citaban del Antiguo Testamento para derribar a las personas en lugar de salvarlas. Quisieron apedrear a la mujer agarrada en el acto de adulterio, citando la ley de Moisés, pero Jesús la salvó invitando a cualquiera que no tuviera pecado a que lanzara la primera piedra. Comenzando con el fariseo de más edad, todos ellos dejaron caer sus piedras asesinas y se fueron. Siempre que encuentre a personas utilizando la Biblia para condenar y para aplastar a quienes han fallado y tienen necesidad de un Salvador, su antena espiritual necesita estar en alerta máxima.

Conocimiento mental contra conocimiento de corazón

Es posible que las personas hoy día acumulen mucho conocimiento mental sobre *esta* teología y *aquella* teología, y sin embargo no tengan conocimiento de corazón que arde de amor y pasión por nuestro Señor Jesucristo. Es posible enriquecer su mente o estudiar acerca de esta interpretación y aquella interpretación de las Escrituras, y aún así tener un corazón frío como la piedra cuando se trata de una relación íntima y personal con Jesús.

Ahora bien, no me malentienda; no estoy diciendo que no debería adquirir conocimiento de la Biblia. Si ha seguido mi ministerio durante algún tiempo, sabe que me encanta estudiar y desenterrar tesoros de la Palabra de Dios. Estoy diciendo que necesitamos estudiar la Biblia no simplemente para acumular conocimiento mental, sino para tener una revelación de Jesús.

Necesitamos estudiar la Biblia no simplemente
para acumular conocimiento mental, sino
para tener una revelación de Jesús.

Para tener un corazón de amor por Jesús debemos conocer la Biblia. De hecho, el verdadero conocimiento bíblico acerca de Jesús le llevará a tener un corazón por Jesús. No sea como los fariseos, que tenían conocimiento de la Biblia pero no tenían amor por nuestro Señor Jesús. No pase por alto al Autor cuando esté leyendo su Palabra.

Cuando estudie la Biblia, estudie para *alimentarse* de la persona de Jesús. Aliméntese de su belleza, su gracia, su majestad y su amor inmenso y sacrificial por usted. Leemos la Palabra para alimentarnos de Cristo.

Oh, cómo me encanta la frase "alimentarnos de Cristo". Él es el pan de vida, y cuanto más se alimente usted de Él en la Palabra, más será fortalecido y nutrido con su salud, vida y sabiduría para cada área de su vida. Cuando vea a Jesús en la Palabra, sabrá cómo estimarlo y valorarlo. Jesús se convierte en alimento real para su alma, y Él le da fortaleza para su servicio.

La verdadera santidad viene de contemplar a Jesús. Cuando usted contempla a nuestro Señor, es transformado desde dentro hacia fuera, de gloria en gloria. Cuando valora a Jesús, el deseo de su corazón es glorificarlo en todo lo que piensa, dice y hace. Cuando tiene un corazón para Jesús, todo en su vida, ya sea su matrimonio, la educación de sus hijos y su carrera, ¡encajará en su lugar cuando usted reciba la obra terminada de Él!

---

*La verdadera santidad viene de contemplar
a Jesús. Cuando usted contempla a nuestro
Señor, es transformado desde dentro
hacia fuera, de gloria en gloria.*

Lo que Juan escribió acerca de cuando María ungió los pies de Jesús, también revela mucho sobre lo que había en el corazón de Judas Iscariote. Cuando Judas dijo: "¿Por qué no fue este perfume vendido por trescientos denarios, y dado a los pobres?", la Palabra de Dios nos revela que "dijo esto, no porque se cuidara de los pobres, sino porque era ladrón, y teniendo la bolsa, sustraía de lo que se echaba en ella" (Juan 12:5-6). El corazón de Judas iba tras el dinero, no el Señor, y ciertamente no tras los pobres. Judas tenía un corazón para el dinero, pero no para nuestro Señor Jesús.

Mi querido amigo, Dios no tiene problema alguno con que usted tenga dinero; tan sólo no quiere que el dinero *le tenga a usted.* El dinero es un buen sirviente pero un mal amo. Use el dinero para amar a las personas; no ame el dinero y use a las personas.

La Palabra de Dios nos dice que "raíz de todos los males es el amor al dinero" (1 Timoteo 6:10). Observemos que *el dinero* en sí no es la raíz del mal. *El amor al dinero* es altamente destructivo. Algo es muy extraño si usted cobra vida solamente cuando oye sobre dinero y lo único que estudia en la Biblia es respecto al dinero.

No, amigo, Dios quiere que usted esté suplido en abundancia para que pueda ser más que capaz de proveer para su familia, para edificar la iglesia de Dios, para ayudar a los pobres y para adorar al Señor como hizo María. Sin embargo, que su corazón se trate únicamente de Jesús, ¡y no de acumular, reunir y acaparar!

Que su corazón se trate únicamente de Jesús,
¡y no de acumular, reunir y acaparar!

Un corazón de adoración

En el relato en Juan 12, otro corazón que nos es revelado es el hermoso corazón de María de amor y adoración por el Señor. Ella lo derramó y dio lo mejor para el Señor.

Cualquier cosa que haga usted por Jesús a causa de su amor por Él no puede quedar oculta. Las personas lo "olerán". Usted llevará la fragancia de Cristo, y es una fragancia de victoria, ¡no de derrota! Y ¿ha observado que cualquier cosa que le dé a Jesús no es nunca olvidada? Lo que tiene usted en su mano puede que sea temporal, pero cuando lo pone en las manos de Jesús, se vuelve eterno.

Veamos lo que dijo Jesús sobre María cuando la defendió de la acusación de Judas de que había desperdiciado una fragancia muy costosa sobre Jesús. Jesús dijo: "Déjala; para el día de mi sepultura ha guardado esto" (Juan 12:7). María preparó a Jesús para su sepultura, pero solamente por el momento, porque Él resucitaría de los muertos. Pero en estas palabras, Jesús la rodeó para siempre del dulce incienso de sus elogios hacia ella. Hoy día aún seguimos hablando y honrando lo que hizo María por nuestro Señor hace dos mil años. ¡Eso sí que es que las buenas obras tengan un efecto para generaciones futuras!

Tenga una revelación de Jesús del tamaño de un toro

Para concluir, permítame compartir con usted algún poderoso. En el Antiguo Testamento, el holocausto tenía tres tamaños: literalmente grande, medio y pequeño (véase Levítico 1:1–17). Los ricos llevaban un toro muy caro; los que tenían ingresos medios llevaban un cordero; y los pobres llevaban un par de tórtolas o palominos fáciles de obtener.

Ahora bien, aunque las ofrendas diferirían en tamaño, en términos de valor para Dios todas ellas eran iguales y aceptables ante Él, porque todas ellas le recordaban el sacrificio final y perfecto de su Hijo amado. Por lo tanto, ya fuera un toro, un cordero o un par de palominos, eran aceptados y sacrificados, y su sangre era derramada para hacer expiación por los pecados del ofrendante.

¿Cuál es el significado de todo esto? Los tres sacrificios de animales eran realmente tipologías de nuestra apreciación de Jesús y su obra terminada en la actualidad. Por ejemplo, muchos creyentes tienen una revelación de Jesús del tamaño de un cordero. Saben que Jesús es el Cordero de Dios que ha limpiado sus pecados pasados con su sangre.

Están también algunos cristianos que solamente tienen una revelación de Jesús del tamaño de un palomino. Le ven como el Hijo de Dios que descendió del cielo para morir por los pecados de los hombres. Y finalmente hay creyentes que tienen una revelación de Jesús y de su sangre limpiadora del tamaño de un toro. Así como el toro era el más caro de los tres sacrificios, estos creyentes son espiritualmente ricos porque tienen una revelación grande y profunda de Jesús, de su sangre, y de que les ha limpiado de todos sus pecados.

De igual manera que los tres sacrificios eran aceptables para el Señor, nosotros como creyentes somos todos aceptados ante sus ojos, independientemente de cuál sea nuestra revelación y cómo valoremos a Jesús. Pero Dios quiere que usted crezca de tener una revelación de su Hijo del tamaño de un palomino a tener una apreciación de Él del tamaño de un toro.

¿Por qué es esto tan importante? Porque todo comienza desde dentro hacia fuera. Esa riqueza espiritual interior se traducirá en beneficios externos de paz, estabilidad, gozo, provisión y victoria. En aquel entonces, cuanto más rico era un individuo, mayor era el tamaño de su ofrenda. Actualmente, cuanto mayor sea su revelación de Jesús, ¡más rico espiritualmente es usted!

Mi querido lector, cuando usted estima a Jesús, cuando le adora y le da ofrendas, eso produce transformación duradera no sólo en su propia vida. Como hemos visto con María, también tiene un efecto para generaciones y generaciones futuras.

El tiempo que usted pasa estudiando la persona de Jesús y adorándole regresará a usted. Experimentará una calidad de vida que estará por encima de su imaginación cuando el Señor Jesús esté en el centro de todo. ¡Y por eso la revolución de la gracia se trata de tener un corazón para Jesús!

CAPÍTULO 14

POSEA PLENAMENTE LA OBRA TERMINADA

Al concluir la clave de que todo se trata de valorar la persona de Jesús, quiero hacerle saber algo que nuestro Señor Jesús realmente valora. Creo que al Señor le resulta muy importante que usted sea parte de una iglesia local. Aunque es fantástico que esté recibiendo el evangelio de la gracia mediante la televisión, recursos de enseñanza, materiales en línea o incluso de este libro, quiero alentarle a que también se involucre en una iglesia local en su comunidad. Todo lo que yo enseño acerca del evangelio de la gracia funciona mejor en el contexto de una iglesia local donde hay comunión, responsabilidad y sabio consejo. La iglesia local no es idea del hombre, es idea de Dios, y ciertamente hay algo poderoso en reunirse juntos en una asamblea de creyentes como parte del cuerpo de Cristo.

¿Ha observado que cuando se encuentra con otro creyente, hay siempre una afinidad hacia él o ella? Puede que realmente no conozca a esa persona, pero en el espíritu hay una conexión. Estoy hablando de la comunión de los creyentes verdaderos. Estoy hablando de *poseedores* del cristianismo, no de *profesantes* del cristianismo. El Nuevo Testamento contiene muchas advertencias con respecto a quienes profesan el cristianismo, personas que verbalmente profesan ser o que se denominan a sí mismos cristianos, pero en realidad nunca han invitado a Jesús a ser su Señor y Salvador personal.

Puede que usted conozca a algunas personas que han

asistido a la iglesia durante algún tiempo, después se apartaron y comenzaron a vivir un estilo de vida de pecado sin deseo alguno de arrepentirse y sin interés en escuchar el consejo del liderazgo de la iglesia. Algunos de ellos puede que incluso hayan pasado a aceptar otro sistema de creencias. Cuando suceden tales cosas, las personas a menudo se preguntan: *¿Cómo pueden esas personas ser creyentes de Jesucristo? ¿Han perdido la salvación esas personas?* Le digo que en algunos casos extremos, esas personas puede que no hayan aceptado a Cristo en sus corazones desde un principio. No es un caso de creyentes que pierden su salvación; la realidad es que esas personas puede que nunca hayan sido salvas. Es importante reconocer que hay personas que profesan exteriormente ser cristianos pero nunca han recibido al Señor como su Salvador y han nacido de nuevo.

La diferencia entre poseer y profesar

Permita que le muestre un versículo que se ha utilizado de manera errónea para referirse a los creyentes. El versículo del que hablo es 2 Pedro 2:22, que dice: "El perro vuelve a su vómito, y la puerca lavada a revolcarse en el cieno". Este versículo se cita con frecuencia cuando se ve que un "cristiano" se ha rebelado, se ha alejado del Señor y está en peligro de perder su salvación.

Ahora bien, le digo que este versículo no se refiere en absoluto a los creyentes. Notemos que cuando el versículo dice "El perro vuelve a su vómito", está hablando de un perro, no de una oveja (que se refiere a los creyentes). No hay una transformación interior que vino del poder de la gracia de Dios. Del mismo modo es un cerdo (no una oveja) el que se revuelca en el fango. De ahí que 2 Pedro 2:22 se refiere a personas que nunca han tenido la experiencia de nuevo nacimiento de recibir a Jesús como su Señor y Salvador. En otras palabras, esas personas no son verdaderos creyentes; son *profesantes* y no *poseedores* del cristianismo.

Cuando una persona nace de nuevo, es hecha una nueva creación en Cristo Jesús. Lo viejo ha pasado y ha llegado lo nuevo. Ya no es un perro o un cerdo, sino una nueva criatura en Cristo Jesús. Una oveja puede caer y fallar, pero nunca querrá revolcarse en vómito y fango. El pecado, como el vómito y el fango, es contrario a la nueva naturaleza que una nueva criatura tiene en Cristo. Yo creo que los verdaderos creyentes en Cristo están buscando libertad *del* pecado. Aborrecen genuinamente estar enredados y atados en el pecado que es destructivo. Por eso, cuando enfocamos nuestras energías en predicar el evangelio de Jesucristo, vidas son transformadas por el poder de su gracia. Cuando las personas descubran cuál es su verdadera identidad en Cristo, experimentarán el poder para reinar sobre todo pecado. Por eso la Biblia declara que "el pecado no se enseñoreará de vosotros; pues no estáis bajo la ley, sino bajo la gracia" (Romanos 6:14). La verdadera gracia siempre produce verdadera santidad. Creer correctamente siempre conduce a vivir correctamente.

Cuando enfocamos nuestras energías en predicar el evangelio de Jesucristo, vidas son transformadas por el poder de su gracia.

Pero pastor Prince, esta persona ha estado en la iglesia por mucho tiempo, e incluso estuvo en una posición de liderazgo.

Bien, lo único que puedo decir es que asistir a la iglesia no hace creyente a la persona, no más de lo que entrar a un garaje le hace ser un vehículo. Por eso tenemos que ser conscientes de que hay personas que son profesantes y no poseedoras del cristianismo.

Lo que necesita saber para estar seguro

Bien, ¿qué de 2 Pedro 2:20? ¿No dice esta escritura que esas personas tienen "el conocimiento del Señor"?

Esa es una buena pregunta. Veamos más detenidamente 2 Pedro 2:20, que dice: "Ciertamente, si habiéndose ellos escapado de las contaminaciones del mundo, por el conocimiento del Señor y Salvador Jesucristo, enredándose otra vez en ellas son vencidos, su postrer estado viene a ser peor que el primero".

Ahora bien, antes de profundizar en esto, permita que mencione otra escritura que se encuentra en el libro de Hebreos y que será útil para nuestra discusión:

> *Porque es imposible que los que una vez fueron iluminados y gustaron del don celestial, y fueron hechos partícipes del Espíritu Santo, y asimismo gustaron de la buena palabra de Dios y los poderes del siglo venidero, y recayeron, sean otra vez renovados para arrepentimiento, crucificando de nuevo para sí mismos al Hijo de Dios y exponiéndole a vituperio.*
>
> *—Hebreos 6:4–6*

Mi querido lector, como vimos en el capítulo anterior, es completamente posible tener conocimiento mental de la Biblia y del Señor Jesús, y seguir rechazándolo y no valorarlo como nuestro Salvador personal. Vimos el mejor ejemplo de esto: Judas Iscariote. Él experimentó externamente el favor, la protección y el poder del Señor y escapó de las corrupciones del mundo al estar relacionado con nuestro Señor Jesús. Estuvo físicamente con Jesús y los discípulos día y noche; fue testigo e incluso participó de los milagros de Jesús, desde la alimentación de los cinco mil hasta la resurrección de Lázaro. Fue testigo de las sanidades de ciegos, paralíticos y poseídos por demonios (véase Mateo 4:24), y aun así ni una sola vez reconoció a Jesús como su Señor y Salvador personal. Él es un ejemplo de alguien descrito en Hebreos 6:4–6: que fue una vez iluminado (sabía quién era Jesús), gustó el don celestial, participó del Espíritu Santo (incluso hizo milagros mediante el poder del Espíritu Santo sobre él, véase Mateo 10:1–4), y gustó la buena Palabra de Dios; sin embargo, nunca creyó en Jesús como su Señor y Salvador. El suyo fue un rechazo claro de Jesús. Y como las Escrituras describen, Judas Iscariote sufrió un final deshonroso (véase Hechos 1:16–20). Fue un triste final para alguien que antes había disfrutado de tal proximidad física a Jesús.

Judas Iscariote era uno de los doce hombres que tuvieron el privilegio de ser nombrados por Jesús como sus discípulos. Era uno de sólo doce hombres que fueron los compañeros más cercanos de Jesús durante su ministerio terrenal. Sin embargo, utilizó su libre albedrío para rechazar a Jesús. Así que puede ver que las escrituras de las que estamos hablando se refieren a *profesantes* del cristianismo quienes, al igual que Judas Iscariote, nunca fueron creyentes genuinos. Por tanto, es importante que estas escrituras (2 Pedro 2:20, Hebreos 6:4–6) no se utilicen nunca para amenazar y crear temor en creyentes verdaderos, asustándoles con la mentira de que pueden fácilmente perder su salvación y su seguridad eterna en Cristo.

Algunas personas señalan a Judas como un ejemplo de un cristiano que perdió su salvación. Pero eso no tiene ningún sentido porque Judas nunca fue un cristiano *nacido de nuevo*, no más de lo que era cualquiera de los otros discípulos. ¿Cómo podrían serlo cuando nuestro Señor Jesús no había muerto aún y la Iglesia no había nacido todavía? Podrían haber sido discípulos, pero no eran creyentes nacidos de nuevo. Tenían el Espíritu *sobre* ellos para hacer milagros, pero no tenían al Espíritu *en* ellos permanentemente. Por tanto, Judas no era un cristiano que perdió su salvación; ¡nunca la tuvo, para empezar! No permita que nadie utilice a Judas para asustarle y que piense que como creyente nacido de nuevo puede usted perder su salvación.

Amigo, si ha recibido al Señor Jesús en su vida, quiero que sepa esto por encima de ninguna sombra de duda: usted ha nacido de nuevo, ha recibido el don de la vida *eterna*, su salvación está tan segura como las promesas en la Palabra de Dios, ¡y usted está seguro en las manos del Padre (véase Juan 10:28–30)!

Si ha recibido al Señor Jesús en su vida, su salvación está tan segura como las promesas en la Palabra de Dios, ¡y usted está seguro en las manos del Padre.

¿Cuál es la voluntad del Padre?

Otra escritura que se utiliza comúnmente para amenazar a los creyentes y hacerles creer erróneamente que pueden perder su salvación se encuentra en el Evangelio de Mateo. En este Evangelio se registran estas palabras de Jesús:

> *No todo el que me dice: Señor, Señor, entrará en el reino de los cielos, sino el que hace la voluntad de mi Padre que está en los cielos. Muchos me dirán en aquel día: Señor, Señor, ¿no profetizamos en tu nombre, y en tu nombre echamos fuera demonios, y en tu nombre hicimos muchos milagros? Y entonces les declararé: Nunca os conocí; apartaos de mí, hacedores de maldad.*
>
> —*Mateo 7:21–23*

Notemos que nuestro Señor Jesús dijo: "nunca *os conocí*". Ahora bien, ¿cómo puede aplicarse esto a creyentes que han nacido de nuevo y que tienen una relación con el Señor?

Claramente, se está refiriendo a personas que nunca tuvieron una relación personal con el Señor. Por eso Jesús pudo decir al segundo grupo: "nunca os conocí". De nuevo, está claro que este pasaje ha de utilizarse como una advertencia solamente para profesantes de la fe cristiana, y no para quienes han aceptado genuinamente a Jesús como su Señor.

Ah, pero pastor Prince, ¿no dice la primera parte que solamente quienes hagan la voluntad del Padre entrarán en el reino de los cielos? Esto significa que si no estamos haciendo la voluntad del Padre, podemos perder la salvación.

Querido lector, es importante dejar que la Biblia interprete a la Biblia. Si usted estudia la Biblia, verá que la voluntad del Padre es que creamos en Aquel a quien ha enviado y recibamos vida eterna. Jesús dijo: "Y esta es la voluntad del que me ha enviado: Que todo aquél que ve al Hijo, y cree en él, tenga vida eterna; y yo le resucitaré en el día postrero" (Juan 6:40). Y en Juan 6:29 (NTV) Él nos dice claramente: "La única obra que Dios quiere que hagan es que crean en quien él ha enviado". Ese es el evangelio. Eso es hacer la voluntad del Padre.

Jesús también dijo: "He aquí que vengo, oh Dios, para hacer tu voluntad" (Hebreos 10:9). ¿Cuál era esa voluntad que Jesús tenía que hacer? Era morir por nuestros pecados y llevarnos a su nuevo pacto de la gracia. El mismo versículo nos dice: "quita lo primero [viejo pacto], para establecer esto último [nuevo pacto]".

Por tanto, lo que Jesús estaba diciendo en Mateo 7 es esto: "No todos los que me llaman 'señor, señor' en ese día son salvos, sino solamente aquellos que cumplen la voluntad de mi Padre, que es creer en mí". No está diciendo que en el momento en que usted cometa un error en pensamiento o en obra, Él le niega y ha perdido usted su salvación.

Siempre seguro en la mano de su Padre

¿Por qué estoy compartiendo todo esto con usted? Para que sea establecido en nuestro Señor Jesús, y no sea fácilmente llevado de un lado a otro por todo viento de doctrina (véase Efesios 4:14). Usted es su hijo precioso, y su Padre celestial quiere que tenga un fundamento fuerte edificado sobre su salvación segura en Cristo. En lugar de ser confundido por pasajes confusos en la Biblia, quiero alentarle a que esté anclado en pasajes certeros y claros como este que se encuentra en Juan 10:

> *Mis ovejas oyen mi voz, y yo las conozco, y me siguen, y yo les doy vida eterna; y no perecerán jamás, ni nadie las arrebatará de mi mano. Mi Padre que me las dio, es mayor que todos, y nadie las puede arrebatar de la mano de mi Padre. Yo y el Padre uno somos.*
> *—Juan 10:27–30*

Ahora bien, simplemente la lectura de esta promesa en la Palabra de Dios, ¿no le imparte confianza y seguridad en su salvación en Cristo? Permítame llevar su atención a la palabra "jamás". Esto le va a bendecir. La palabra "jamás" aquí se traduce de la partícula griega *ou me*, que es una doble negación, haciendo hincapié con fuerza en el significado de "nunca, ciertamente no, en absoluto, por ningún medio".[1] En otras palabras, una vez que es usted salvo, ¡jamás, por ningún medio, nunca perecerá!

Por desgracia, hay personas en la actualidad que no vacilarán en lanzar dudas sobre la salvación de un creyente. He visto a un ministro hacer eso e incluso decir que no estaba seguro de si él mismo era salvo y llegaría al cielo. Eso, amigo mío, es peligroso decirlo, y no valora de manera precisa la obra terminada de Jesucristo en la cruz. En realidad, toma a la ligera lo que nuestro

Señor Jesús sufrió en el Calvario por nuestra salvación, perdón y redención.

No sé qué Biblia leen tales personas, pero mi Biblia me dice en términos muy claros: "si confesares con tu boca que Jesús es el Señor, y creyeres en tu corazón que Dios le levantó de los muertos, serás salvo" (Romanos 10:9). Mi Biblia me dice: "nadie las puede arrebatar de la mano de mi Padre" (Juan 10:29). Mi Biblia me dice: "Porque de tal manera amó Dios al mundo, que ha dado a su Hijo unigénito, para que todo aquel que en él cree, no se pierda, mas tenga vida eterna. Porque no envió Dios a su Hijo al mundo para condenar al mundo, sino para que el mundo sea salvo por él" (Juan 3:16–17). ¡Eso es lo que dice mi Biblia!

La red de seguridad que tiene debajo

Mi querido amigo, si no se siente seguro de su salvación en Cristo, eso afectará a su modo de vivir como cristiano. ¿Está familiarizado con lo que sucedió durante la construcción del puente Golden Gate en San Francisco? Construir este magnífico puente en suspensión (que costó aproximadamente 35 millones de dólares)[2] en la década de 1930 fue una tarea colosal llena de muchos peligros. En lo alto de la lista estaba la posibilidad de que los obreros murieran ahogados en las aguas profundas y heladas que había debajo. De hecho, los trabajadores *esperaban* la muerte, porque era un hecho muy conocido que en su industria había al menos una muerte por cada millón de dólares gastados.[3]

Debido a eso, Joseph Strauss, el principal ingeniero estructural del proyecto, hizo que se cumplieran rigurosas medidas de seguridad. Insistió en invertir y en instalar una enorme red de seguridad debajo del puente. Con un costo de 130.000 dólares (un gasto inmenso durante la era de la Depresión), la inmensa red era más ancha y más larga que el puente. En el momento en que fue instalada, algo les sucedió a los obreros. Obtuvieron la confianza para moverse con libertad y rapidez por las resbaladizas estructuras de acero. La red de seguridad no sólo les subió la moral, sino que también aceleró el proceso de construcción. Uno de los trabajadores, Lefty Underkoffler, dijo en una entrevista: "No hay duda de que el trabajo fue más rápido a causa de la red"[4].

Ahora, permita que le haga una pregunta. ¿Hizo la presencia de la red de seguridad que los obreros fueran más descuidados e irresponsables? ¿Les hizo pasar todo su tiempo probando hazañas peligrosas cuando deberían haber estado trabajando? Claro que no. Por el contrario, fueron más motivados y eficaces al realizar su trabajo. Lo mismo sucede en nuestro caminar cristiano. Cuando tenemos seguridad de salvación y sabemos que nada puede arrebatarnos de la mano del Padre, eso nos da confianza y fortaleza para mirar al Señor, correr mejor la carrera, e ir de gloria en gloria.

Cuando sabemos que nada puede arrebatarnos
de la mano del Padre, eso nos da confianza
y fortaleza para mirar al Señor, correr mejor
la carrera, e ir de gloria en gloria.

La seguridad y la confianza en su salvación por medio de todo lo que nuestro Señor Jesús ha hecho son vitales. Imagínese si nuestros hijos creyeran que los íbamos a desposeer en cualquier momento. Imagínese si no tuvieran seguridad y confianza en nuestro amor por ellos. ¡Creo que crecerían torcidos! Como padres, usted y yo no buscamos cada oportunidad para infundir dudas, temor e inseguridad en nuestra relación con nuestros hijos. Si nosotros los padres terrenales no hacemos eso con nuestros hijos, ¿cuánto más no lo hará nuestro Padre, que nos ama con amor eterno?

Lo que produce transformación real

Algunas personas dicen: "Ah, pastor Prince, si usted predica esto, las personas vivirán libertinamente sin considerar a Dios". ¿De verdad? ¿Realmente cree eso? ¿Cree de verdad que cuando usted les dice a sus hijos que siempre los amará, y que pese a lo que hagan serán sus hijos y nada cambiará nunca su amor por ellos, sus hijos se irán de su casa y dirán: "¡Bieeen! Ahora puedo hacer lo que quiera porque mis padres han dicho que siempre me amarán y nunca me desposeerán"?

Yo creo otra cosa. Creo que los hijos que saben que son amados tienen seguridad y les va mejor en la vida. Lo mismo sucede con los cristianos que están seguros en el amor del Padre. En lugar de conformarse a las influencias del mundo, serán transformados por la renovación de sus mentes con el poder de la increíble gracia de Dios. Creo con todo mi corazón que los creyentes nacidos de nuevo y establecidos en su gracia quieren vivir vidas que glorifiquen su santo nombre. ¡No buscan maneras de romperle el corazón a su esposa, abandonar a sus hijos y fugarse con su secretaria! Ese no es el resultado de estar establecido en la gracia de Dios.

Si usted conoce a alguien que esté viviendo de este modo, permita que sea el primer pastor en decirle que esa persona no está viviendo bajo la gracia. La gracia de Dios produce esposos fieles, esposas amorosas, e hijos que honran a sus padres. La gracia de Dios produce matrimonios fuertes y familias sanas que están ancladas en una iglesia local. ¿Por qué? Porque la gracia no es una enseñanza, doctrina o fórmula. ¡La gracia es una persona, y su nombre es Jesús!

Por eso me gusta usar la frase: "la persona de Jesús". La

gracia está personificada en nuestro Señor Jesús. Usted puede relacionarse con Él como persona. Puede hablar con Él, estar con Él, compartir con Él sus luchas y sus desafíos, y mantener conversaciones realmente buenas, sinceras y profundas con Él. Cuando ve a nuestro Señor Jesús como una persona, y ve toda su belleza, gloria, gracia, amor y perdón, no hay manera alguna de que usted quisiera vivir un estilo de vida que no glorifique su santo nombre. Cuando valora a Jesús en su vida, valora su gloria.

Cuando valora a Jesús en su vida, valora su gloria.

Quiero invitarle a meditar en esta poderosa escritura:

> *Porque la gracia de Dios se ha manifestado para salvación a todos los hombres, enseñándonos que, renunciando a la impiedad y a los deseos mundanos, vivamos en este siglo sobria, justa y piadosamente, aguardando la esperanza bienaventurada y la manifestación gloriosa de nuestro gran Dios y Salvador Jesucristo, quien se dio a sí mismo por nosotros para redimirnos de toda iniquidad y purificar para sí un pueblo propio, celoso de buenas obras.*
>
> —Tito 2:11–14

¡Ese es el resultado de estar bajo la gracia, y eso es lo que significa ser parte de la revolución de la gracia! Cuando contemplamos a la persona de Jesús, la gracia nos enseña a negar la impiedad y los deseos mundanos, ¡y nos convertimos en personas celosas por la gloria de nuestro Señor Jesús en nuestras vidas, y "celosas de buenas obras"!

*Cuando contemplamos a la persona de Jesús, nos
enseña a negar la impiedad y los deseos mundanos.*

Esté arraigado en una iglesia local

Volvamos a lo que mencioné anteriormente sobre la importancia
de estar arraigado e involucrado en una iglesia local. Como
vimos en el versículo anterior, las personas transformadas por
el evangelio de la gracia son celosas de buenas obras. Primero,
permítame establecer que no tiene usted que servir como vo-
luntario en una iglesia local para ser favorecido y amado por
el Señor. Les digo a todas las personas que son voluntarias en
mi iglesia que sirvan por descanso. No es una obligación sino
un privilegio servir en la casa de nuestro Padre. Y servimos no
como siervos con una mentalidad servil, sino como hijos e hijas
con el espíritu de tener condición de hijos.

Cuando usted valora a la persona de Jesús, valora lo que Él
valora. Nuestro Señor valora mucho la iglesia local. Su Palabra
nos dice: "Y considerémonos unos a otros para estimularnos al
amor y a las buenas obras; no dejando de congregarnos, como
algunos tienen por costumbre, sino exhortándonos; y tanto
más, cuanto veis que aquel día se acerca" (Hebreos 10:2–25). La
revolución de la gracia no es una experiencia aislada. Se experimenta mejor en el contexto de una iglesia local donde hay comunión con verdaderos poseedores de nuestro Señor Jesucristo.

Deleitar al Padre

Efesios 1:6 nos dice que por "la gloria de su gracia…nos hizo
aceptos en el Amado". Es su favor inmerecido y que no puede
ganarse como hemos sido hechos aceptos en el Amado: Jesús.
Esto es cierto para cada creyente. Si es usted creyente, entonces

por la gracia de Dios, es aceptado en el Amado. La palabra griega para "acepto" aquí es *charitoo*, que significa "muy favorecido".[5] Nuestro Padre celestial quiere que sepa que es usted *charitoo*, es decir, muy favorecido en el Amado. Joseph Henry Thayer, un erudito estadounidense de la Biblia y muy conocido, explica que *charitoo* también significa "rodear de favor".[6] En otras palabras, estamos *rodeados* de favor. Esta es nuestra posición en Cristo: ¡muy favorecidos y rodeados de favor por la gloria de su gracia!

Permítame ahora mostrarle otra escritura, que dice: "Por tanto procuramos también…serle agradables" (2 Corintios 5:9). Acabamos de establecer que, por la gracia de Dios, somos aceptos en el Amado sin labor. Por tanto, ¿qué significa esta escritura? La palabra "agradables" aquí es la palabra griega *euarestos*, que significa "tener complacencia".[7]

Ahora bien, *euarestos* no se trata de su posición en Cristo. *Euarestos* (en 2 Corintios 5:9) se refiere a algo que usted hace y que causa gran deleite y gozo a su Padre celestial. En Cristo el Amado ya somos muy favorecidos, pero hay cosas que podemos hacer para glorificar y ser más agradables aún a nuestro Padre celestial. Permítame ilustrar lo que quiero decir: nuestros hijos Jessica y Justin son siempre muy favorecidos en mi corazón y el de Wendy. No hay nada que puedan hacer nunca para cambiar esa posición. Es una posición anclada en su identidad como nuestros hijos. Sin embargo, hay veces en que hacen algo especial por nosotros que nos causa gran deleite y toca nuestros corazones. En esos momentos no sólo son favorecidos, sino que también son agradables de manera extra para nosotros. ¿Tienen que hacer esas cosas especiales para ganarse nuestro amor? ¡Claro que no! Ya son amados y muy favorecidos en nuestros corazones. De hecho, su deseo de hacer algo especial por nosotros surge de que tienen confianza en nuestro amor por ellos. Desean agradarnos porque saben lo mucho que ya les queremos.

Es lo mismo en nuestra relación con nuestro Padre celestial. Cuando sabemos lo mucho que somos amados y estamos establecidos en su gracia, queremos hacer buenas obras para agradarle. El apóstol Pablo, que era celoso del evangelio y las buenas obras, dijo: "Pero por la gracia de Dios soy lo que soy; y su gracia no ha sido en vano para conmigo, antes he trabajado más que todos ellos; pero no yo, sino la gracia de Dios conmigo" (1 Corintios 15:10). Pablo, quien tuvo una revelación de la gracia de Dios, no se volvió un cristiano perezoso y pasivo. Por el contrario, trabajaba más duro que todos los apóstoles por causa del evangelio, y atribuyó el éxito de su ministerio a la gracia de Dios en su vida. Eso, amigo, es *euarestos* (buenas obras que agradan a Dios) en acción.

Cuando sabemos lo mucho que somos amados
y estamos establecidos en su gracia, queremos
hacer buenas obras para agradarle.

Todo lo que hagamos debe fluir de la abundante provisión de la gracia de Dios. Nuestras ofrendas tienen que hacerse por su gracia; nuestro servicio tiene que hacerse por su gracia. Cuando su gracia es nuestro deleite, no podemos evitar trabajar más abundantemente y causar deleite al corazón de nuestro Padre. Esta fue la experiencia de Jayden, que vive en Filipinas. Cuando antes batallaba para agradar a Dios, descubrir lo amado y favorecido que es en Cristo le ha convertido en un evangelista alegre e imparable de la bondad y la gracia de Dios:

Todo lo que hagamos debe fluir de la abundante
provisión de la gracia de Dios. Nuestras
ofrendas tienen que hacerse por su gracia.

---

*Solía ser muy consciente de sí mismo y de mi
desempeño. Aunque era cristiano por mucho tiempo y
graduado de la escuela bíblica, sentía que la santidad
estaba muy por encima de mi alcance. Intentaba
ganar el favor de Dios mediante mi rutina diaria de
oración y lectura de la Biblia. Siempre que no reali-
zaba esa rutina me sentía derrotado, malo y culpable.*

*Sin embargo, cuando comencé a ver sus sermones
y leer sus recursos de enseñanza, comencé a ver a
Dios y a mí mismo de una manera nueva. ¡Gloria a
Dios por abrir mis ojos! ¡Él me dio la verdad y me liberó de la ley mediante sus materiales!*

*Ahora, soy consciente de Jesús y sé que soy el
amado de Dios. He sido sanado de artritis, que me
había plagado durante años. El dolor solía ser tan severo que ni siquiera podía sostener la pluma. Ahora
tengo también un peso sano. En lugar de pesar tan
sólo 114 libras (51 kg), ahora peso 141 libras (64 kg).
¡Soy totalmente sano! ¡Aleluya! Cuando mis amigos
me preguntan qué hice, yo simplemente digo: "Descubrí y creí correctamente la gracia de Dios para mí".*

*Cuando pienso en la gracia de Dios, que Jesús
ha pagado mi deuda, no puedo evitar las lágrimas.
La gracia ha sacado de mi vida adicciones, condenación, culpabilidad, pecado y esclavitud a la ley.
Pastor Prince, su mensaje de gracia ha causado un
impacto tan grande en mi vida que no puedo evitar
compartir este mensaje del amor de Dios con mis
amigos. Les digo que este mensaje ha producido no
esclavitud sino libertad en mi vida.*

*Hoy, oro para que la iglesia sea llena de personas
conscientes de la gracia que influencien el mundo.*

> *Va a haber una revolución de la gracia, ¡y vamos a predicarlo! Dios bendiga a usted y a su familia.*

Mi querido amigo, ¡esta es la revolución de la gracia de la que hemos estado hablando en este libro! Es una revolución que comienza desde el interior y fluye hacia el exterior. Cuando un creyente está establecido en lo *charitoo* (amado, muy favorecido) que es en Cristo, su respuesta exterior es acciones *euarestos* (agradable). No puede evitarlo; está internamente motivado para hacer cosas que glorifican al Señor y le causan gran deleite.

Quienes han sido transformados por el evangelio de la gracia desde dentro hacia fuera y tienen una revelación de *charitoo*, lo profundamente amados, favorecidos y muy bendecidos que son en Cristo, tienen deseos de ser *euarestos* (agradables a Dios) en sus vidas cotidianas. No sólo son libres de la esclavitud del legalismo y el pecado, sino que también desean causar gran gozo, honor y deleite al Padre celestial con buenas obras.

Anclado en el amor del Padre

La Biblia nos dice: "Hijos, obedeced a vuestros padres en todo, porque esto agrada al Señor" (Colosenses 3:20). La palabra "agrada" aquí es *euarestos*. Hijos, cuando obedecen a sus padres, es agradable al Señor. Nunca perderá usted su posición en Cristo, pero su obediencia a su Palabra le causa gran deleite. Mi hija Jessica nunca perderá su posición de ser muy favorecida por mí; nunca perderá ese lugar de cercanía conmigo. Incluso cuando se equivoca o comete un error, ella nunca, nunca, *nunca* perderá ese lugar de cercanía conmigo. De hecho, ese es el momento en que más me necesita.

Las enseñanzas religiosas le dicen que cuando comete un error, Dios está decepcionado y enojado con usted. ¿Hacen tales enseñanzas que usted quiera acercarse a su Padre celestial, o alejarse más de Él? Hay personas que no pueden creer que somos siempre amados y favorecidos por el Padre. Se preguntan: "Cuando fallamos, ¿no está Dios decepcionado con nosotros? ¿No nos retirará su amor?".

Mi querido amigo, cuando el padre vio que el hijo pródigo regresaba a casa, antes de que su hijo pudiera pronunciar una sola sílaba para confesar su error el padre corrió hacia su hijo con todas sus fuerzas, lo abrazó, lo vistió, y puso un anillo en su dedo, le dio calzado nuevo y organizó la mayor fiesta de la ciudad para celebrar su regreso. ¿Le parece eso un padre que estaba decepcionado y le retiraba el amor a su hijo?

Ahora tome un momento para pensar en esto. Si el hijo pródigo hubiera creído que su padre era duro, crítico, enojado y estaba decepcionado con él, ¿habría considerado regresar a su casa? ¡Claro que no! Según la ley de Moisés, el padre tenía derecho legal a hacer que el hijo pródigo fuera apedreado hasta morir (véase Deuteronomio 21:18–21). Si el hijo hubiera pensado que su padre era crítico y seguro que le castigaría con la ley de Moisés, nunca había pensado en regresar a casa. De hecho, ¡habría salido corriendo en la dirección contraria!

Dios quiere que cada persona corra hacia Él, no lejos de Él. Yo creo que esa es la razón de que Dios esté causando que esta revolución de la gracia barra todo el mundo. Vamos, hablemos al mundo sobre el Padre amoroso, amable y sonriente que corre hacia aquellos que han fallado. Digamos al mundo que deje de alejarse de Él y que corra A Él porque Él está esperando. Espera abrazarlos; espera restaurarles todo lo que han perdido, y más; espera derramar sobre ellos su amor sin reservas ni condiciones. No está enojado o decepcionado con ellos, y no les echará en cara sus errores (véase 2 Corintios 5:19). ¡Mil veces no! ¡Digámosle al mundo que ahora es el momento de que regresen a casa al amor del Padre!

CAPÍTULO 15

AME LA VIDA Y VEA DÍAS BUENOS

En este capítulo quiero que vea que sus palabras son poderosas. Lo que usted declara sobre sí mismo puede cambiar su vida. Permítame que lleve su atención a una escritura importante en el Nuevo Testamento, en la cual el apóstol Pedro cita un salmo de David, diciendo: "Porque: El que quiere amar la vida y ver días buenos, refrene su lengua de mal, y sus labios no hablen engaño" (1 Pedro 3:10).

La Palabra de Dios es hermosamente clara. Si usted desea amar la vida y ver días buenos, lo único que necesita hacer es refrenar su lengua del hablar mal. Parece sencillo. De hecho, puede incluso argumentar que es *demasiado* sencillo. ¿Cuántos de nosotros creemos verdaderamente que nuestra lengua tiene mucha influencia y poder sobre nuestro futuro, incluso sobre nuestra vida cotidiana?

Nuestra lengua tiene mucha influencia y poder sobre nuestro futuro, incluso sobre nuestra vida cotidiana.

La lengua parece diminuta e insignificante comparada con el resto de nuestro cuerpo. ¿Cómo puede un órgano pequeño, que no tiene ningún sostén óseo, tener un efecto tan directo y pronunciado en nuestro futuro? Sin embargo, la Biblia nos recuerda que no despreciemos la lengua simplemente porque sea pequeña, y la compara con el timón de un barco muy grande para ayudarnos a apreciar el poder que tienen nuestras palabras: "Mirad también las naves; aunque tan grandes, y llevadas de impetuosos vientos, son gobernadas con un muy pequeño timón por donde el que las gobierna quiere. Así también la lengua es un miembro pequeño, pero se jacta de grandes cosas" (Santiago 3:4–5). En el libro de Proverbios, Salomón también declara: "La muerte y la vida están en poder de la lengua, y el que la ama comerá de sus frutos" (Proverbios 18:21). ¡Es evidente que Dios no quiere que usted subestime el poder de sus palabras!

Dios quiere que vea y experimente muchos días buenos. Efesios 6:13 dice: "Por tanto, tomad toda la armadura de Dios, para que podáis resistir en el día malo, y habiendo acabado todo, estar firmes". Observemos que la Biblia habla sobre un *día* malo, es singular, pero *días* buenos, ¡en plural! Todos sabemos lo que es un día malo. Es un día en que cualquier cosa que pueda salir mal, sale mal. Se despierta usted en la mañana y tiene un terrible dolor de cabeza. Su hijo tiene un fuerte resfriado, su auto no arranca, y comete un gran error en el trabajo. ¿Ha estado alguna vez ahí? Y un día malo no es necesariamente un día de 24 horas; también puede ser un periodo difícil y desafiante. Pero tengo buenas noticias para usted: no tiene que ser un periodo largo. Es un día malo contrariamente a muchos días buenos. ¡Amén! Creamos a Dios juntos para tener muchos días buenos. Lo único que Dios quiere que recordemos para ver muchos días buenos es que refrenemos nuestra lengua de hablar el mal. Así de poderosas son nuestras palabras.

Lo único que Dios quiere que recordemos para ver muchos días buenos es que refrenemos nuestra lengua de hablar el mal.

La revolución de la gracia en acción

Ahora demos un paso atrás para examinar el contexto bíblico de 1 Pedro 3:10:

> *Finalmente, sed todos de un mismo sentir, compasivos, amándoos fraternalmente, misericordiosos, amigables; no devolviendo mal por mal, ni maldición por maldición, sino por el contrario, bendiciendo, sabiendo que fuisteis llamados para que heredaseis bendición. Porque: El que quiere amar la vida y ver días buenos, refrene su lengua de mal, y sus labios no hablen engaño.*
>
> *—1 Pedro 3:8–10*

Observemos que Pedro citó el versículo en el contexto de nuestra relación con las personas. Al igual que ha sido usted transformado por el evangelio de la gracia, Dios quiere también transformar sus relaciones con las personas. Esas personas serían su cónyuge, hijos, padres, familiares, amigos, colegas, jefes, asociados de negocios, ¡y cualquier otra persona con la que esté usted en contacto!

Creo que las personas que han sido tocadas por la gracia de Dios son portadoras de su espíritu de humildad y misericordia. No somos personas que devuelven mal por mal, venganza por venganza. Somos personas llamadas a ser una bendición dondequiera que vamos. Esa es la revolución de la gracia en acción. Nuestro Señor Jesús primero transforma su relación con Dios desde dentro hacia fuera, y esa gracia que usted ha experimentado rebosa sus relaciones terrenales como si fuera una inmensa ola.

*Somos personas llamadas a ser una
bendición dondequiera que vamos. Esa es
la revolución de la gracia en acción.*

Use sus palabras para bendecir, restaurar y sanar

Permítame mostrarle algo muy interesante. La palabra griega
original para "bendiciendo" en 1 Pedro 3:9 es *eulogeo*, que significa "hablar bien de",[1] y de ahí obtenemos la palabra *elogio*.
¡Esa es la clave para declarar una bendición! ¡Cada vez que
usted habla bien de algo, está bendiciendo eso y siendo una
bendición!

Por tanto, hable bien de su matrimonio, sus hijos, su familia
y sus amigos. Así es como bendice y se convierte en una bendición dondequiera que va. Bendiga también su cuerpo hablando
bien de él; ¡no siga diciendo que está envejeciendo! Hable bien
también de su relación con el Señor. Llámese a usted mismo el
amado del Señor. Declare su protección, favor y justicia sobre
usted y sus seres queridos, y comience a experimentar sus bendiciones como nunca antes. Cada vez que usted declara las bendiciones de Dios sobre su vida, está tomando posesión de su
lugar bendito en Cristo.

*Hable bien de su matrimonio, sus hijos, su familia
y sus amigos. Así es como bendice y se convierte
en una bendición dondequiera que va.*

Nuestro Señor creía en el poder y la autoridad de su Palabra.
Él habló a los demonios y ellos se fueron. Habló a la higuera y se
secó. Habló a los vientos y las olas y se calmaron. Habló a cuerpos

enfermos y fueron sanados. La mayoría de nosotros utilizamos nuestro intelecto y lógica "sofisticados", y creemos que somos "demasiado inteligentes" para hablar a árboles, tormentas y enfermedades. Algunos puede que digan: "Pastor Prince, todo esto de hablar a objetos inanimados y enfermedades me parece una *necedad*". Bueno, ¿sabe qué? La Biblia nos dice que "lo necio del mundo escogió Dios, para avergonzar a los sabios" (1 Corintios 1:27). Yo prefiero ser necio y estar sano en Cristo, que ser realmente "inteligente" y morir de una enfermedad. ¡Amén! Pero yo y mi casa seguiremos el camino del Señor.

Nuestro Señor creía en el poder y la autoridad de su Palabra. Él habló a los demonios y ellos se fueron. Habló a la higuera y se secó. Habló a los vientos y las olas y se calmaron. Habló a cuerpos enfermos y fueron sanados.

Jesús enseñó a sus discípulos a hablar a sus montañas (véase Marcos 11:23). ¿Siente un dolor en su cuerpo? Hable a ese dolor y diga: "Dolor, vete en el nombre de Jesús". Si se le está cayendo el cabello, háblele y diga: "Cabello, sé fructífero y multiplícate el nombre de Jesús". ¡Comience en alguna parte! Si tiene un grano en la nariz, comience ahí y diga: "Grano, ¡sé eliminado en el nombre de Jesús!".

Pastor Prince, ¿quiere decir que Dios se interesa por mi cabello y mis granos?

Amigo, Dios se interesa por usted. Y eso significa que se interesa por lo que a usted le interesa. Su Palabra nos alienta a echar "*toda* vuestra ansiedad sobre él, porque él tiene cuidado de vosotros" (1 Pedro 5:7, énfasis del autor). Otro versículo nos dice: "No se preocupen por nada; en cambio, oren por todo. Díganle a Dios lo que necesitan y denle gracias por todo lo que él ha hecho. Así experimentarán la paz de Dios, que supera todo lo que podemos entender. La paz de Dios cuidará su corazón y su mente mientras vivan en Cristo Jesús" (Filipenses 4:6-7, NTV).

Cambie sus palabras y cambie su vida

¿Sabe qué es lo contrario de hablar bien? Es maldecir. Cuando nuestro Señor maldijo la higuera, ¿qué dijo? ¿Dijo: "te maldigo, higuera"? No, simplemente dijo: "Nunca jamás coma nadie fruto de ti" (Marcos 11:14).

Y al día siguiente, cuando pasaron otra vez al lado de la higuera, Pedro dijo: "Maestro, mira, la higuera que *maldijiste* se ha secado" (Marcos 11:21, énfasis del autor).

Jesús nunca utilizó la palabra *maldecir* cuando habló a la higuera, pero tampoco corrigió a Pedro por utilizar la palabra *maldijiste*. ¿Por qué? Porque Pedro tenía razón. Aunque Jesús no utilizó la palabra *maldecir*, las palabras negativas que declaró eran equiparables a una maldición. ¡Oh, espero que entienda eso! Muchas veces las personas no se dan cuenta de que inconscientemente se están maldiciendo a sí mismas y a las personas que les rodean con el flujo constante de palabras negativas que declaran sobre sí mismas y sobre otros. Palabras de derrota, enojo, amargura y queja son tóxicas. Cambie sus palabras, y cambie su vida. ¡Elimine las palabras negativas en su vida y sustitúyalas por las palabras de la gracia, el poder y el amor de Dios!

Palabras de derrota, enojo, amargura y queja son tóxicas. Cambie sus palabras, y cambie su vida.

Podemos aprender otra verdad de la situación donde el Señor maldijo la higuera. Cuando Él habló a la higuera, nada inmediatamente visible le sucedió al árbol. En otras palabras, no se secó al instante. Cuando regresaron al día siguiente fue cuando sus discípulos observaron que la higuera se había secado. Eso fue porque cuando nuestro Señor habló a la higuera, primero se secó por las raíces antes de que la muerte llegara a las hojas. Por tanto, no se desaliente cuando hable a su desafío y parezca que no está sucediendo nada. Crea que está hablando directamente a la raíz del problema, ¡y que la manifestación externa de su fe está de camino!

Recibí este maravilloso testimonio de Lorraine, que reside en Darby, Inglaterra. Muestra el poder de orar o de declarar, y cómo el cambio comienza desde el primer día que usted habla:

> *Mi hijo y su esposa llevan diez años casados, e intentaban desesperadamente tener un hijo, sin éxito alguno. Hace seis años comenzaron a someterse a tratamientos de fertilización in vitro (FIV) y han tenido al menos siete tratamientos sin éxito.*
>
> *El marzo pasado, mi hermana me dio un ejemplar de su devocional, y la entrada para el 19 de marzo hablaba de reclamar la sangre del Cordero de Dios sobre todo lo que es nuestro y de nuestras familias. El versículo en el devocional era Éxodo 12:13: "y veré la sangre y pasaré de vosotros, y no habrá en vosotros plaga de mortandad cuando hiera la tierra de Egipto". Y usted compartió que lo que no pudieron hacer las nueve plagas, lo hizo la sangre.*
>
> *Me emocioné cuando leí eso. Por tanto, oré por mi hijo y por mi nuera, rogando la sangre de Jesús sobre su situación, y estaba muy emocionada porque sabía que algo había sucedido en el ámbito espiritual.*
>
> *Mi hijo y su esposa han estado viviendo en el extranjero durante los últimos cuatro años, y cada domingo en la mañana llamaban a casa. Unas semanas*

después de haber orado, mi hijo llamó para decir que su esposa estaba embarazada. Yo le dije que no me sorprendía, ya que había orado por los dos recientemente. Por tanto, lo que seis años de tratamiento médico no pudieron hacer, ¡la sangre de Jesús lo hizo! Todos lo celebramos, y estábamos muy emocionados porque ella estuviera embarazada después de todos esos años.

Algunos domingos después, nuestro hijo llamó para decir que estaba embarazada exactamente de ocho semanas. Y habían pasado exactamente ocho semanas desde el día en que yo oré. ¡Aleluya!

¿No es un testimonio increíble? En cualquier cosa por la cual pueda estar creyendo a Dios, quiero alentarle a que abra su boca para declarar su Palabra. ¡Ore a su Abba y proclame la sangre de nuestro Señor Jesús sobre su situación! La presencia de sangre significa que ya ha habido una muerte; significa que ya se ha realizado un pago. Hoy, usted y yo, creyentes de nuestro Señor Jesucristo, podemos estar firmes sobre el fundamento inconmovible de las promesas de Dios, ¡porque ya ha habido una muerte! El Cordero de Dios fue sacrificado en el Calvario y su sangre está en los dinteles de nuestras vidas. Por tanto, ninguna plaga, ni muerte, ni castigo, ni daño, ni peligro ni maldad pueden acercarse a nuestra morada, porque el pago completo por nuestros pecados ya ha sido hecho por nuestro Señor Jesús. Qué maravillosa seguridad y paz podemos tener hoy, ¡todo ello debido a la obra completa y eficaz de Jesús!

En cualquier cosa por la cual pueda estar creyendo a Dios, abra su boca para declarar su Palabra.

Lo nuevo y lo viejo

Tomemos un momento para examinar lo que dice el apóstol Pablo sobre el poder de declarar en el nuevo pacto de la gracia:

> *Porque el fin de la ley es Cristo, para justicia a todo aquel que cree. Porque de la justicia que es por la ley Moisés escribe así: El hombre que haga estas cosas, vivirá por ellas. Pero la justicia que es por la fe dice así... Cerca de ti está la palabra, en tu boca y en tu corazón. Esta es la palabra de fe que predicamos: que si confesares con tu boca que Jesús es el Señor, y creyeres en tu corazón que Dios le levantó de los muertos, serás salvo. Porque con el corazón se cree para justicia, pero con la boca se confiesa para salvación.*
> —Romanos 10:4–6, 8–10

En este pasaje vemos la comparación y el contraste entre el viejo y el nuevo pacto. Cristo es el fin de la ley. La palabra griega para "fin" es *telos*, que significa "terminación, el límite en el cual una cosa deja de ser".[2] En otras palabras, Cristo es la terminación y conclusión del viejo pacto de la ley. Cristo es la terminación del viejo pacto que está basado en las obras del hombre para lograr justificación. Cristo también marca el principio del nuevo pacto de la gracia, donde el hombre es justificado al creer. ¿Ve las diferencias que el apóstol Pablo destacó claramente para nosotros? Nuevo pacto y viejo pacto. Fe y obras. El don de la justicia y la justificación por obras. Creer y trabajar. Declarar y hacer.

Es vital que reconozca las diferencias entre los dos pactos. No pueden mezclarse. En la actualidad Dios trata con nosotros según el nuevo pacto. Algunas personas creen erróneamente que debido a que yo predico sobre el nuevo pacto, tengo algo en contra de las leyes del viejo pacto. La verdad es que tengo el máximo respeto por las leyes sagradas de Dios; y nunca he dicho que hubiera nada de malo en la ley. Pero el asunto aquí es el pacto. ¿Cuál está en efecto hoy y cómo somos justificados hoy? ¡Esa es la cuestión! ¿Somos hechos justos por nuestras obras cumpliendo la ley? ¿O somos hechos justos por la gracia creyendo en nuestro Señor Jesucristo? La respuesta está totalmente clara. Cristo es el fin de la ley y somos justificados hoy creyendo en nuestro Señor Jesucristo.

Cristo es el fin de la ley y somos justificados hoy creyendo en nuestro Señor Jesucristo.

Mire, el nuevo pacto se trata de *creer* correctamente, mientras que el viejo pacto se trataba de *hacer* correctamente. El nuevo pacto se trata del poder de *hablar* bien, mientras que el viejo pacto se trataba del poder de *obrar* bien. Yo creo en el poder de creer correctamente. Cuando una persona cree correctamente, vivirá correctamente. Cuando una persona cree que es justificada por la sangre de Jesucristo, será transformada interiormente para vivir correctamente, y el espíritu de piedad será evidente en su vida.

No sólo estará cumpliendo externamente la letra de la ley. Una persona puede cumplir la ley exteriormente por temor al castigo, pero su corazón puede seguir estando lleno de idolatría, avaricia y pensamientos adúlteros. No se trata de eso la revolución de la gracia. La revolución de la gracia se trata de transformación de dentro hacia fuera. Se trata de un corazón emancipado por la gracia. Una persona transformada por la gracia no sólo cumple la ley de Dios externamente, sino que también su corazón está lleno de Jesús. Rebosa de generosidad, es apasionado por su cónyuge, y es celoso de buenas obras y de la gloria de su Salvador Jesucristo. ¿Ve la diferencia? Es como el día y la noche.

Sus palabras tienen poder. La Biblia dice que la palabra de fe está cerca de usted, "en tu boca y en tu corazón" (Romanos 10:8). Observe que primero está en su boca, y después cae hasta su corazón. Cuando usted declara palabras, lo que dice finalmente llegará a su corazón, y lo que está en su corazón le guiará. La ley se caracteriza por *hacer*; la fe se caracteriza aquí por *declarar*. Por tanto, cuando esté usted enfermo, declare bien sobre usted mismo, diciendo: "Señor Jesús, te doy gracias porque por tus llagas soy sanado".

La fe es liberada al hablar

Es importante que bajo el nuevo pacto usted no está trabajando por su propia justificación a fin de ser sanado y bendecido. Moisés dice esto de la justicia que es por la ley: "El hombre que haga estas cosas, vivirá por ellas" (Romanos 10:5). El enfoque está en *hacer*. ¿Y qué acerca de la justicia que es del nuevo pacto? Según Romanos 10:6: "la justicia que es por la fe dice". El enfoque está en *decir*. Por tanto, ¡hable! ¡Abra su boca y hable! La fe (creer) es liberada al hablar.

La justicia de la ley hace, pero la justicia de la fe dice (véase Romanos 10:5–6). Usted y yo somos hechos a imagen de Dios, quien, cuando las cosas estaban muy oscuras al principio de la creación, no dijo: "¡Vaya, está terriblemente oscuro aquí!". Si Dios hubiera dicho eso, ¡habría estado aún más oscuro! No, Dios declaró lo que quería ver. Quería ver la luz, y dijo: "Sea la luz; y fue la luz. Y vio Dios que la luz era buena" (Génesis 1:3–4). Dios vio que era buena *después* de declararla. ¿Quiere usted amar la vida y ver días buenos? Entonces comience a declararlo antes incluso de verlo.

¿Quiere usted amar la vida y ver días buenos? Entonces comience a declararlo antes incluso de verlo.

Cuando Dios vio la oscuridad, no habló de la oscuridad; no habló de lo que veía. No, Él declaró lo que quería ver. Cuando Abram aún no tenía ningún hijo, Dios cambió su nombre a Abraham, que significa "padre de muchas naciones" (véase Génesis 17:5). Cuando el hombre que tenía la mano seca se encontró con nuestro Señor Jesús, Jesús declaró la palabra, pidiendo al hombre que estirara su mano, y el hombre quedó completamente sano (véase Mateo 12:10–13). De modo similar, cuando nuestro Señor se encontró con el hombre que había tenido una enfermedad durante treinta y ocho años, le dijo: "Levántate, toma tu lecho, y anda". Y la Biblia registra para nosotros que "al instante aquel hombre fue sanado, y tomó su lecho, y anduvo" (véase Juan 5:5–9).

Con los ojos físicos, el hombre veía a Abram como estéril, al hombre de la mano seca, un inválido, y al hombre en el estanque de Betesda como un caso sin esperanza. ¡Pero nuestro Señor vio y habló de modo distinto! Servimos a un Dios que "da vida a los muertos, y llama las cosas que no son, como si fuesen" (Romanos 4:17). ¡Él dio vida a los muertos trajo a existencia cosas que no existían con sus palabras declaradas!

Declare lo que quiere ver

En el nuevo pacto, Dios quiere que volvamos a creer y a declarar. No estoy negando que la oscuridad, que la esterilidad, la enfermedad o el mal que puede usted tener delante está ahí. Le estoy pidiendo que declare por la fe lo que quiere ver. Mientras Dios vio la oscuridad, en lugar de declarar lo que veía, dijo lo que quería ver. Por tanto, la pregunta que debe usted hacerse es la siguiente: ¿qué quiere ver en su vida? ¿qué quiere ver en su cuerpo, su matrimonio, sus hijos, su familia, su casa y su lugar de trabajo? Escuche con atención: no le estoy preguntando lo que *ve actualmente*. Le estoy preguntando lo que *quiere ver*.

Es desafortunado que el enemigo haya tenido éxito al engañar a muchas personas para que hablen negativamente, con frecuencia con amargura y falta de perdón, sobre sus propias vidas y las vidas de quienes les rodean. Hace algunos años, un pastor a quien el Señor había utilizado poderosamente para hacer milagros de sanidad compartió conmigo algo que hace pensar. Él observó que personas que habían sido completamente sanadas eran susceptibles a desarrollar de nuevo la misma enfermedad cuando albergaban amargura y enojo contra otra persona en sus corazones.

Hay un proverbio que dice: "La paz en el corazón da salud al cuerpo; los celos son como cáncer en los huesos" (Proverbios 14:30, NTV). Albergar amargura contra alguien es como si bebiera usted un veneno mortal y esperara que la otra persona muriera. No vale la pena, mi querido lector. Se está matando a usted mismo lentamente. No estoy diciendo que la injusticia que otra persona haya infligido sobre usted sea aceptable o poco importante. Lo que estoy diciendo es que hoy usted puede escoger la vida y soltar ese enojo en su corazón. Libere a esa persona, y lo más importante, libérese a usted mismo. Bendiga a esa persona. Escoja amar la vida y vea muchos días buenos.

Bendiga a esa persona. Escoja amar la vida y vea muchos días buenos.

Pero pastor Prince, usted no lo entiende. ¡Esa persona no se merece mi perdón!

Precisamente por eso. El perdón es para aquellos que no

lo merecen. De eso se trata la gracia. Recuerde lo que dice la Palabra: no devuelva mal por mal, venganza por venganza (véase 1 Pedro 3:9). En cambio, tenga un espíritu de gracia y bendiga a quienes les maldicen. Bendígalos y libérese a usted mismo para amar la vida y ver muchos días buenos. ¡Amén!

La triste realidad es que el enemigo ha programado exitosamente muerte en el lenguaje humano. Oímos expresiones casuales en nuestras conversaciones diarias como: "Ese vestido está *de muerte*", o "Me *muero* por ese pedazo de tarta de queso". Vamos, cambiemos nuestro vocabulario y saturémoslo de vida. En lugar de morir, ¡estemos viviendo por algo!

Me gusta la salutación que utilizan los judíos cuando proponen un brindis. Ellos dicen: "*L'chaim*", que significa "¡por la vida!".[3] No esté preocupado con lo que es oscuro y mortal; ¡celebre la vida abundante que nuestro Señor vino a darnos! *La muerte y la vida están en pode de la lengua, y el que la ama comerá de sus frutos.* Ame la vida y vea días buenos. Comience refrenando sus labios de hablar mal y comience a llenar su boca de las buenas nuevas de todas las cosas maravillosas que el Señor ha hecho y seguirá haciendo en su vida. Cuando cambie sus palabras, cambiará su vida. ¡*L'chaim!*

CAPÍTULO 16

EL PODER DE LA IDENTIDAD

Leí la historia de un hombre de negocios en la ciudad de Nueva York que se apresuraba para subirse al tren subterráneo de camino al trabajo una mañana de mucho viento. Con el rabillo del ojo vio a un mendigo con un bote de plumas en las manos sentado en la plataforma. Sin pensar demasiado en ello, rápidamente sacó algo de dinero de su cartera y dejó caer los billetes en el plato del mendigo antes de subirse al tren.

Justamente antes de que cerraran las puertas del tren, el hombre de negocios saltó y regresó a la plataforma y agarró varias plumas del bote del mendigo. Se disculpó ante el mendigo, explicando que, en su prisa, había descuidado agarrar las plumas que acababa de comprar. "Después de todo", le dijo sonriendo, "usted es un hombre de negocios como yo. Usted tiene producto que vender a un precio justo". Después de eso, el hombre de negocios se subió al siguiente tren y siguió adelante con su día.

En un evento social varios meses después, un vendedor bien vestido se acercó a este hombre de negocios y se presentó. "Probablemente no me recuerde, y no sé cuál es su nombre", le dijo, "pero yo nunca le olvidaré. Usted es el hombre que me devolvió la autoestima. Yo era un 'mendigo' que vendía plumas hasta que usted pasó por mi lado y me dijo que yo era un hombre de negocios".[1]

Comparto esta historia para señalarle el poder de la identidad. El hombre de negocios le dio a ese mendigo un sentimiento renovado de significado e identidad simplemente al declarar sobre él y llamar un potencial latente que estaba en él. Al llamar a aquel mendigo hombre de negocios, despertó en él un sentimiento renovado de valía, dignidad e importancia. Las palabras dieron al mendigo una nueva perspectiva; y le dieron una nueva creencia y visión que le impulsaron a salir de la mentira de que mendigo era lo único que él podía ser.

Un caso de identidad errónea

Podemos trazar muchos paralelismos en esta historia para los creyentes de nuestro Señor Jesús. Creo que muchos que batallan con el pecado, las adicciones y ataduras destructivas no tienen la revelación de su identidad del nuevo pacto en Cristo. Cuando usted ve a un creyente batallando con el pecado, con frecuencia se debe a un caso de identidad errónea. La mejor manera de ayudarle es señalarle de nuevo hacia su justicia en Cristo, como hizo el apóstol Pablo con quienes en la iglesia corintia habían caído en pecado. Pablo no señaló a esos creyentes de regreso a la ley de Moisés. Lo único que hizo fue recordarles quiénes eran verdaderamente.

Cuando usted ve a un creyente batallando con el pecado, con frecuencia se debe a un caso de identidad errónea. La mejor manera de ayudarle es señalarle de nuevo hacia su justicia en Cristo.

La Biblia registra que el apóstol les dijo: "*¿No sabéis* que vuestros cuerpos son miembros de Cristo?…*¿O ignoráis* que vuestro cuerpo es templo del Espíritu Santo, el cual está en vosotros, el cual tenéis de Dios, y que no sois vuestros? Porque habéis sido comprados por precio; glorificad, pues, a Dios en vuestro cuerpo y en vuestro espíritu, los cuales son de Dios"

(1 Corintios 6:15, 19–20, énfasis del autor). Pablo sabía que si les recordaba su identidad de justicia de Cristo, se arrepentirían. Regresarían a la gracia y se alejarían de sus pecados cuando les recordara su valor según el alto precio que Cristo había pagado en la cruz para rescatarlos.

Le aliento a que utilice el método del apóstol Pablo para alentar y levantar a creyentes que usted sabe que están batallando con el pecado. Indíqueles de nuevo su identidad en Cristo. Ellos probablemente no saben, o han olvidado, que han sido hechos la justicia de Dios mediante la sangre de Cristo. Debido a esto, al igual que el mendigo en la historia, están viviendo una vida de derrota; viven muy por debajo del elevado lugar al que Dios les ha llamado. Los creyentes en Cristo están llamados a ser cabeza y no cola, a estar encima y no debajo, ¡a reinar sobre el pecado y no ser derrotados por el pecado!

Justos en Cristo

Quiero compartir este conmovedor testimonio de Melissa, una señora de Texas. Creo que será usted muy bendecido e inspirado por el viaje que ella ha realizado para descubrir su verdadera identidad en Cristo:

> *Desde temprana edad, siempre sentí que no valía nada. Mi madre, que constantemente se peleaba con mi padre cuando yo era pequeña, no dejaba de decirme que yo no era nadie, como mi papá, que al igual que mi papá, no llegaría a nada. Este sentimiento de inutilidad permaneció conmigo y se hizo más fuerte cuando fui acosada sexualmente de niña. Me culpaba a mí misma de que sucediera; de que me sucediera a mí, porque realmente yo era indigna y no valía nada.*
>
> *Al crecer sin tener el amor de mi padre, me volví*

desesperada por encontrar y aferrarme a lo que yo pensaba que era amor. Terminé teniendo muchas relaciones y parejas. Tenía mucho miedo a dejarlas. Sentía que las necesitaba a mi lado porque tenía mucho miedo a estar sola.

Todas esas cosas finalmente me llevaron a vivir un estilo de vida destructivo de pecado en el cual era profundamente infeliz. Yo sabía que me estaba destruyendo desde dentro, pero no sabía cómo detenerlo. Me sentía confusa, perdida y vacía todo el tiempo. No pensaba en acudir a Dios y a la iglesia porque personas a las que conocía me decían: "Vas a irte al infierno debido tus decisiones y a tu forma de vida. Dios está enojado contigo. Está asqueado contigo y no te va a bendecir".

Debido a que eso era lo que escuchaba constantemente, eso creía sobre Dios, y pensaba que no había manera alguna de que pudiera acudir a Él. Por fortuna, me encontré con su programa de televisión una noche cuando estaba cambiando de canales. Vi a ese predicador asiático en televisión predicando y realmente quería cambiar de canal cuando algo en mi interior me dijo: "Escucha de lo que él está hablando".

Estoy muy contenta de haberlo hecho, porque usted hablaba acerca de la obra terminada de Jesús en la cruz, que Jesús nos ama, y lo mucho que me ama tal como soy. Descubrí que no podía dejar de escuchar el sermón. Fue el comienzo de mi descubrimiento de que Dios dio lo mejor, a su Hijo Jesús, por mí, para que yo pudiera tener una relación con Él como mi Papá Dios y acudir a su presencia sin temor o vergüenza.

Al final del sermón, usted nos invitó a orar y pedir

*a Dios que entrara en nuestra vida si nunca antes lo
habíamos hecho. Yo hice esa oración y le dije a Dios:
"Te necesito y necesito tu ayuda. No sé cómo cambiar
en qué me he convertido, pero sé que tú me ayudarás.
Solamente tú puedes ayudarme a salir de este estilo
de vida, de las drogas, el alcohol, y de tener tantas
parejas diferentes. Hay una relación de la que necesito salir en este momento, pero no sé cómo hacerlo.
Soy muy infeliz. Tiene que haber más en la vida que
el tipo de vida que estoy viviendo".*

*Mientras oraba, sentí que el amor de Jesús me
inundaba, y toda la amargura, confusión, infelicidad
y dolor en mi vida se derritieron, como a usted le
gusta decir, "como mantequilla". No puedo expli-
carlo. El dolor, la frustración y el vacío que me carco-
mían se fueron, y por primera vez entró un gozo que
no podía explicar.*

*Al día siguiente, Dios abrió puertas para que yo
pudiera salir de la mala relación en la que estaba,
sin esfuerzo y sin amargura por ambas partes. Desde
aquel momento, han sucedido muchas cosas increíbles y muchas bendiciones. Mi relación con mi madre
ha sido restaurada. Al experimentar el amor de Jesús
por mí, he podido perdonar a mi madre por las veces
en que me sentí herida y rechazada por ella, y he llegado a quererla genuinamente. También he sido de
capaz de perdonar a otros familiares que me habían
dicho que yo no valía nada y que no querían tener
que ver nada conmigo.*

*Todo es muy distinto ahora. Hoy, me despierto
y digo: "Gracias, Jesús, por tu provisión de gracia
para mí. Gracias por todas tus bendiciones. Gracias*

porque ya has hecho todo por mí. Tú me mantendrás en el camino por donde quieres que vaya".

Sé que Jesús me ama y tiene grandes planes para mí. Veo su favor en mi vida. Mis jefes me dicen: "Haces un buen trabajo, y siempre estás sonriendo". Personas con las que me encuentro me dicen: "Aparentas menos edad de la que tienes". Yo les digo que todo se debe a Cristo en mí.

Ahora, cuando me asusto un poco por cosas o situaciones en mi vida, recuerdo echar todas mis ansiedades sobre Dios. Conecto mi iPod y escucho sus sermones. Aunque son sermones que he oído antes, sigo sacando cosas nuevas de ellos. Veré la belleza y el amor de Jesús una vez más y sentiré su reposo y su paz sobre mí. Y cuando cometo un error, digo: "Gracias, Jesús, porque me sigues amando incluso cuando cometo un error. Sigo siendo perdonada; mis pecados pasados, presentes y futuros son perdonados". Eso me da fortaleza para dejar atrás ese error y seguir adelante.

Incluso cuando doy una curva equivocada, Él siempre encuentra una manera de hacerme regresar. Y siempre que estoy en una situación negativa, Jesús me dice que va a salir bien porque Él está ahí y está obrando en ello.

A veces regresan pensamientos de mi pasado, pero he aprendido a decir: "Soy una nueva creación. Soy la justicia de Dios en Cristo. No se trata de lo que yo he hecho sino de lo que Jesús ha hecho". De modo sorprendente, las tentaciones que me agarraban en el pasado han perdido toda su fuerza. Siento como si nunca hubiera vivido un estilo de vida destructivo antes. Mi vida testifica que Papá Dios ama y salva. Lo más importante, el cambio ha sido sin esfuerzo;

> *todo por la gracia de Jesús. No ha tenido nada que*
> *ver con mi fuerza de voluntad sino con el poder di-*
> *vino de Cristo obrando en mí. Gracias, pastor Prince,*
> *por revelarme la belleza y el amor de Jesús. ¡Me*
> *siento muy amada por Él y muy agradecida por su*
> *obra terminada en la cruz!*

Melissa, gracias, por tomar el tiempo para compartir el precioso viaje que ha emprendido con nuestro Señor Jesús. Realmente me bendice escuchar cómo ha descubierto su identidad de justicia en Cristo, y cómo eso le ha llevado a experimentar muchas victorias en su vida. Estoy muy orgulloso de usted y muy emocionado por todas las cosas que nuestro Padre celestial tiene preparadas para su futuro. ¡No tengo duda alguna de que su testimonio inspirará a muchas personas a descubrir el poder de su identidad de justicia en Cristo!

¿Qué está oyendo usted?

Mi querido lector, creo que también usted ha sido muy bendecido y alentado por el testimonio de Melissa. Algunos de ustedes quizá puedan identificarse con ella respecto a las personas que le rodeaban y que no dejaban de decirle que no era nadie y que no llegaría a nada. Esas son las mentiras que el enemigo quiere que usted crea. Seguirá diciéndole esas mentiras y rodeándole de personas que reforzarán esas mentiras en su mente hasta que usted crea que verdaderamente es un indigno don nadie. ¿Por qué? Porque cuando usted comienza a crecer aunque sea ligeramente que esas personas podrían tener razón, comenzará a comportarse como si fuera un don nadie indigno y sin valor. Ese es el poder negativo de creer incorrectamente.

Por desgracia, eso fue exactamente lo que le sucedió a Melissa. Cuando ella comenzó a entretener esas mentiras de indignidad, le llevó rápidamente por una pendiente resbaladiza de derrota. Como ella describe con sinceridad: "Todas esas cosas finalmente me llevaron a vivir un estilo de vida destructivo de pecado en el cual era profundamente infeliz. Yo sabía que me estaba destruyendo desde dentro, pero no sabía cómo detenerlo".

Muchas personas albergan la idea equivocada de que quienes constantemente están de fiesta, bebiendo, consumiendo drogas y acostándose con unos y otros lo están pasando en grande. Hollywood y los medios de comunicación seculares han deificado y han dado glamur al estilo de vida de fiesta como bueno y sin preocupaciones. Han vendido la mentira de que la vida YOLO (sólo se vive una vez, una existencia libre de consecuencias) es increíble. Pero si retiramos las cortinas, veremos lo profundamente infelices y deprimidas que están las personas que se enredan en un estilo de vida de pecado. Nuestros adolescentes y jóvenes están siendo bombardeados por esas imágenes en los canales de las redes sociales, películas y programas de televisión, donde un estilo de vida del pecado no sólo se tolera sino que también se celebra. Eso es a lo que nuestros niños se enfrentan diariamente en las escuelas y en sus dispositivos celulares.

¿Cómo han respondido muchas iglesias? Diciendo: "¡Tenemos que regresar a los Diez Mandamientos! Tenemos que predicar más sobre la ley de Moisés, sobre el arrepentimiento y sobre el carácter". Pero ¿sabe lo que esta generación oye cuando las iglesias dicen eso? Melissa nos da un sentimiento bastante bueno de lo que los jóvenes realmente escuchan y lo que eso le hizo creer a ella: "No pensaba en acudir a Dios y a la iglesia porque personas a las que conocía me decían: "Vas a irte al infierno debido tus decisiones y a tu forma de vida. Dios está enojado contigo. Está asqueado contigo y no te va a bendecir". Debido a que eso era lo que escuchaba constantemente, eso creía sobre Dios, y pensaba que no había manera alguna de que pudiera acudir a Él".

¿Es sorprendente que algunas iglesias estén perdiendo a la siguiente generación? Lo que Melissa ha descrito es desgraciadamente lo que los jóvenes oyen acerca de su Padre celestial. Oyen sobre un Dios enojado y caprichoso que tan sólo busca una oportunidad para golpearlos con un gran palo y enviarlos a un horno eterno de condenación. La iglesia proclama orgullosamente: "Amamos al pecador pero aborrecemos el pecado". Pero en realidad, lo que oyen todos aquellos que batallan con un estilo de vida de pecado es: "ABORRECEMOS EL PECADO", y se mantienen alejados de la iglesia porque comprensiblemente equiparan eso con: "TE ABORRECEMOS A TI". Eso, amigo, sencillamente no es el evangelio.

El evangelio es nuestro amado Señor Jesús que se acerca a la mujer en el pozo que había tenido cinco esposos, y cohabitaba con otro hombre sin estar casados. El evangelio es nuestro Señor Jesús que rescata a la mujer agarrada en adulterio de la turba religiosa que quería ejercer su derecho legal a apedrearla hasta la muerte. Cuando observamos a nuestro Señor Jesús, Él siempre estaba cómodo con aquellos que estaban enredados en el pecado, tanto que los líderes religiosos se burlaban de Él y le llamaban amigo de los pecadores (véase Mateo 11:19). A Él no lo refrenaban sus críticos, y un sólo encuentro con su amor y su gracia hacía que pecadores fueran transformados para siempre desde dentro hacia fuera.

Mi querido amigo, esa es la revolución de la gracia de la que hemos estado hablando en este libro. Nuestro Señor nunca respaldó el estilo de vida de pecado de las personas; simplemente las despertó a su profundo y personal amor por ellas, y cuando ellos experimentaron su amor, tuvieron la capacidad de salir de la cárcel del pecado, la adicción y la esclavitud. La gracia abre las puertas de la cárcel a aquellos que están atrapados en el pecado. La mujer en el pozo se convirtió en una evangelista en su ciudad, y muchos llegaron a conocer a Jesús a causa de ella. La mujer agarrada en adulterio se alejó con el regalo de la no condenación y la capacidad de no pecar más. Los religiosos apartaban activamente al pecador; Jesús perseguía activamente al pecador.

La gracia abre las puertas de la cárcel a
aquellos que están atrapados en el pecado.

Declare su justicia en Cristo sin duda

Me encanta el poderoso versículo en el libro de Romanos que dice: "Porque lo que era imposible para la ley, por cuanto era débil por la carne, Dios, enviando a su Hijo...condenó al pecado en la carne" (Romanos 8:3). La respuesta, amigo, no se encuentra en la ley sino en el Hijo. La ley fue dada mediante un siervo: Moisés; la gracia llegó mediante el Hijo: Jesús. La revolución de la gracia comienza con una persona, y su nombre es Jesús. Cuando usted tiene a Jesús como su Señor y Salvador, lo tiene todo. Tiene, lo más importante, una identidad de justicia en Cristo.

Cuando usted tiene a Jesús como su Señor y Salvador,
tiene una identidad de justicia en Cristo.

Aprendimos en el capítulo anterior que la ley se trata de hacer, mientras que la justicia de la fe habla. Escribí este capítulo porque quiero alentarle a tener conciencia diaria de su justicia en Cristo declarando y confesando su justicia en voz alta. Ahora que ha recorrido tantos capítulos de este libro, creo que usted sabe que es justificado en Cristo, y que esa justificación

es un regalo que usted no puede ganarse. Aunque saber esto
es fantástico, quiero que dé un paso más conmigo en este día
y comience a practicar la confesión de su justicia en Cristo
diariamente.

A lo largo del día, ya sea que esté conduciendo hacia el trabajo, comprando en un supermercado o preparando comida
para su familia, tan sólo diga tranquilamente en un susurro:
"Yo soy la justicia de Dios en Cristo. Todas las promesas, bendiciones y protección que pertenecen a los justos son mías"
(véase Proverbios 10:6). Esta es una palabra a tiempo para usted,
y quiero desafiarle a que cultive una revelación robusta de su
identidad de justicia en Cristo al confesar repetidamente su
justicia en Cristo. Si escucha con atención lo que Melissa compartió en su testimonio, eso es lo que ella hizo continuamente
para experimentar victorias duraderas en su vida.

Con bastante frecuencia, una persona experimenta una victoria pero esa victoria no perdura. ¿Por qué? Porque después
de algún tiempo se olvida de la revelación bíblica que recibió y
que le dio la victoria en un principio. Muchos creyentes no se
dan cuenta de esto, pero las revelaciones pueden ser robadas y
olvidadas. Eso es lo que le sucedió a la iglesia corintia, y Pablo
tuvo que intervenir para recordarles su identidad de justicia en
Cristo.

Por eso es también tan esencial que usted sea parte de una
iglesia local donde pueda seguir oyendo y oyendo mensajes
que estén llenos de la persona de Jesús, y esté rodeado por líderes centrados en Cristo y amigos que siempre le señalaran
hacia el Señor. La revolución de la gracia no se trata solamente
de victorias momentáneas; se trata de experimentar victorias
permanentes.

Es esencial que usted sea parte de una iglesia local
donde pueda seguir oyendo y oyendo mensajes
que estén llenos de la persona de Jesús, y esté
rodeado por líderes centrados en Cristo y amigos
que siempre le señalaran hacia el Señor.

Una de las maneras más poderosas y prácticas de que usted experimente tales victorias es seguir declarando su identidad de justicia en Cristo. Escuche el modo en que Melissa practicó esto y experimentó victorias duraderas en su vida: "A veces regresan pensamientos de mi pasado, pero he aprendido a decir: "Soy una nueva creación. Soy la justicia de Dios en Cristo. No se trata de lo que yo he hecho sino de lo que Jesús ha hecho". De modo sorprendente, las tentaciones que me agarraban en el pasado han perdido toda su fuerza. Siento como si nunca hubiera vivido un estilo de vida destructivo antes. Mi vida testifica que Papá Dios ama y salva. Lo más importante, el cambio ha sido sin esfuerzo; todo por la gracia de Jesús. No ha tenido nada que ver con mi fuerza de voluntad sino con el poder divino de Cristo obrando en mí". ¡Vaya! ¡Esto es muy bueno, Melissa! Cuando la oímos compartir, lo único que oímos es a nuestro Señor Jesús y que todo se trata de lo que Él ha hecho. ¡Amén! Toda alabanza, gloria y honor pertenecen a nuestro Señor Jesús, ¡a Él y sólo a Él!

Mi querido amigo, cuando esté usted estresado y miles de cosas estén gritando por su atención, diga tranquilamente en un susurro: "Yo soy la justicia de Dios en Cristo". Cuando lea algunas noticias horribles en los periódicos de la mañana y su corazón se llene de temor por sus seres queridos, diga tranquilamente en un susurro: "Yo soy la justicia de Dios en Cristo". Y cuando esté sintiendo la fuerte tentación a participar en una adicción secreta de la que nadie sabe, ahora sabe qué tiene que hacer: diga tranquilamente en un susurro: "Yo soy la justicia de Dios en Cristo".

Su victoria está directamente relacionada con lo consciente que sea usted de su identidad de justicia en Cristo. Si desea verdaderamente ver más victorias en su vida y experimentar el poder de vivir por encima de la derrota, ¡hable! Hable, hable, y hable sin duda. Y le prometo que comenzará a vivir con menos estrés, con menos temor, con más valentía, ¡y más victoriosamente que nunca antes!

CAPÍTULO 17

LIBERE EL PODER PARA REINAR

Ella había renunciado a toda esperanza de poder tener algún día un hijo. Pero todo cambió cuando se puso delante del fiel profeta Eliseo.

Eliseo le había pedido a su sirviente Giezi que descubriera que podía hacer él por esa mujer que había sido alguien que había apoyado de manera misericordiosa y generosa su ministerio. Giezi le dijo al profeta que ella no tenía ningún hijo y su marido era anciano. Al oír eso, Eliseo la hizo llamar rápidamente. Y mientras ella estaba en la puerta, antes de que ni siquiera pudiera atravesar el umbral para entrar a la habitación que ella y su esposo habían construido para Eliseo, él la miró y dijo: "En este tiempo el próximo año abrazarás a un hijo".

Sorprendida por las palabras del profeta, la mujer se olvidó de todo decoro y dijo: "No, hombre de Dios, no mientas a tu sierva". Pero efectivamente, ella concibió pronto, y un año después sostenía en sus brazos a su hijo milagro, tal como Eliseo había profetizado.

El muchacho creció con un talento precoz para todas las actividades en el exterior. Le encantaba escalar y colgar de los árboles en su patio. Él aportaba tanta alegría a la casa y tenía una risa tan contagiosa, que incluso a los cosechadores en el campo les encantaba tener al muchacho por allí mientras trabajaban. Pero una mañana, mientras acompañaba a su padre, que estaba trabajando con los cosechadores, el joven de repente gritó que le dolía la cabeza. Pensando que el muchacho simplemente había estado bajo el ardiente sol demasiado tiempo, el padre indicó a un sirviente que lo llevara a casa, donde su madre lo sostuvo en su regazo.

Entonces sucedió lo impensable. Mientras su madre acariciaba suavemente su cabeza, el muchacho quedó inconsciente y murió a mediodía. La mujer estaba profundamente angustiada por la repentina e inexplicable situación, pero no le dijo a nadie lo que había sucedido. En cambio, llevó al muchacho a la habitación en el terrado y lo tumbó sobre la cama del profeta Eliseo. Entonces le pidió a su esposo un burro para poder ir rápidamente a visitar al hombre de Dios y regresar.

Perturbado por su repentino deseo de buscar a Eliseo cuando no era un día de importancia religiosa alguna, su esposo le preguntó: "¿Para qué vas a verle hoy?".

Refrenando sus lágrimas y sus emociones, ella simplemente respondió: "Está bien".

Cuando se aproximaba al hogar de Eliseo en el monte Carmelo, el profeta la vio en la distancia y envió a Giezi a encontrarse con ella y preguntarle: "¿Te va bien a ti? ¿Le va bien a tu marido, y a tu hijo?".

Una vez más, ella dijo: "Bien". Pero en el momento en que estuvo delante de Eliseo, cayó ante sus pies. Eliseo fue con ella hasta su casa, oró al Señor, y resucitó sobrenaturalmente a su precioso hijo devolviéndole la vida (véase 2 Reyes 4:8–37).

Diga "Bien"

Qué poderoso relato en la Biblia. Creo que todos podemos aprender algo de la respuesta de la mujer al desafío probablemente más difícil al que se enfrentó en su vida. Ella refrenó la angustia que había en su corazón por la muerte de su hijo y habló contrariamente a sus circunstancias naturales. Externamente, todo no iba bien; sin embargo, ella siguió diciéndose para sí y a las personas que le rodeaban: "Bien. Bien. Está bien".

Ella no dijo lo que veía; dijo lo que quería ver. Mantuvo sus ojos y su fe en Dios, y creyó con todo su corazón que, en Dios, todas las cosas estaban bien y todas las cosas obrarían para su bien.

Amigo, puede que usted esté experimentando cierta adversidad en su vida incluso mientras lee estas palabras. Sea alentado por esta historia de la mujer sunamita y comience a hablar bien de su actual desafío. Refrene sus labios de hablar el mal. Declare: "Bien, en el nombre de Jesús". Muchas veces, las oraciones más sencillas son las oraciones más poderosas. Si ha sufrido una gran pérdida, o está atravesando un periodo muy desafiante en su vida, por favor sepa que de ninguna manera estoy menospreciando o restando importancia a lo que usted está experimentando. Personalmente he sufrido la pérdida de un ser querido y sé lo insoportable que puede ser el dolor. Pero le aliento humildemente a que se fortalezca en el Señor y declare: "Está bien. Bien. Bien".

Comience a hablar bien de su actual desafío.
Declare: "Bien, en el nombre de Jesús".

Horatio Spafford escribió el hermoso y conocido himno *It Is Well with My Soul* durante el periodo más traumático y turbulento en su vida. En 1873 quería viajar a Inglaterra con su familia, pero decidió enviarlos a ellos antes, pues él tenía asuntos de negocios que atender. Mientras su esposa y sus cuatro hijas pequeñas navegaban cruzando el Atlántico, su barco se chocó con otro barco en un horrible accidente, y más de doscientas personas, incluidas las cuatro hijas Spafford, murieron. En ruta para reunirse con su esposa que estaba destrozada y que había sobrevivido, Horatio adoró al Señor. Cuando su barco pasaba cerca del lugar donde sus hijas habían muerto, las palabras de este himno salieron de su interior: "Está bien (está bien), en mi alma (en mi alma), está bien, está bien en mi alma".[1]

Declare su autoridad en Cristo

Muchas personas creen que Dios tiene pleno control del mundo hoy, y por eso le culpan a Él de los desastres, los trágicos accidentes y las enfermedades. Algunas personas se vuelven ateas porque dicen que no pueden adorar a un Dios caprichoso que permitiría que niños sufran enfermedades terminales. Tristemente, lo que no entienden es que hay un diablo que es muy real, activo y destructivo en este mundo. Dios *no* es el autor de calamidades y enfermedades. Nuestro Señor Jesús vino para que pudiéramos tener vida, ¡y tenerla en abundancia! Pero el diablo es un ladrón; él viene a robar, matar y destruir (véase Juan 10:10).

Nuestro Señor Jesús vino para que pudiéramos tener vida, ¡y tenerla en abundancia!

El mundo en que vivimos hoy es un mundo caído. Dios dio a Adán y Eva dominio sobre este mundo, pero en el momento en que Adán y Eva mordieron del fruto prohibido, el pecado y la muerte lo corrompió. Adán y Eva cedieron el control de este mundo al diablo. A Satanás se le llama "príncipe de la potestad del aire" en Efesios 2:2, "el dios de este siglo" en 2 Corintios 4:4, y "el príncipe de este mundo" en Juan 12:31.

Ahora bien, eso *no significa* que Satanás gobierne el mundo completamente y tenga poder ilimitado en el mundo. Por favor, preste mucha atención a esto. No quiero que lo pase por alto. Es muy importante que usted sepa y entienda que los creyentes del Señor Jesucristo ya no están bajo el dominio del poder y la influencia de Satanás en este mundo. En Cristo, puede que estemos *en* este mundo, pero no somos *de* este mundo (véase Juan 17:11, 14). Pertenecemos a un poder superior, y su nombre es Jesús. La Biblia también nos dice: "mayor es el que está en vosotros, que el que está en el mundo" (1 Juan 4:4).

En Cristo, puede que estemos en *este mundo, pero no somos* de *este mundo. Pertenecemos a un poder superior, y su nombre es Jesús.*

Por eso podemos estar firmes, permanecer fuertes y orgullosos sobre las promesas de Dios, y decir "bien" sobre cada área de nuestra vida. ¡Somos *de Él*! No somos como ovejas sin pastor. Todas las bendiciones, promesas y protección que pertenecen a los justos son "en él Sí, y en él Amén" (véase 2 Corintios 1:20). Tan sólo necesitamos recibirlas por la gracia mediante la fe. No se reciben mediante nuestras obras, para que ningún hombre pueda presumir, sino puramente mediante la fe en su favor inmerecido (véase Efesios 2:8–9).

Tomemos la promesa en Proverbios 11:21 que dice: "Mas la descendencia de los justos será librada". Esto significa que sus hijos e hijas serán guardados y protegidos en el nombre de Jesús. Puede que haya veces en que oiga de algún desastre y se le parta el corazón por las familias que están pasando por el horror. Al mismo tiempo, el temor puede comenzar a abrirse camino hacia su corazón. Quizá comience a estar ansioso por la seguridad de sus hijos. Nuestros hijos son muy móviles en estos tiempos; viajan por todo el mundo en programas de intercambio y conocen a personas nuevas todo el tiempo mediante sus amigos y mediante los canales de redes sociales.

Cuando el temor se apodere de su corazón, ese es el mejor momento para declarar sus promesas en la Palabra de Dios. Diga: "Señor, te doy gracias porque yo soy la justicia de Dios en Cristo, y tú has prometido en tu Palabra que la descendencia del justo será librada". Y no se detenga en su familia. ¡Puede usar su autoridad como creyente para orar por quienes están sufriendo!

Cuando surge la duda

Mi querido amigo, si no está establecido en el evangelio de la gracia, todo tipo de enseñanzas que haya recibido comenzarán a poner duda en su corazón:

> *¿Estás seguro de que has hecho lo suficiente para ser considerado la justicia de Dios?*
> *¿Eres lo bastante santo para que Dios te proteja a ti y a tus hijos?*
> *¿Has hecho lo suficiente, has dado lo suficiente, has servido lo suficiente?*
> *¿Has sido totalmente obediente y has hecho todo lo que Dios te ha pedido que hagas?*
> *¿Está tu corazón rendido al Señor al 100 por ciento?*

¿Le resultan familiares esas preguntas? Mi querido lector, cuando no está usted anclado en la persona de nuestro Señor Jesucristo y su obra terminada, todas esas preguntas le harán centrarse en usted mismo, ser ensimismado, consciente de usted mismo y ocupado en usted mismo. Y estar ocupado en uno mismo es todo lo contrario a la santidad verdadera, que se trata de estar completamente ocupado en nuestro Señor.

Estar ocupado en uno mismo es todo lo contrario a la santidad verdadera, que se trata de estar completamente ocupado en nuestro Señor.

Cuando alguien le diga que tiene usted que obedecer más para ser hecho justo, esencialmente está haciendo de la justificación una obra, cuando en verdad, la justificación del nuevo pacto es un regalo que se recibe por fe. Por tanto, hoy, debido a que es usted creyente, le aliento a decir: "Por fe he sido hecho justo, y la descendencia del justo será librada". Además, Salmo 112:1 declara esto del creyente: "Su descendencia será poderosa en la tierra; la generación de los rectos será bendita". ¡Amén!

Quiero alentarlo a que se tome en serio el evangelio de la gracia. Hay un enemigo real, y su objetivo es engañarle para que piense que tiene que trabajar por su justificación, para así poder mantenerlo constantemente sintiéndose inadecuado y descalificado. Pero la verdad es esta: ¡la sangre de nuestro Señor Jesús le ha calificado!

Hoy, la Palabra de Dios, el poder de Dios y la protección de Dios sobre usted son mucho más fuertes que cualquier otra cosa que el enemigo pueda lanzarle. El diablo es el gobernador de este mundo, pero no olvide que la Palabra de Dios proclama sobre usted: "mayor es el que está en vosotros, que el que está en el mundo" (1 Juan 4:4). Usted está tan completamente limpio por la sangre de nuestro Señor Jesús, que hoy el Espíritu Santo, el Espíritu de Dios, vive en usted. Y el que está en usted es *mayor* que cualquier demonio, cualquier adversidad y cualquier atadura. ¡Amén!

El poder de recibir

Durante casi veinte años ya he estado predicando el evangelio de la gracia y enseñando a creyentes en todo el mundo a confesar su justificación en Cristo. Si ha estado siguiendo mi ministerio, sabe que uno de mis versículos favoritos es Romanos 5:17: "mucho más reinarán en vida por uno solo, Jesucristo, los que reciben la abundancia de la gracia y del don de la justicia".

Desgraciadamente, hay personas que se burlan de lo que dice la Palabra de Dios, pensando que es demasiado simplista. Esencialmente, dan poca importancia al recibir y ven el recibir como débil e insustancial. Piensan: "¿Es eso todo lo que el cristiano hace? ¿Tan sólo recibir la gracia de Dios?". Su enfoque está en hacer, en la obligación, en lo que es responsabilidad del hombre. Mi querido lector, nunca subestime el poder de recibir. La obra más grande del hombre, su mayor obligación y mayor responsabilidad, ¡es humillarse a sí mismo para recibir del Señor Jesús!

Nunca subestime el poder de recibir. La obra más grande del hombre, su mayor obligación y mayor responsabilidad, ¡es humillarse a sí mismo para recibir del Señor Jesús!

Mire lo que hizo María: ella se sentó a los pies de nuestro Señor y tan solo sacó y recibió del su Salvador; peor Marta llegó y se quejó ante Jesús, diciendo: "Señor, ¿no te da cuidado que mi hermana me deje servir sola? Dile, pues, que me ayude" (Lucas 10:40). ¿Qué era lo que consumía a Marta? ¡Obligación, responsabilidad, servir y hacer!

Creo que los creyentes tipo Marta que tenemos hoy, que se quejan constantemente de creyentes como María, son preciosos, amados y profundamente sinceros; pero pueden estar tan comprometidos a sus obligaciones que se olvidan que se trata de la persona. Marta era celosa de servir al Señor, pero terminó estando muy enojada con su hermana, e incluso se quejó al Señor. María miró más allá de lo externo y vio una plenitud en el Señor de la cual recibir. Marta, por otro lado, lo vio a Él en lo natural, como en necesidad de su ministerio. ¿Qué hermana cree que hizo que el Señor se sintiera como Dios? ¿Con cuál de ellas se agradó más el Señor?

¿Puede ver cómo Marta no vio en absoluto cuál era el punto de todo su servicio? Marta era como un caballo que lleva anteojeras: estaba totalmente consumida por su obligación y pasó por alto la deidad divina, al Señor Jesús mismo, ¡que estaba sentado en la sala de su casa! Y escuchemos la respuesta de nuestro Señor (creo que Él dijo esto tiernamente y con una amorosa sonrisa): "Marta, Marta, afanada y turbada estás con muchas cosas. Pero *sólo una cosa es necesaria*; y María ha escogido la buena parte, la cual no le será quitada" (Lucas 10:41–42, énfasis del autor). Creo que cuando Marta oyó eso, tuvo una revelación inmediatamente. En lugar de ir de un lado a otro y enojarse con el Señor y su hermana, dejó a un lado sus ollas y sartenes, se quitó el delantal, y se sentó con su hermana a recibir del Señor. Nunca subestime el poder de recibir de nuestro Señor.

Cuanto más reciba la abundancia de gracia y el don de la justicia, más reinará, más desempeñará, más responsable será, más glorificará al Señor, y más cumplirá con su llamado, su obligación y su destino. Debido a que María hizo lo que era necesario y se enfocó en recibir del Señor, terminó haciendo el servicio correcto para Él. Leemos en Juan 12:1–8 que ella ungió al Señor con un costoso aceite fragante para su sepultura. Todas las otras mujeres que quisieron ungirlo para su sepultura llegaron demasiado tarde la mañana de la resurrección (véase Lucas 24:1–3). María pudo hacer lo correcto en el momento adecuado porque mantuvo su corazón centrado en recibir del Señor. Así que siga recibiendo de Jesús. Cada día reciba su Palabra, su gracia, y su don de la justicia. Y siga confesando su justicia en Él; dará como resultado que haga usted lo correcto en el momento adecuado.

Cuanto más reciba la abundancia de gracia y el don de la justicia, más reinará, más glorificará al Señor, y más cumplirá con su llamado, su obligación y su destino.

El problema de tener una identidad equivocada

Pero pastor Prince, ¿cómo puedo confesar justicia cuando sé que mi vida no es perfecta? ¿No debería estar confesando mis pecados?

Esa es una pregunta estupenda. Primero, permítame dejar absolutamente claro que no tengo problema alguno con la confesión de pecados. Yo practico la confesión de pecados porque cuando uno sabe que *ya* es amado y perdonado por el padre celestial, puede estar delante del trono de su relación con valentía y hablar con Él abiertamente acerca de sus fracasos.

Un hombre de negocios que sabe que todas sus deudas han sido pagadas no tiene problema alguno con abrir sus libros de cuentas y ver todas las anotaciones en rojo que antes marcaban sus deudas. ¿Por qué? Porque esas deudas ya no están en su conciencia; esas deudas ya no le asustan. De manera similar, cuando usted sabe que tiene el perdón de pecados y que el pago de la sangre de nuestro Señor Jesús le ha limpiado perfectamente, puede confesar sus pecados con toda libertad. Puede hablar a su Padre acerca de sus fracasos y sus errores sin tener ninguna deuda de pecado sobre su conciencia. En lugar de huir de Él y evitarle cuando ha fallado, tener plena seguridad en su corazón de su perdón y de su justicia en Cristo le lleva más cerca de Él.

El problema comienza cuando las personas creen que tienen que confesar todos sus pecados a fin de ser perdonados. Esta es una norma imposible por la cual vivir. ¿Cuántas personas pueden confesar exitosamente todos sus pecados cada día? La respuesta es ninguna, porque nadie puede hacerlo. Y lo que el hombre no puede hacer, Dios lo hizo con la preciosa sangre de su único Hijo amado. Repito: por favor entienda que no estoy en contra de que con fines de sus pecados y mantenga sinceras conversaciones con Dios acerca de sus errores y fracasos. Pero si está confesando sus pecados *a fin de ser perdonado*, se está situando a usted mismo sobre una cinta andadora que no tiene fin.

Mientras se siga estando en este mundo, siempre habrá algún pecado y tentación en su vida, ya sea de pensamiento de obra. Pensar que tiene que confesar sus pecados a fin de ser perdonado hará que, de hecho, sea usted consciente de pecado. Esta conciencia de pecado le hará más susceptible a las tentaciones ("Bien podría llegar hasta el final"), porque constantemente se siente como yo pecador. Pero si es consciente de perdón y consciente de Cristo, vivirá como el creyente confiado, justo y victorioso que ya es en Cristo. La cuestión es una cuestión de identidad. Lo primero conduce a una vida de derrota, lo segundo conduce a una vida de victoria.

Si es consciente de perdón y consciente de
Cristo, vivirá como el creyente confiado,
justo y victorioso que ya es en Cristo.

Perdón judicial contra perdón parental

Permítame hablar ahora de una enseñanza que intenta segmentar el perdón de Dios. Esta enseñanza argumenta que existe una diferencia entre "perdón judicial" y "perdón parental". El perdón judicial se refiere de perdón de Dios de todos nuestros pecados debido al castigo Jesús pagó por nosotros en la cruz. Por otro lado, aunque todos nuestros pecados son perdonados *judicialmente*, estamos fuera de la comunión con Dios cuando cometemos un pecado, hasta que confesamos ese pecado para recibir perdón *parental*. El resultado final de creer esta enseñanza es similar a lo que he descrito anteriormente.

Si usted sigue esta enseñanza, siempre sentirá que tiene carencia de perdón parental, simplemente porque siempre habrá pecados (en pensamientos o en obras) que no ha confesado. Y si vive según esta doctrina, no puede usted escoger a su conveniencia de pecados necesita o quiere confesar (véase el capítulo 5). Lo fundamental es que no tendrá usted seguridad plena de su perdón en Cristo. Siempre será consciente de pecado y dudará de su perdón, y tanto su conciencia como el diablo explotarán esto.

Por tanto, ¿es usted perdonado o no? ¿Cuál de las dos? La Biblia no es incierta con algo tan crítico como su perdón de pecados, y habla de ello con gran claridad. ¿Dónde vemos esto? En Hechos 13:38-39, el apóstol Pablo afirma claramente: "por medio de él se os anuncia perdón de pecados, y que de todo aquello de que por la ley de Moisés no pudisteis ser justificados, en él es justificado todo aquel que cree".

¿Puede estar más claro el perdón de pecados? El apóstol Pablo predicó el perdón de pecados sin ninguna disculpa, ninguna cualificación y ninguna distinción entre perdón judicial y parental. Por tanto, tengamos cuidado con esas distinciones hechas por el hombre que no están en la Palabra de Dios. Perdón es perdón; no hay subdivisiones. O es usted perdonado con no lo es, y lo mucho que disfrute de su perdón depende de lo que crea acerca de nuestro Señor Jesús y lo que él ha hecho en la cruz.

La Escritura es clara como el agua con respecto a nuestro perdón completo en Cristo; sin embargo, hay algunos que sienten que necesitan susurrar al apóstol Pablo: "Ten cuidado, Pablo, no puedes predicar así el perdón; necesitas cualificar lo que estás diciendo. No hay manera de saber quién te está escuchando y cómo vivirá esa persona". A esos críticos del ministerio de nuestro Señor Jesucristo y el poder de su perdón, Pablo de manera amorosa pero firme hace la advertencia en los dos versículos siguientes, diciendo: "Mirad, pues, que no venga sobre vosotros lo que está dicho en los profetas: Mirad, oh menospreciadores, y asombraos, y desapareced; porque yo hago una obra en vuestros días, obra que no creeréis, si alguien os la contare" (Hechos 13:40–41).

Los profetas anunciaron que habría menospreciadores del evangelio de la gracia: aquellos que la oirían pero la descartarían como "demasiado buena para ser verdad". Pablo advirtió y recordó a quienes le escuchaban que no fueran contados entre esos menospreciadores.

Gracia es la obra de Dios

Cuando los discípulos del Señor comenzaron a predicar el evangelio de la gracia en el libro de Hechos, el sumo sacerdote y otros líderes del templo se enfurecieron. Hicieron llamar a los discípulos para cuestionarles más (después de que hubiera sido sacados de la cárcel de modo sobrenatural) y vieron lo que ellos tenían que decir. Los líderes religiosos se enfurecieron aún más después de aquello, y tramaron matarlos. En esta reunión en Hechos 5, un fariseo llamado Gamaliel, un maestro de la ley muy respetado por todo el pueblo, se puso de pie.

Gamaliel era una autoridad principal sobre las leyes judías. Era tan reverenciado que incluso el apóstol Pablo, cuando se defendió a sí mismo y presentó sus credenciales más adelante en otra reunión (en Hechos 22), mencionó a Gamaliel. "y fui criado y educado aquí en Jerusalén bajo el maestro Gamaliel. Como estudiante de él, fui cuidadosamente entrenado en nuestras leyes y costumbres judías. Llegué a tener un gran celo por honrar a Dios en todo lo que hacía, tal como todos ustedes hoy" (Hechos 22:3, NTV).

Ahora bien, aunque Gamaliel no tenía una comprensión del evangelio de la gracia, se puso de pie y habló con gran sabiduría en la reunión anterior, diciendo: "Varones israelitas, mirad por vosotros lo que vais a hacer respecto a estos hombres...Y ahora os digo: Apartaos de estos hombres, y dejadlos; porque si este consejo o esta obra es de los hombres, se desvanecerá; mas si es de Dios, no la podréis destruir; no seáis tal vez hallados luchando contra Dios" (Hechos 5:35, 38–39).

Tengo mucho respeto por la sabiduría de Gamaliel. Él no tenía una revelación de la persona de Jesús, del evangelio de la gracia y del perdón de pecados por medio de Cristo, pero tampoco quería interponerse en el camino o luchar en contra de lo que Dios pudiera haber estado haciendo. Aconsejó a los otros líderes religiosos que dejaran que el tiempo probara el ministerio de los discípulos y que dejaran que su ministerio fuera validado por sus frutos y por Dios mismo, incluso si los líderes mismos no lo entendían plenamente.

Entender bíblicamente el "perdón parental"

Si sigue aún confuso y preguntándose acerca del concepto de perdón parental, permita que comparta lo que la Biblia dice. De hecho, no necesita mirar más allá de la parábola de Jesús del hijo pródigo. Cuando el padre envió a su hijo regresar a su casa desde lejos, ¿qué hizo el padre? ¿Le gritó el padre: "primero confiesa sus pecados, hijo mío, y entonces serás bienvenido en casa"? Recuerde: el hijo había insultado a su padre cuando demandó su herencia, se fue de casa y después malgastó rápidamente toda su herencia en una vida licenciosa. Al final, cuando ya no era posible que cayera más bajo, decide regresar a la casa de su padre.

Esta historia habla realmente sobre un padre que perdona a su hijo, y quiero que preste atención a lo que Jesús dice porque está hablando acerca de su Padre celestial aquí. El padre vio al hijo desde lejos e hizo lo siguiente: se levantó sus largas túnicas y comenzó a correr hacia su hijo. Notemos que el padre corrió hacia su hijo antes de que el hijo confesara ningún pecado. El padre entonces se encontró con su hijo y lo abrazó. Repito: ¿qué sucedió primero? ¿Confesó el hijo primero, o le abrazó el padre primero? ¡El abrazo del padre es primero! Eso no es todo. Después de que el padre hubo abrazado a su hijo, lo besó. El hijo, que tuvo que trabajar cuidando cerdos antes de su regreso, probablemente olía a cerdo: lo peor para un judío. Sin embargo, el padre inundó de besos a su hijo. ¿Observó que hasta este punto no hay registro alguno de que el hijo hiciera ni una sola confesión del pecado?

El hijo pródigo finalmente dice: "Padre, he pecado contra el cielo y contra ti" (Lucas 15:21), pero eso es después de que el padre corrió hacia él, lo abrazó y besó. Por tanto, sabemos que no es la confesión del hijo lo que produjo los abrazos y besos del padre. Ahora respondamos esta pregunta: ¿es esto perdón parental o judicial? Recordemos que el padre aquí es una imagen de nuestro Padre celestial. Por tanto, la parábola de Jesús nos muestra claramente cómo es el perdón real, bíblico y parental. Esto es lo que el Padre quiere que entendamos acerca de su perdón. Con Dios, no hay perdón *judicial* opuesto al perdón *parental*. Usted es simplemente realmente perdonado a causa de su Hijo.

Con Dios, no hay perdón *judicial* opuesto al perdón parental. Usted es simplemente realmente perdonado a causa de su Hijo.

Permítame señalar otro versículo que el Señor me dio, para darle plena seguridad de su perdón:

Os escribo a vosotros, hijitos, porque vuestros pecados os han sido perdonados por su nombre.
                                                —1 Juan 2:12

Notemos cómo comienza 1 Juan 2:12: "Os escribo a vosotros, *hijitos*" (énfasis del autor). "Hijitos" denota el aspecto "parental" del perdón que Dios da. Por tanto, ¿qué quiere Dios Padre que entendamos acerca del perdón parental? Que nuestros pecados son perdonados a causa de Jesús. Y como mencionamos en el capítulo 4, la palabra griega original para "han sido perdonados" está en el tiempo perfecto griego, lo cual significa que este perdón es una acción definida y completada en el pasado con su efecto continuado en el presente.

La Palabra de Dios deja esto claro con términos nada inciertos: usted ha sido y continúa siendo perdonado en Cristo. ¡Amén! A causa de esto, en sus momentos más oscuros e incluso cuando ha caído, puede decir con valentía y confianza: "Yo *soy* la justicia de Dios en Cristo. Tengo perdón de pecados, y Dios me ama y está de mi parte. ¡Está bien en mi alma!".

La Palabra de Dios deja esto claro con términos nada inciertos: usted ha sido y continúa siendo perdonado en Cristo.

La justicia de la fe habla

Mi querido lector, ¡la justicia de la fe habla! La Biblia nos exhorta diciendo: "diga el débil: Fuerte soy" (Joel 3:10). La fe siempre dice lo que quiere ver, y no lo que actualmente ve. Fe es "la certeza de lo que se espera, la convicción de lo que no se ve" (Hebreos 11:1). Por tanto, cuando sea usted débil, dice por la fe: "Soy fuerte en la fortaleza del Señor. Todo lo puedo en Cristo que me fortalece" (véase Filipenses 4:13). Cuando haya enfermedad en su cuerpo, usted dice por la fe: "Por sus llagas soy sanado" (véase 1 Pedro 2:14). Cuando haya carencia en su vida,

dice por la fe: mi Dios suplirá todas mis necesidades según sus
riquezas en gloria en Cristo Jesús" (véase Filipenses 4:19).

Y cuando haya pecado, ¿qué dice? Ese es el momento de decir
por la fe: "Soy la justicia de Dios en Cristo Jesús" (véase 2 Corintios 5:21). Ese es el momento de declarar y reforzar su identidad
de justicia en Cristo. ¡Quienes reciben el don de la justicia reciben el poder de reinar sobre el pecado (véase Romanos 5:17)!

Hay personas que creen que lo único que hace el evangelio
de la gracia es liberar a las personas de culpabilidad y condenación. Eso sin duda es cierto; sin embargo, recibimos muchos
más testimonios de personas que fueron liberadas de *pecados
destructivos, adicciones* y *ataduras* cuando comenzaron a entender el evangelio de la gracia y a confesar por la fe activamente su justicia en Cristo. Aquí tenemos uno de Jimmy, un
joven que reside en Nueva York:

> *Durante más de quince años batallé con la porno-
> grafía. Como alguien con entrenamiento en artes
> marciales, puedo decir con seguridad que poseo una
> gran autodisciplina; sin embargo, aun así no podía
> liberarme de esta adicción.*
>
> *No hace mucho tiempo comencé a oír sus ser-
> mones sobre la gracia y comencé a aplicarlos a mi
> vida. Comencé a confesar que soy justo delante de
> Dios debido a la obra terminada de Jesús.*
>
> *Al principio, mi deseo de satisfacer mi adicción pa-
> recía aumentar, y me preguntaba si alguna vez sería
> libre. Pero decidí seguir confesando que soy justo de-
> bido a lo que Jesús ha hecho por mí.*
>
> *Unas semanas después, ¡esos hábitos comenzaron
> a cesar por sí solos! Comencé a ver victoria sin es-
> fuerzo en esta área, y ya no me concentraba en "no
> pecar", ¡sino en la obra terminada de Jesús!*

> *Lo que la fuerza de voluntad, la autodisciplina,*
> *técnicas y métodos no pudieron hacer, ¡la gracia de*
> *Dios lo hizo! ¡Soy libre y un testimonio vivo de que*
> *la gracia de Dios es la clave para vencer el pecado!*
> *¡Gloria a Jesús!*

¡Qué increíble testimonio! Quince años de adicción a la pornografía que no podía ser eliminada pese a lo que él hacía, se fue sin esfuerzo cuando Jimmy comenzó a crecer y a confesar su justicia en Cristo. Y al igual que Jimmy, muchos otros en la actualidad están venciendo el pecado en sus vidas al despertar a la justicia. Están aprendiendo a aferrarse a este don que tienen por medio de Cristo y a declararlo con valentía.

Creo que es bastante irónico que haya personas que han criticado ministerios por su "exceso de énfasis" en la abundante gracia de Dios, pensando que es peligroso y conducirá a un estilo de vida libertino y pecaminoso. Bien, ¿cuál es el resultado de un ministerio que constantemente predica a nuestro Señor Jesús y lo que Él dice sobre la abundancia de gracia? Seguimos recibiendo una carta tras otra de alabanza de personas que han sido liberadas de diferentes adicciones, incluidas pornografía, fumar, beber y consumir drogas, y de otras ataduras destructivas. ¿No es esta la santidad que nosotros como ministros de Dios deseamos ver en el precioso pueblo de Dios? En lugar de debatir y argumentar, creo que los ministros deberían estar unidos para levantar el nombre de nuestro Señor Jesús y su obra terminada. Deberíamos estar ayudando al pueblo de Dios a descubrir su identidad de justicia en Cristo para que puedan comenzar a experimentar el poder para vivir por encima de la derrota. De eso se trata la revolución de la gracia.

PARTE 5

RECIBIR SU RESTAURACIÓN ABUNDANTE

CAPÍTULO 18

RECIBA LA RESTAURACIÓN ABUNDANTE DE DIOS

Han pasado casi quince años desde que tuve el sueño en el cual oí al Señor decirme: "La revolución de la gracia está aquí". Eso fue en el año 2001. Aún recuerdo haber pensado: "Sí, Señor, sé que está llegando". Entonces Él dijo: "No, está *aquí*". Y añadió: "Pondré pastores sobre mi rebaño y ellos lo alimentarán. *Y mi rebaño ya no tendrá temor, ni será desalentado, ni tendrá carencia*".

Cuando oí hablar al Señor en el sueño, supe que Él estaba citando Jeremías 23:4. Entonces me dio una impartición en mi espíritu y me reveló que el mensaje que había de ser predicado, la *palabra ahora* para la revolución de la gracia, también se encontraba en Jeremías 23.

En la revolución de la gracia, Dios está situando pastores que predicarán el evangelio de la gracia con autoridad e impartirán a los oyentes seguridad, certidumbre y confianza, ¡para que ya no sean más oprimidos por el temor o el desaliento! Si ha perdido muchos años viviendo en duda, temor y depresión, Dios le está restaurando esos años perdidos en la revolución de la gracia. Por tanto, al llegar a la clave final de este libro, no puedo esperar a mostrarle cómo el Señor va a producir restauración en cada área de su vida.

*En la revolución de la gracia, Dios está situando
pastores que predicarán el evangelio de la
gracia con autoridad e impartirán a los oyentes
seguridad, certidumbre y confianza.*

El principio de restauración de Dios

Cuando el Señor restaura, lo que Él da es siempre mayor en cantidad o calidad de lo que fue perdido. Lo que el enemigo le haya robado, vamos a creer en el Señor para obtener una restauración del 120 por ciento. ¿Por qué el 120 por ciento? Porque está basado en el principio de restitución en la ofrenda por el pecado que se encuentra en Levítico 5 y 6. Levítico 6 dice:

> *Entonces, habiendo pecado y ofendido, restituirá
> aquello que robó, o el daño de la calumnia, o el de-
> pósito que se le encomendó, o lo perdido que halló, o
> todo aquello sobre que hubiere jurado falsamente; lo
> restituirá por entero a aquel a quien pertenece, y aña-
> dirá a ello la quinta parte, en el día de su expiación.*
> —Levítico 6:4–5

Aquí vemos a Dios detallando lo que debe hacer la persona para proporcionar restitución (o restauración) a alguien a quien ha herido. Notemos que esta ley afirma que "lo restituirá por entero a aquel a quien pertenece, y añadirá a ello la quinta parte". El valor entero de cualquier cosa que fuera perdida, defraudada o robada más una quinta parte es el 120 por ciento del valor original. Ahora bien, este principio de restauración estaba bajo la ley de Moisés. Cuanto más, entonces, podemos esperar restauración bajo el nuevo pacto de la gracia: "un mejor pacto con Dios basado en promesas mejores" (Hebreos 8:6, NTV). Por eso vamos a confiar en Dios para obtener una restauración del 120 por ciento, ¡y más!

Notemos también que la persona lleva su restitución en el día de su ofrenda por el pecado. La ofrenda por el pecado es una imagen de lo que Jesús hizo por nosotros en la cruz. Él se convirtió en nuestro sustituto y fue juzgado en nuestro lugar por cada pecado que nosotros cometimos, para que podamos recibir libremente toda bendición de Dios, incluida la bendición de la restauración. Mi querido amigo, si usted ha aceptado a Cristo como su ofrenda por el pecado, la abundante restauración de Dios llegará a su camino. Si el enemigo le ha robado o le han defraudado los mejores años de su vida, entonces en esa misma área en la cual ha sufrido pérdidas, Dios va a darle mucho más de lo que tenía antes. Él va a restaurarle los años que la langosta ha comido, y en mayor medida de lo que puede usted imaginar. ¡Sus mejores días están por delante de usted!

¡Sus mejores días están por delante de usted!

Restaurar todo lo que la langosta ha comido

Joel 2:25–26 contiene esta hermosa promesa que quiero que lea usted mismo:

> *Y os restituiré los años que comió la oruga, el saltón, el revoltón y la langosta, mi gran ejército que envié contra vosotros. Comeréis hasta saciaros, y alabaréis el nombre de Jehová vuestro Dios, el cual hizo maravillas con vosotros; y nunca jamás será mi pueblo avergonzado.*

Lo más precioso que nuestro Señor Jesús puede restaurarle son los años perdidos de su vida. Todos los años que la langosta ha comido, Dios puede restaurárselos de manera sobrenatural. Cada minuto pasado en temor, preocupación, duda, culpabilidad, condenación, adicción y pecado se suma a años desperdiciados que le han sido robados. Pero tengo buenas noticias para usted en este día. Debido a lo que nuestro Señor Jesús ha hecho por nosotros en la cruz, puede usted creer para recibir una restauración total y completa, ¡para que Dios le redima TODO el tiempo que ha sido perdido y desperdiciado!

Debido a lo que nuestro Señor Jesús ha hecho por nosotros en la cruz, puede usted creer para recibir una restauración total y completa, ¡para que Dios le redima TODO el tiempo que ha sido perdido y desperdiciado!

Permítame compartir este fenomenal testimonio de la restauración de Dios de un hermano se llama Clarence, que reside en West Virginia:

> *Fui drogadicto durante diez años, inyectándome opiáceos en mis venas cada día. Aunque sabía que la adicción me estaba destruyendo, no quería detener lo que estaba haciendo.*
>
> *Pero hace dos años, mi Papá celestial me libró de la adicción situándome en una residencia. Estaba atascado allí, incapaz de irme, y sin poder conseguir que nadie me recogiera. Y Dios no solamente eliminó mi adicción a la droga, ¡sino también al mismo tiempo mi adicción al tabaco!*
>
> *Mientras estaba en la residencia, escuché a muchos predicadores de la gracia, pero casi siempre*

terminaba sintiendo un peso sobre mis hombros. Mi madre me había estado diciendo que escuchara a Joseph Prince, pero me resistí inicialmente, preguntándome cómo un hombre de Singapur podría tener algo que decir sobre la gracia de Dios. Vaya si estaba equivocado. ¡Singapur envió un misionero a los Estados Unidos! ¡Gloria al Señor!

Mediante los mensajes de Joseph Prince, encontré descanso al entender la obra terminada de Jesús en la cruz. También aprendí que la condenación mata, y que en la cruz, Cristo había absorbido toda mi condenación. Cuando vi eso, vi la siguiente cosa crucial: que Dios es mi papá, ¡y eso significa que todas las cosas buenas son mías en Cristo Jesús!

Hoy, dirijo un exitoso negocio de arte que ha crecido a pasos agigantados. Ahora soy dueño de una casa con mi esposa, y ella también tiene un negocio creciente. Además, mi relación con mi hija de mi anterior matrimonio ha sido también restaurada. No tenía permiso para verla durante los últimos diez años, ¡pero ahora, se ha estado quedando conmigo los fines de semana!

¡Es verdaderamente abrumador pensar en lo rápido que mi Padre ha restaurado todos los años desperdiciados! Él no sólo ha restaurado mi vida, sino que también ha restaurado mi corazón y mi mente hacia Él. ¡Qué contraste con los años en que seguía siendo un drogadicto, sin hogar y comiendo las sobras de los platos en las casas de los traficantes de droga!

Sea libre para experimentar
restauración de días perdidos

La revolución de la gracia es una revolución de restauración. Todos los años que este precioso hermano había perdido debido a su adicción le fueron restaurados cuando aceptó la gracia de nuestro Señor. De la misma manera, todos los años perdidos vagando en el reseco desierto del legalismo, la religión cristiana y los caminos del viejo pacto le pueden ser restaurados a usted. No tiene que vivir atado por los grilletes del legalismo. Nuestro Señor Jesús dijo:

No tiene que vivir atado por los grilletes del legalismo.

Si vosotros permaneciereis en mi palabra, seréis verdaderamente mis discípulos; y conoceréis la verdad, y la verdad os hará libres… Así que, si el Hijo os libertare, seréis verdaderamente libres".
—Juan 8:31–32, 36

¿Cuál es "la verdad" que tiene el poder de hacernos libres? Recuerde: nuestro Señor estaba hablando al pueblo judío, de modo que "la verdad que ellos *conocerán*" no podría haber sido el viejo pacto de la ley, en el cual estaba ya muy versado el pueblo judío, ya que lo habían estudiado desde temprana edad. Conocer e intentar cumplir la ley para ganarse su justicia no les había dado la libertad que buscaban. De hecho, se había convertido para ellos en un yugo pesado e imposible de llevar.

Para entender qué es "la verdad", quiero llevarle a Hechos 15, donde el concilio de Jerusalén se había reunido para debatir cuáles de las leyes del viejo pacto deberían ser impuestas a los creyentes gentiles. Veamos lo que dijo Pedro:

"Y Dios, que conoce los corazones, les dio testimonio, dándoles el Espíritu Santo lo mismo que a nosotros; *y ninguna diferencia hizo entre nosotros y ellos,* purificando por la fe sus corazones. *Ahora, pues, ¿por qué tentáis a Dios,* poniendo sobre la cerviz de los discípulos un yugo que ni nuestros padres ni nosotros hemos podido llevar? *Antes creemos que por la gracia del Señor Jesús seremos salvos, de igual modo que ellos.*
—Hechos 15:8-11, *(énfasis del autor)*

Hay muchas cosas que podemos aprender de este pasaje. Comencemos viendo a lo que Pedro se refería cuando habló sobre que Dios daba el Espíritu Santo a los creyentes gentiles del mismo modo que había dado el Espíritu Santo a los creyentes judíos. Pedro se estaba refiriendo a su predicación a la casa de Cornelio y cómo el Espíritu Santo cayó sobre *todos* los gentiles que le oyeron mientras él decía estas palabras: "De éste dan testimonio todos los profetas, que *todos los que en él creyeren, recibirán perdón de pecados por su nombre*" (véase Hechos 10:43-44, énfasis del autor). Notemos en qué momento cayó el Espíritu Santo: cuando Pedro dijo que quienes *crean* en Jesús recibirán perdón de pecados: cuando los gentiles que estaban allí sencillamente pusieron su *fe* en el Señor Jesús para el perdón de sus pecados, ¡fueron llenos del Espíritu Santo!

Los judíos creyentes que estaban presentes con Pedro quedaron entonces asombrados al ver que el don del Espíritu Santo era derramado sobre los gentiles por primera vez. Vieron que incluso los gentiles podían recibir el Espíritu Santo de la misma manera que les había ocurrido a ellos (véase Hechos 10:45-46). Fue un fenómeno sin precedente e impensable para los judíos de la iglesia primitiva, ya que bajo las leyes del Antiguo Testamento, los gentiles eran considerados impuros (véase Hechos 10:28).

En Hechos 11, cuando Pedro fue más adelante criticado por creyentes judíos por haber entrado en la casa de gentiles y predicarles, él compartió con ellos su visión en la cual una voz desde el cielo le había dicho: "Lo que Dios limpió, no lo llames tú común". Y cuando les dijo que el Espíritu Santo había caído sobre los gentiles "como sobre nosotros al principio" (véase Hechos 11:9, 15), los creyentes judíos reconocieron que Dios también había otorgado a los gentiles "arrepentimiento para vida" (véase Hechos 11:18). Observemos que aunque Pedro mismo no utilizó la palabra *arrepentimiento* en su predicación en la casa de Cornelio, ¡lo que sucedió no se vio como otra cosa que el otorgamiento de Dios de arrepentimiento para vida!

Tener nuestros corazones purificados por la fe

Esto me lleva a mi siguiente punto. En el concilio de Jerusalén, ¿qué dijo Pedro sobre *cómo* los corazones de los creyentes gentiles fueron purificados? ¿Por su confesión de pecados o por la fe?

¡Por la fe (véase Hechos 15:9)!

Los gentiles oyeron el perdón de pecados predicado por Pedro, *creyeron* las buenas nuevas, y sus corazones fueron *purificados por la fe*. No por obras, sino por la fe en Cristo. Sus corazones fueron purificados por *creer correctamente*: creer que quienes creyeran en el Señor recibirían la remisión de pecados y serían hechos la justicia de Dios. ¿Puede usted ver eso?

¿Cómo somos hechos justos en la actualidad? ¿Cómo son purificados nuestros corazones en la actualidad? ¡Por la fe en la obra terminada de nuestro Señor en la cruz!

¿Cómo somos hechos justos en la actualidad? ¿Cómo son purificados nuestros corazones en la actualidad? ¡Por la fe en la obra terminada de nuestro Señor en la cruz!

En el Sermón del Monte, Jesús dijo: "Bienaventurados los de limpio corazón, porque ellos verán a Dios" (Mateo 5:8). Ahora está usted equipado para responder esta pregunta: *¿quiénes* son los de limpio corazón? Aquellos cuyos corazones han sido purificados por la fe. ¡Amén! Así es como utilizamos la Escritura para interpretar la Escritura. Por tanto, no permita que alguien le imponga su propia opinión de cómo puede ser limpia de corazón una persona. Las personas pueden inyectar sus propias creencias y decirle que a fin de tener un corazón limpio, necesita hacer esto o aquello. Y terminará pensando que si no cumple con una lista de cosas que hacer y no hacer, su corazón no será limpio. ¿Puede ver lo peligrosas que pueden ser las opiniones del hombre? De esa manera, preciosos creyentes pueden situarse bajo un gran temor a que si no están haciendo algo con la fuerza suficiente para mantener continuamente sus corazones limpios, perderán su salvación y terminarán sin ver al Señor.

La restauración comienza con descanso

Yo batallé realmente con Mateo 5:8 cuando era un joven creyente. Esto fue antes de que el Señor abriera mis ojos al evangelio de la gracia. Yo quería sinceramente tener un corazón limpio y puro, y basado en las enseñanzas que había oído, creía que tenía que mantener mi corazón limpio confesando continuamente mis pecados a lo largo del día. Así que seguía intentando confesar todos mis pecados, pero cuanto más lo intentaba, más oprimido me sentía. Sentía como si nunca pudiera confesar mis pecados lo suficiente para mantener puro mi corazón. Pero gloria al Señor por revelarme que según la autoridad de su Palabra (y no la incertidumbre de la tradición humana), nuestros corazones son purificados *por la fe* en nuestro Señor Jesús. ¡Aleluya!

Ahora regresemos a lo que el apóstol Pedro estaba diciendo.

Le dijo al concilio de Jerusalén: "y ninguna diferencia hizo [Dios] entre nosotros y ellos, purificando por la fe sus corazones. Ahora, pues, ¿por qué tentáis a Dios, poniendo sobre la cerviz de los discípulos un yugo que ni nuestros padres ni nosotros hemos podido llevar?" (Hechos 15:9–10). Le digo que el "yugo" que Pedro describió como insoportable e imposible de llevar es la ley del viejo pacto. Algunas personas argumentarán que el yugo aquí se refiere solamente a la ley de la circuncisión, pero ¿tiene eso sentido para usted?

Los varones judíos eran circuncidados a los pocos días después de su nacimiento, un tiempo en que ellos no habrían sido conscientes de la ley. ¿Por qué el apóstol Pedro describiría la circuncisión como algo que ellos y sus padres no podían llevar cuando era algo que se practicaba a los niños? Claramente, la ley ritual de la circuncisión no era el yugo al que él se refería. El yugo al que se refería en el yugo de la ley. Era pesado, insoportable, y cuando era predicado por nuestro Señor, era una norma imposible para que ningún hombre la cumpliera. Por eso el Señor le dijo a todo el pueblo judío que estaba bajo el pesado yugo de la ley:

> *"Venid a mí todos los que estáis trabajados y cargados, y yo os haré descansar. Llevad mi yugo sobre vosotros, y aprended de mí, que soy manso y humilde de corazón; y hallaréis descanso para vuestras almas; porque mi yugo es fácil, y ligera mi carga".*
>
> —*Mateo 11:28–30*

Eso, amigo mío, ¡es el evangelio de la gracia! Deje de intentar justificarse mediante la ley de Moisés. Usted es justificado por la fe. El Señor Jesús le dice: "Venid a mí, y yo os haré *descansar*". Cuando usted descansa en su gracia y su obra terminada, ¡recibirá su restauración!

Cuando usted descansa en su gracia y su obra
terminada, ¡recibirá su restauración!

Entender los tiempos

La Biblia deja muy claro que somos justificados por la fe. Por tanto, ¿por qué tantas personas siguen estando atadas por las aplastantes demandas de la ley de Moisés? Creo que se debe a que no entienden completamente lo que nuestro Señor Jesús pagó en la cruz del Calvario. No entienden de lo que se trata del nuevo pacto. Estoy a punto de profundizar en algo que podría parecer en cierto modo profundo si lo estuviera oyendo por primera vez. Pero permanezca conmigo. ¡Creo que será usted muy bendecido cuando sus ojos sean abiertos a las verdades que estoy a punto de compartir!

Cuando nuestro Señor estaba en la sinagoga en Nazaret, le entregaron el libro de Isaías y Él encontró el lugar donde estaba escrito lo siguiente:

> *"El Espíritu del Señor está sobre mí, por cuanto me*
> *ha ungido para dar buenas nuevas a los pobres; me*
> *ha enviado a sanar a los quebrantados de corazón; a*
> *pregonar libertad a los cautivos, y vista a los ciegos;*
> *a poner en libertad a los oprimidos; a predicar el año*
> *agradable del Señor".*
> —*Lucas 4:18–19*

Ahora prestemos mucha atención a lo que nuestro Señor hizo después. La Biblia registra esto: "Y enrollando el libro, lo dio al ministro, y se sentó...Y comenzó a decirles: Hoy se ha cumplido esta Escritura delante de vosotros" (Lucas 4:20–21). Muchas personas han pasado por alto lo que hizo nuestro

Señor. Él *cerró el libro*. ¿Por qué es esto importante? Mi querido lector, si no entiende por qué nuestro Señor cerró el libro, batallará para entender la Palabra de Dios. Hay incluso eruditos de la Biblia respetados y teólogos experimentados que no entienden completamente por que nuestro Señor cerró el libro. Como resultado, no tienen un entendimiento holístico del evangelio de la gracia.

El apóstol Pablo sería capaz de identificarse íntimamente con tales ministros. Antes de su encuentro con el Señor en el camino de Damasco, también él tenía el velo de la ley sobre sus ojos y no podía ver y apreciar la gracia de Dios. Con toda sinceridad perseguía a quienes creían en el evangelio de la gracia. De hecho, Pablo era tan celoso que la Biblia registra que "asolaba la iglesia, y entrando casa por casa, arrastraba a hombres y a mujeres, y los entregaba en la cárcel" (Hechos 8:3).

Al haber experimentado personalmente esa ceguera, Pablo describió esa condición en 2 Corintios 3:14–15: "Pero el entendimiento de ellos se embotó; porque hasta el día de hoy, cuando leen el antiguo pacto, les queda el mismo velo no descubierto, el cual por Cristo es quitado. Y aun hasta el día de hoy, cuando se lee a Moisés, el velo está puesto sobre el corazón de ellos". Pero cuando el velo fue quitado del corazón de Pablo, Dios le confió el evangelio de la gracia. Así es, Dios convirtió al fariseo de fariseos más notorio y celoso en su mayor defensor y evangelista del evangelio de la gracia. Por tanto, no se sorprenda si un día ve al crítico del evangelio de la gracia más feroz ¡convertirse en el mayor evangelista para la revolución de la gracia!

Volvamos a la pregunta que hice: ¿por qué nuestro Señor cerró el libro de Isaías después de haber leído la parte que citamos anteriormente? Para entender esto, tenemos que leer la escritura que Él estaba citando en su contexto:

A proclamar el año de la buena voluntad de Jehová,
y el día de venganza del Dios nuestro…

—*Isaías 61:2*

Notemos que una coma separa "el año de la buena voluntad de Jehová" y "el día de venganza del Dios nuestro". Y es precisamente en esta coma donde nuestro Señor cerró el libro de Isaías. No siguió leyendo la parte sobre el día de venganza de Dios. ¿Por qué? Porque nuestro Señor, que estaba de pie en Nazaret mientras leía esas escrituras, había venido a proclamar el año de la buena voluntad de nuestro Señor; recuerde lo que Él dijo a continuación: "Hoy se ha cumplido esta Escritura delante de vosotros". Nuestro Señor Jesús nos estaba enseñando a dividir correctamente la Palabra de Dios.

La era de la gracia

La era en que vivimos hoy es la era de la gracia. Estamos bajo la dispensación de la gracia. El "año de la buena voluntad" no es un año en el calendario de enero hasta diciembre. Habla de la dispensación, el tiempo y el periodo en que estamos. No estamos en la era "de venganza". Ese día llegará, y nuestro Señor regresará para librar a Israel de la destrucción total y juzgar la tierra.

La era en que vivimos hoy es la era de la gracia.
No estamos en la era "de venganza".

La palabra griega para "voluntad" aquí es *dektos*. Según el erudito en griego Thayer, *dektos* es "el tiempo más bendito cuando la salvación y los favores de Dios abundan profusamente".[1] Gloria a Dios porque seguimos estando en este periodo de *dektos*. Seguimos en el año de la buena voluntad bajo la dispensación de la gracia. Nuestra predicación y nuestro entendimiento de la Palabra de Dios deben ser según la dispensación en que vivimos.

Si estuviéramos viviendo en el periodo del Antiguo Testamento, yo sería un predicador y defensor de los Diez Mandamientos y también de todos los rituales del tabernáculo. Pero no estoy viviendo en ese tiempo, y tampoco usted. Vivimos en el año "de la buena voluntad", el *dektos* de nuestro Señor, que se ha extendido dos mil años. ¿No es increíble que la Palabra de Dios sea tan rica que una coma representa una división de dos mil años? Por tanto, cuando estudie la Palabra de Dios, tiene que leer el contexto, entender a quién se escribió la escritura y, como acabamos de ver, *dividir correctamente la Palabra*, como hizo nuestro Señor en Nazaret.

Hay personas que acusan a quienes predican la gracia de escoger escrituras que encajan en sus mensajes. Un momento; ¿está diciendo que nuestro Señor Jesús estaba escogiendo escrituras cuando leyó del libro de Isaías? Yo no lo creo. La Palabra de Dios es muy coherente y precisa. Y como cirujano que maneja su escalpelo, quienes enseñan la Palabra de Dios necesitan ser diestros y dividir correctamente la Palabra de Dios. Acabamos de ser testigos de lo preciso que es nuestro Señor. Cuando Él proclamó el año *dektos*, cerró el libro. ¿Está nuestro Señor ignorando el contexto de esas escrituras? Claro que no. De hecho, Él vio por el contexto mayor en términos de dispensación y declaró que en ese preciso momento, estaba siendo cumplida la profecía de Isaías. La era de la gracia había llegado.

Por desgracia, hay muchos que están mezclando el contexto mayor de las dispensaciones y los pactos. Mezclan la dispensación de la ley de la gracia, y confunden el viejo pacto con el nuevo pacto. El resultado es una teología que confunde. Predican la gracia y también predican la ley. Predican verdades del nuevo pacto pero también predican verdades del viejo pacto.

Predican la justificación por la fe, pero también predican la justificación por las obras. Predican que todos sus pecados perdonados, pero entonces precisan que sus pecados no son perdonados si usted no los confiesa. Toman escrituras que están especialmente dirigidas a Israel y las aplican directamente a la Iglesia hoy. Predican a un Padre incondicionalmente amoroso, pero también a un Dios enojado, frustrado y decepcionado. Lo que ellos piensan que es "balance" es realmente mezcla, y da como resultado confusión para el que les escucha.

Aprenda a dividir correctamente la Palabra

Mi querido lector, Dios no es un Dios esquizofrénico. Dios es el mismo ayer, hoy y para siempre. No hay un Dios del Antiguo Testamento y otro Dios del Nuevo Testamento. Hay solamente *un* Dios. Pero Él se relaciona con nosotros según la era, dispensación y el pacto en el que estamos. No podemos simplemente tomar algo que fue registrado y dicho durante la dispensación de la ley del viejo pacto y aplicarlo a los creyentes del nuevo pacto en la actualidad.

De igual manera, no se puede tomar lo que fue registrado y dicho *antes* de la cruz de Jesús y aplicarlo a los creyentes del nuevo pacto hoy. ¿Se pueden aprender y sacar principios de esas escrituras? Por supuesto que sí, porque "Toda la Escritura es inspirada por Dios, y útil para enseñar, para redargüir, para corregir, para instruir en justicia, a fin de que el hombre de Dios sea perfecto, enteramente preparado para toda buena obra" (2 Timoteo 3:16–17). Se pueden obtener principios guía de todas las escrituras, pero necesita discernir y dividir correctamente la Palabra. Como el apóstol Pablo le dijo a su joven aprendiz, Timoteo: "Procura con diligencia presentarte a Dios aprobado, como obrero que no tiene de qué avergonzarse, que *usa bien* la palabra de verdad" (2 Timoteo 2:15, énfasis del autor).

Cuando usted aprenda a usar bien la Palabra de Dios, creo que verá su gracia, su amor y su seguridad inundar cada área de su vida. Permítame compartir con usted un precioso testimonio de restauración que Valerie, una señora de Illinois, nos envió:

> *Me convertí en creyente hace casi veinte años y mi vida cambió tremendamente. Pese a ser salva, sentía que algo seguía estando mal, porque repetidamente me diagnosticaron cáncer: cuatro veces.*
>
> *Después de mi última recaída en el cáncer, vi al pastor Joseph Prince en televisión y pedí sus materiales. Lo primero que recuerdo aprender ¡es que todos mis pecados han sido perdonados! Antes de eso, me enseñaron la necesidad de arrepentirme y recibir perdón de Dios siempre que pecaba. También aprendí que Dios no miraba mi desempeño para aceptarme, amarme o bendecirme, sino que miraba la obra terminada de Jesús en la cruz. ¡Qué profunda bendición fueron esas verdades para mi corazón, mi cuerpo y mi alma!*
>
> *Me convertí en colaboradora del ministerio y hoy tengo las enseñanzas del pastor Prince y medito en ellas todo el tiempo. Ahora, ¡mi caminar con el Señor es increíble! ¡Ya no me siento condenada o culpable, y ya no camino en temor! También tengo una revelación del amor de Cristo por mí y tengo una relación íntima con Él.*
>
> *Con la ayuda de Dios, mis finanzas también han mejorado. Tengo cincuenta y seis años de edad, ¡y ahora tengo mi primera casa! Además de todo esto, soy libre de cáncer, he sido testigo de salvaciones en mi familia, y disfruto de mejores relaciones con mis familiares.*

> *No puedo expresar con palabras cuánto el*
> *ministerio del pastor Prince ha bendecido mi vida.*
> *¡Ha cambiado para siempre! Mis ojos han sido*
> *abiertos a la gracia de Dios y nunca regresaré a mis*
> *viejas creencias y maneras de pensar.*

Valerie, ¡gracias por compartir su poderoso viaje de fe!

¿No es increíble que a medida que Valerie comenzó a aprender a usar bien la Palabra de Dios, comenzó a experimentar la abundante restauración de Dios literalmente en casi todas las áreas de su vida, y que eso incluía una relación íntima con Él, restauración de la salud física y unas relaciones familiares bendecidas? Esto es de mucho aliento para mi equipo y para mí, porque predicar el evangelio de la gracia se trata de ayudar y levantar al precioso pueblo de Dios. Me siento profundamente humilde y agradecido por ser parte de esta revolución de la gracia que está transformando una vida, un matrimonio y una familia cada vez en todo el mundo. ¡Todo honor, gloria y alabanza sean a nuestro Señor Jesucristo!

CAPÍTULO 19

VIVA CON PLENA CERTIDUMBRE DE FE

En el capítulo anterior hablé un poco de cómo el Señor me mostró que la "palabra ahora" para la revolución de la gracia se encuentra en Jeremías 23:4, donde el Señor dice: "Y pondré sobre ellas *pastores* que las *apacienten*; y no temerán más, ni se amedrentarán, ni serán menoscabadas, dice Jehová" (énfasis del autor). Dios está poniendo pastores que cuidarán, alimentarán y *apacentarán* a sus ovejas, no las golpearán, amenazarán y las intimidarán.

Dios está poniendo pastores que cuidarán, alimentarán y apacentarán *a sus ovejas, no las golpearán, amenazarán y las intimidarán.*

Esto está sucediendo en todo el mundo actualmente, desde Australia hasta América, desde Asia hasta Europa, y desde África hasta el Oriente Medio. Se están levantando pastores y proclamando el evangelio de la gracia con gran valentía, y estamos viendo vidas transformadas por el poder de nuestro Señor Jesucristo. Notemos que el versículo habla de "pastores", en plural, que producirán cambios de gran alcance en todo el mundo. No se trata de un ministerio o iglesia. Nuestro Señor Jesús ha levantado y seguirá levantando a muchos pastores.

¡Esta es la revolución de la gracia que comenzó con nuestro Señor Jesús y todo lo que Él logró para nosotros en el Calvario!

Estos son los emocionantes días de la gracia en que vivimos. Bajo la dispensación de la gracia, estamos viviendo en el periodo de *dektos*, definido como "el periodo más bendito cuando la salvación y los favores gratuitos de Dios abundan profusamente".[1] Mi deseo para usted al acercarnos a los capítulos finales de este libro es que experimente el favor de Dios profusamente abundante en cada área de su vida. Es mi oración que experimente el poder de vivir por encima de la derrota mediante su gracia y su don de la justicia. La revolución de la gracia es una revolución de restauración de todo lo que el enemigo ha robado: su salud, su provisión, su confianza, incluso su significado y propósito en la vida. Nuestro Padre celestial le restaurará y le reedificará desde dentro hacia fuera.

La revolución de la gracia es una revolución de restauración de todo lo que el enemigo ha robado: su salud, su provisión, su confianza, incluso su significado y propósito en la vida.

Experimente restauración de la sanidad

A medida que se satura de las bunas nuevas del Hijo de Dios, Jesucristo, tome un momento para ser inspirado por este increíble testimonio de restauración de Marcus, un precioso hermano de Houston, Texas. Marcus sufrió un dolor terrible en su cuerpo durante veinte años hasta que tuvo un encuentro con nuestro Señor Jesús mediante la predicación del evangelio de la gracia:

Me dañé la espalda cuando tenía diez años de edad. Mi hermano mayor me había retado a hacer una voltereta, y yo pensé que sería divertido y fácil de hacer. Intenté hacerla, no lo logré, y caí plano sobre mi espalda. Fue entonces cuando comencé a tener un grave problema de espalda, y dolores realmente graves durante los siguientes veinte años.

Poco después de mi caída, noté que al respirar me dolían los costados. Mi madre, que se alarmó mucho, me llevó a quiroprácticos, quienes pensaban que era sólo cuestión de hacer ajustes regularmente a mi espina dorsal. Bien, tras numerosos ajustes durante los siguientes años, el dolor no se iba. Todos los quiroprácticos y médicos que visité no podían decirme lo que estaba mal en mi espalda. Los quiroprácticos seguían diciéndome que lo único que necesitaba eran más ajustes, mientras que los médicos me decían que esperase más dolor cuanto más envejeciera "porque la espina se degenera a medida que envejecemos". Básicamente, nadie tenía respuestas o una cura para mí.

A medida que crecía, vivía con el dolor como compañero constante. Era difícil levantarme y caminar; era doloroso sentarme y levantarme. Algunos días el dolor era tan intenso, que me dolía incluso al respirar; cada pequeño movimiento me causaba dolor. Incluso en días "mejores", no podía hacer ejercicio, y conducir era difícil porque no podía girar la cabeza o mover mi cuerpo sin que el dolor recorriera mi cuerpo. A veces, el dolor me tenía tumbado durante días o semanas seguidos.

Aborrecía el hecho de no poder experimentar el tipo de éxito que quería en mi vida familiar y mi carrera. Sabía que mi esposa mis dos hermosos hijos querían tener un esposo y un papá a su lado con quien hacer cosas, pero sencillamente yo no podía hacer esas cosas. No podía llevarlos al parque y jugar con ellos, como quería hacer. El trabajo también era frustrante porque a menudo tenía que quedarme en casa enfermo. Quería poder ir al trabajo, hacer todo lo que tenía que hacer, y ser exitoso en mi empleo, pero me sentía muy limitado porque tenía que lidiar con el dolor todo el tiempo.

Aborrecía no poder disfrutar de mi familia o mi trabajo, pero no sabía cómo cambiar las cosas. Las medicinas no estaban funcionando; tan sólo me hacían sentir náuseas, cansancio y somnolencia, y me producían un alivio del dolor sólo temporal. Aunque estaba en la iglesia, no estaba seguro de que Dios me amara o que me sanara, porque yo no era perfecto. De hecho, estaba bastante seguro de que Él no me sanaría porque yo había fallado y no había hecho lo suficiente, o no había hecho suficientes sacrificios para agradarlo a Él. Algunos días estaba tan deprimido, que incluso me preguntaba si Dios era real.

Las cosas siguieron prácticamente igual hasta principios de 2013 cuando comencé a escuchar el programa de televisión del pastor Prince. Por sus predicaciones descubrí que debido a lo que Jesús hizo por mí en la cruz, Dios me seguía amando y estaba a mi lado incluso cuando yo fallaba. Eso fue un gran consuelo y seguridad para mí, así que quise oír más, y comencé a grabar cada episodio que ponían.

Unos meses después, sintonicé el programa del pastor Prince cuando tuve que quedarme otra vez en casa enfermo. Estaba tumbado en el sofá y viéndole enseñar sobre la sanidad. Le oí decir otra vez que *incluso cuando he fallado, Dios me sigue amando y aún puede sanarme. El pastor Prince enseñó que Jesús era el sacrificio final por nosotros y que solamente mediante Jesucristo somos justos, y mediante Jesucristo somos sanados. Y cuanto más lo explicaba usando escrituras, más veía yo que solamente Jesús, y no lo que yo hice, me hacía tener derecho a la sanidad de Dios.*

Durante ese programa, el pastor Prince pidió a todo aquel que tuviera una enfermedad, ya fuera en la congregación o en su casa, que se pusiera de pie mientras él oraba por ellos. Antes de orar, dijo: "Levante sus manos y ore conmigo. Dios va a tocarle". Mientras él oraba, de repente se detuvo y dijo: "Hay un hombre en su casa que está sufriendo dolor en el lado derecho de su espalda". Entonces, chasqueó sus dedos y dijo: "Dios le ha sanado".

Nunca lo olvidaré porque inmediatamente sentí un calor, una relajación en mis músculos que no había sentido desde el accidente, y supe que Dios me había sanado. Delante del televisor, comencé a llorar a gritos. ¡No podía creerlo! No podía moverme sin dolor, y al momento siguiente me estaba doblando y podía sentir que los músculos de mi espalda se estiraban...y no había dolor. La sensación era tan indescriptible que lo único que pude hacer fue llorar durante un rato, antes de llamar a mi esposa para decirle lo que había ocurrido.

Desde aquel día, el dolor no ha regresado y todo ha cambiado. Puedo correr con mis hijos; vamos al parque y corremos y jugamos, y no regreso con ningún dolor, ni tampoco siento dolor al día siguiente. Ya no siento dolor cuando estoy de pie, me siento o respiro,

como solía suceder. He comenzado a hacer ejercicio
e incluso puedo recorrer una pista de obstáculos. El
trabajo también se ha convertido en un gozo; mi em-
presa ha estado experimentando éxito y sé que se
debe al favor de Dios el aumento en ventas.

Ha sido increíble, y estoy muy agradecido al
pastor Prince por predicar la verdad sobre la gracia
de Dios, y estoy muy agradecido a Dios por sanarme,
por mostrarme que Él aún me ama, ¡y por cambiar
mi vida tan tremendamente!

Marcus, me regocijo con usted y con su familia por las victorias y la restauración que ha experimentado. ¿No es maravilloso
nuestro Señor? ¡Toda la gloria y la alabanza a nuestro Señor por
este poderoso testimonio de sanidad!

Una revolución de seguridad y paz

Vivimos en los tiempos de los que Jeremías profetizó. Hemos
leído muchos testimonios de alabanza de los amados hijos de
Dios que experimentan restauraciones abundantes, sanidades
milagrosas, y libertad del pecado y la adicción. Y estos son tan
sólo unos cuantos de los muchos testimonios que nos han enviado por correo electrónico a la oficina de mi ministerio.

Permítame llevar su atención a lo que Marcus experimentó
cuando comenzó a sintonizar con la predicación del evangelio de la gracia. En sólo un par de semanas, descubrió lo que
nuestro Señor Jesús había hecho por él en la cruz, y especialmente su amor por él incluso cuando él había fallado. Marcus
compartía que había un "inmenso consuelo y seguridad" para
él. Me pareció que fue una buena elección de palabras, porque
la revolución de la gracia es una revolución de *seguridad* y *paz*.

322 Recibir su restauración abundante

La revolución de la gracia es una
revolución de seguridad y paz.

Romanos 10:15 nos dice que quienes "anuncian la paz" son quienes llevan "buenas nuevas". Cuando usted oye sobre nuestro Señor y lo que Él ha hecho por usted en el Calvario, eso imparte profunda paz-shalom, consuelo y descanso a los rincones más ocultos de su angustiado corazón. Desde esa posición de descanso, Marcus recibió restauración completa y total de su salud. Los graves dolores de espalda que le inundaron durante veinte años ahora se han ido totalmente. ¡Aleluya!

Nuestro Padre celestial quiere que sus hijos amados vivan con gran seguridad: seguridad de su salvación, seguridad de su perdón, y seguridad de su justicia en Cristo. Por desgracia, hay ciertos sectores en el cristianismo que creen que mantener a los creyentes inseguros de su salvación y su perdón les ayudará a ser más santos y celosos del Señor. No entienden que lo que en realidad están haciendo es contraproducente y produce precisamente el efecto contrario. Amor e inseguridad no pueden coexistir en una relación sana. Nuestro Padre celestial quiere que nos acerquemos "con corazón sincero, en plena certidumbre de fe" (Hebreos 10:22). Y la Palabra de Dios quiere impartir esta plena certidumbre de fe. Lea estas escrituras:

Nuestro Padre celestial quiere que sus hijos
amados vivan con gran seguridad: seguridad
de su salvación, seguridad de su perdón,
y seguridad de su justicia en Cristo.

> *"Y este es el testimonio: que Dios nos ha dado vida*
> *eterna; y esta vida está en su Hijo. El que tiene al*
> *Hijo, tiene la vida; el que no tiene al Hijo de Dios*
> *no tiene la vida. Estas cosas os he escrito a vosotros*
> *que creéis en el nombre del Hijo de Dios,* para que
> sepáis que tenéis vida eterna, *y para que creáis en el*
> *nombre del Hijo de Dios"*
> —*1 Juan 5:11-13 (énfasis del autor)*

Vuelva a leerlo.

Estas palabras están escritas en la Santa Palabra para que usted pueda *saber* con absoluta certeza que tiene vida eterna como creyente en nuestro Señor Jesucristo. La fe no maneja conjeturas e incertidumbres; ¡maneja la "plena certidumbre de fe"! Hoy, es mi deseo que usted sea establecido en esta certidumbre de fe. Si la seguridad ha sido robada de su corazón, creo que experimentará restauración completa y total a medida que profundicemos más en la Palabra de Dios. ¡Amén!

Viva con plena certidumbre de fe

Por tanto, ¿cuál es el fundamento sobre el que podemos estar firmes para tener la "plena certidumbre de fe" que se menciona en Hebreos 10:22? Se plantean varias verdades para nosotros en Hebreos 10, así que vayamos despacio y veamos lo que dice este capítulo paso a paso. Para hacerlo más fácil para usted, bosquejaré tres puntos que trabajan juntos para darnos la plena certidumbre de fe.

El capítulo comienza hablando de que la ley tenía solamente una *sombra* de las cosas buenas por venir. En otras palabras, la ley no tenía lo real; era solamente una sombre del nuevo pacto de la gracia. Todas las ofrendas requeridas bajo la ley (el holocausto, la ofrenda de comida, la ofrenda de paz, la ofrenda por el pecado y la ofrenda por la ofensa) eran sombras de la sustancia. La sustancia es nuestro Señor Jesucristo; su perfecta ofrenda en la cruz es la única ofrenda que podía quitar todos nuestros pecados una vez para siempre. Todas las otras ofrendas fallaban, "porque la sangre de los toros y de los machos cabríos no puede quitar los pecados" (Hebreos 10:4).

A continuación veamos lo que dijo nuestro Señor al Padre en el versículo 9:

> *"He aquí que vengo, oh Dios, para hacer* tu voluntad*; quita lo primero, para establecer esto último.*
>   —Hebreos 10:9 (énfasis del autor)*

Acabamos de ver el primer punto: la *voluntad* del Padre. Ahora bien, ¿cuál era la voluntad del Padre? La voluntad del Padre era enviar a su Hijo unigénito para quitar el primer pacto, que es el pacto de la ley, y establecer el segundo pacto, que es el pacto de la gracia. De hecho, sólo dos capítulos antes de esto, la Biblia nos dice que Dios encontró defecto en el primer pacto de la ley: "Porque si aquel primero hubiera sido sin defecto, ciertamente no se hubiera procurado lugar para el segundo" (Hebreos 8:7).

¿Por qué encontró Dios defecto en el primer pacto, el de la ley? El primer pacto está lleno de "No harás", "No harás", "No harás". Si usted es capaz de cumplir todos los *no*, es bendecido; pero si quebranta una sola ley, entonces es culpable de quebrantar todas las leyes (véase Santiago 2:10). Esto también significa que usted no puede escoger qué leyes quiere cumplir. Bajo este sistema, el fracaso está garantizado. Recuerde siempre que bajo el primer pacto, la ley *siempre* le descalifica.

Bajo la ley, el Señor le dijo a Moisés: "Manda a los hijos de Israel que echen del campamento a todo *leproso*, y a todos los que *padecen flujo de semen*, y a todo *contaminado con muerto*"

(Números 5:2, énfasis del autor). Cualquiera que fuera "impuro" era rechazado y descalificado. Pero bajo la gracia, ¡vemos la descalificación revertida! Veamos tres milagros de los que se predica frecuentemente en los Evangelios. Cuando nuestro Señor terminó de predicar el Sermón del Monte, *un hombre con lepra* se acercó a Él, pidiéndole que le limpiara, y Él lo hizo (véase Mateo 8:1–4). Entonces, en Capernaúm, una mujer que había tenido *flujo de sangre* durante doce años tocó el borde de su manto y fue completamente sanada (véase Marcos 5:25–34). Después de eso, fue a la casa de Jairo, sostuvo la mano de la hija de Jairo, que había *muerto*, y la resucitó de nuevo a la vida (véase Marcos 5:35–43).

¿No es esto increíble? Nuestro Señor Jesús, la personificación misma de la gracia, ¡llegó y calificó a cada uno de los tres tipos de personas descalificadas bajo la ley! Esa es la voluntad del Padre que nuestro Señor fue enviado a cumplir. En estas tres ocasiones, vemos cómo Él quitó el primer pacto para poder establecer el segundo: el nuevo y mejor pacto de la gracia. Y mediante esta voluntad del Padre, "somos santificados mediante la ofrenda del cuerpo de Jesucristo hecha una vez para siempre" (Hebreos 10:10). ¡Aleluya!

Edifique un fundamento inconmovible

Estamos realizando una enseñanza línea por línea de Hebreos 10, y espero que esté disfrutando de esto tanto como yo. Me encanta estudiar la Palabra de Dios viva y edificar un fundamento inconmovible para nuestra fe. Hebreos 10:11–12 pasa a decir que "todo sacerdote" bajo el viejo pacto "está *día tras día* ministrando y ofreciendo *muchas veces* los mismos sacrificios, que nunca pueden quitar los pecados; pero Cristo, habiendo ofrecido *una vez para siempre un solo sacrificio por los pecados*, se ha sentado a la diestra de Dios" (énfasis del autor). Este es el segundo punto: la obra del Hijo.

El sacrificio de nuestro Señor en la cruz fue un solo sacrificio por los pecados para siempre. Fue una obra perfecta y terminada que *nunca* ha de ser repetida, contrariamente a las ofrendas continuas e imperfectas hechas por los sacerdotes del Antiguo Testamento. Cuando fallamos hoy, no necesitamos que nuestro Señor Jesús sea ofrecido otra vez en la cruz; fue un sólo sacrificio por los pecados para siempre. Debido a que la obra de los sacerdotes del Antiguo Testamento nunca era terminada, seguían ministrando diariamente, ofreciendo sacrificio tras sacrificio que nunca podía quitar los pecados. La obra de nuestro Señor, por otro lado, fue tan perfecta para quitar nuestros pecados una vez para siempre que Él pudo sentarse a la diestra del Padre.

Por favor entienda que nuestro Señor Jesús no se sentó porque era el Hijo de Dios. Él fue siempre el Hijo de Dios. Se sentó en virtud del hecho de que había terminado la obra de quitar todos nuestros pecados: "habiendo efectuado la purificación de nuestros pecados por medio de sí mismo, se sentó a la diestra de la Majestad en las alturas" (Hebreos 1:3). Debido a lo que el Señor Jesús logró en la cruz, y porque somos creyentes, *todos* nuestros pecados, pasados, presentes y futuros, han sido perdonados. Si nuestros pecados no hubieran sido perfectamente manejados, Él no se habría sentado. Nuestro perdón es total, completo y seguro en la obra perfecta y terminada del Hijo de Dios. Cuestionar nuestro perdón hoy es insultar la obra perfecta del Hijo; es decir que el Calvario no fue suficiente y necesitamos hacer algo más para añadir a lo que nuestro Señor ya hizo.

Tal como hemos establecido en los capítulos anteriores, no hay tal cosa como dividir nuestro perdón en perdón "judicial" y "parental". No tendremos la confianza para llegar ante el Padre con plena certidumbre de fe si siempre estamos preguntándonos si somos verdaderamente perdonados judicialmente y si hemos hecho lo suficiente para ser también perdonados parentalmente. Lo fundamental es que tal enseñanza no estima la obra terminada del Hijo. En cambio, pone la responsabilidad otra vez en el hombre para asegurar que haga lo suficiente para mantener su perdón. No, amigo mío, la obra que nuestro Señor hizo en la cruz es una obra terminada, ¡y no necesitamos añadirle nada! Permítame señalarle una vez más al versículo que el Señor me dio para darle plena seguridad de su perdón:

> Os escribo a vosotros, hijitos, porque vuestros pecados os han sido perdonados por su nombre.
> —1 Juan 2:12

Hemos aprendido que la palabra griega aquí para "han sido perdonados" está en el tiempo perfecto, lo cual indica que este perdón es una acción completada en el pasado con efectos que continúan en el presente. El versículo también está dirigido a los "hijitos". Creo que el Señor vio que habría personas que enseñarían sobre el "perdón parental". Es casi como si Dios estuviera diciendo: "¿Quieres perdón parental? Ahí lo tienes". Y Él registró esto en su Palabra: "*Hijitos*, vuestros pecados os han sido perdonados".

Lavado una vez por la sangre, una y otra vez por la Palabra

Mi querido lector, encuentre su seguridad en la obra del Hijo. Es usted perdonado y hecho justo en Cristo *una vez para siempre* por su sangre. También está siendo progresivamente santificado día a día por su Palabra. Incluso mientras está leyendo y estudiando su Palabra conmigo en este momento, está siendo lavado por su Palabra. Me gusta decirlo de este modo: somos

lavados una vez por la sangre de Jesucristo, y una y otra vez por
su Palabra, que nos santifica diariamente.

El apóstol Pablo describe de modo muy hermoso cómo el
Señor ama a la Iglesia:

> *Maridos, amad a vuestras mujeres, así como Cristo*
> *amó a la iglesia, y se entregó a sí mismo por ella,*
> *para santificarla, habiéndola purificado en el lava-*
> *miento del agua por la palabra, a fin de presentár-*
> *sela a sí mismo, una iglesia gloriosa, que no tuviese*
> *mancha ni arruga ni cosa semejante, sino que fuese*
> *santa y sin mancha.*
>
> —*Efesios 5:25–27*

¡Amén! Por eso aunque haya sido usted completamente perdonado por la sangre de nuestro Señor Jesús, es vital que sea
parte de una iglesia local que predique la Palabra de Cristo. Esto
le ayudará a ser continuamente lavado por la Palabra y crecer
en la gracia y el conocimiento de nuestro Señor Jesucristo.

Permita que le lleve de nuevo a nuestro estudio de Hebreos 10,
donde dice en el versículo 14: "porque con una sola ofrenda hizo
perfectos para siempre a los santificados". Ha sido usted perdonado, hecho justo y perfeccionado una vez para siempre por la
sangre de Jesús. Y diariamente está siendo santificado por el la-
vamiento de la Palabra de Dios y la predicación del evangelio
de la gracia. Por eso necesita seguir escuchando el evangelio de
la gracia. La Palabra de Cristo predicada le lava y le santifica de
toda la suciedad, el polvo y la corrupción de este mundo.

Amado, no puede usted ser hecho más justo o ser más perdonado. Pero a medida que es lavado diariamente por la Palabra
de Cristo, puede llegar a ser más santo, santificado o apartado.
Puede llegar a conformarse menos a los patrones pecaminosos
de este mundo, y experimentar renovación diariamente en su
mente, corazón y espíritu.

No revolución de la gracia es una revolución de *seguridad* y *paz*. Pero a medida que es lavado diariamente por la Palabra de Cristo, puede llegar a ser más santo, santificado o apartado.

No revolución de la gracia es una revolución de seguridad y paz. Pero a medida que es lavado diariamente por la Palabra de Cristo, puede llegar a ser más santo, santificado o apartado.

A medida que sigue permitiéndose ser lavado, las personas que le rodean no pueden evitar ver la gloriosa transformación que comienza en su interior. Buenas obras comenzarán a salir de usted; su amabilidad hacia la gente y su liberación del pecado harán que su Padre celestial sea glorificado. Después de todo, la revolución de la gracia se trata de transformación de dentro hacia fuera, de gloria en gloria, que da como resultado victorias duraderas y libertad de todo tipo de atadura.

Oiga el testimonio del Espíritu

Recapitulemos. El primer punto es la *voluntad* del Padre. El segundo punto es la *obra* del Hijo. Ahora llegamos al tercer y último punto mencionado en Hebreos 10: el *testimonio* del Espíritu Santo. Al continuar nuestro estudio, vemos al Dios trino, Padre, Hijo y Espíritu Santo, participando para darnos certidumbre de fe.

En términos del testimonio del Espíritu Santo, la Escritura nos dice:

> *Y nos atestigua lo mismo el Espíritu Santo... Y nunca más me acordaré de sus pecados y transgresiones.*
> —*Hebreos 10:15, 17*

El Espíritu Santo, la tercera persona de la Deidad, habita en todos los creyentes hoy. Él es el Espíritu de verdad y el Consolador enviados para *darle testimonio* de la verdad fundamental de que ha sido hecho usted la justicia que Dios en Cristo. Él le da testimonio de que sus pecados y obras de impiedad Dios no los recordará *más*. Si estuviera ante el tribunal de los cielos, ¿a quién querría tener en el estrado de los testigos? ¿Al hombre más honesto del mundo? ¿Qué de la tercera persona de la Deidad, dando testimonio de que Dios no se acuerda más de sus pecados? El Espíritu Santo estuvo en el Calvario para dar testimonio de que Cristo llevaba todos nuestros pecados en su propio cuerpo. Por eso puede ser testigo fiel de que Dios no se acuerda más de nuestros pecados y obras de iniquidad.

Amigo, la Biblia declara que Dios no se acordará más de sus pecados. No porque Él haya metido sus pecados bajo la alfombra. De ninguna manera; Dios es un Dios santo. Él es tres veces santo y no puede hacer eso. Dios no puede tener ninguna complicidad con el pecado. Fue nuestro Señor Jesús en la cruz quien dio el fundamento correcto a Dios para declarar que sus pecados son perdonados y declararlo justo.

Por eso la Biblia no dice que Dios es *misericordioso* al hacerle justo. Dice que Dios es *justo* al hacerle justo a usted (véase 1 Juan 1:9; Romanos 3:23–26). Lo que Cristo hizo, derramar su sangre y morir en la cruz, ha satisfecho plenamente todas las demandas de santidad divina en su vida. Hoy, Dios puede hacer totalmente justo a un pecador impío que haya puesto su fe en Cristo (véase Romanos 4:5), sin comprometer su santidad. Tal es la sabiduría y el poder de Dios.

Lo que Cristo hizo, derramar su sangre y morir en la cruz, ha satisfecho plenamente todas las demandas de santidad divina en su vida.

En su gracia y sabiduría, Él nos ha situado en un pacto donde no podemos ser hechos injustos. En el viejo pacto, no había nadie que pudiera ser justificado y hecho justo mediante la ley; pero en nuevo pacto, todo aquel que cree en nuestro Señor Jesús es hecho eternamente justo. Y tenemos al Espíritu Santo para darnos *testimonio* de la *voluntad* del Padre y la *obra* del Hijo. ¿No hace esta buena noticia que quiera levantar sus manos, saltar y adorar a su Padre celestial?

Ser guiado por el Espíritu Santo hoy es que le recuerden constantemente que es usted justo en Cristo. Cuando es consciente de justicia, verá que el Espíritu Santo le dirige a salir de hábitos, pensamientos, relaciones y situaciones destructivas. Él le recordará su justicia, incluso cuando usted falle y fracase. De hecho, *ese es* el momento en que necesita el testimonio del Espíritu Santo para levantarle de donde haya caído.

En lugar de permitir que se hunda más profundamente en el pozo del pecado, el Espíritu Santo le saca de ahí. Como dice Proverbios 24:16: "siete veces cae el justo, y vuelve a levantarse". Observemos que el versículo no habla de que cae el *injusto*. Habla de lo que sucede cuando cae el justo. Mediante el testimonio del Espíritu Santo, el justo sabe que sigue siendo justo en Cristo. Y debido a esa certidumbre, tendrá la capacidad de volver a levantarse. ¡Gloria al Señor por el Espíritu Santo, que nos da testimonio de que somos la justicia de Dios en Cristo!

Bueno, pastor Prince, la Biblia dice que el Espíritu Santo nos convence de pecado.

Mi querido lector, ¡eso es citar horriblemente Juan 16:8! Si quiere citar lo que el Señor dijo, por favor cite toda la parte de Juan 16 en su contexto: "Y cuando él venga [el Espíritu Santo], convencerá al mundo de pecado, de justicia y de juicio. De pecado, por cuanto no creen en mí; de justicia, por cuanto voy al Padre, y no me veréis más; y de juicio, por cuanto el príncipe de este mundo ha sido ya juzgado" (Juan 16:8–11).

Por tanto, ¿qué dijo nuestro Señor realmente? Dijo que el Espíritu Santo "convencerá al mundo de pecado". ¿Cuál es este "pecado"? ¿Y por qué está el sustantivo *pecado* en singular? Porque se refiere al pecado de no creer en el Señor Jesús: "De pecado, por cuanto no creen en mí". Antes de ser creyentes nacidos de nuevo, todos respondimos a la convicción del Espíritu Santo del pecado de incredulidad en Cristo. Respondimos a un llamado al altar o quizá oramos con un amigo para invitar a Jesús a que fuera nuestro Señor y Salvador. Entonces Jesús dijo que el Espíritu Santo nos convencerá los creyentes de nuestra justicia en Él: "de justicia, por cuanto voy al Padre, y no me veréis más [refiriéndose a sus discípulos, lo cual incluye a todos los creyentes actuales]. Hoy día apenas escuchamos predicación sobre esta convicción del Espíritu Santo. Ahora, ¿qué del juicio? El Espíritu Santo convence a los creyentes de que *el diablo* es juzgado: "por cuanto el príncipe de este mundo ha sido ya juzgado".

Ve lo esencial que es leer todo su contexto y usar bien la Palabra. A decir verdad, usted no necesita que el Espíritu Santo le convenza de pecado; su propia conciencia y el diablo hacen un buen trabajo en eso (¡y a veces nuestro cónyuge y quienes nos rodean también, si puedo añadir eso!).

Sea convencido de su justicia

Querido lector, saber que usted ha pecado no le da *ningún poder* para salir de ese pecado. Lo que el Espíritu Santo (también conocido como el Ayudador) fue enviado a hacer es ayudarle a salir de las tenazas del pecado. ¿Cómo? La única salida del pecado, la adicción, los malos hábitos, las ataduras y de cualquier cosa que le esté destruyendo es ser convencido en su corazón y su mente de que usted es hoy la justicia de Dios en Cristo Jesús (véase 1 Corintios 15:34). Recuerde: es una fuerte conciencia de su identidad de justicia en Cristo lo que le da verdadera libertad.

> *La única salida del pecado y de cualquier cosa que le esté destruyendo es ser convencido en su corazón y su mente de que usted es hoy la justicia de Dios en Cristo Jesús.*

Puedo mostrarle un testimonio tras otro de preciosos hermanos y hermanas que han sido libres de adicciones destructivas como las de pornografía y tabaco. Sus testimonios reflejan un tema común: ellos creyeron y confesaron en voz alta su justicia en Cristo, incluso en medio de sus fracasos. Entonces, un día la convicción del Espíritu Santo hizo efecto en ellos, y de repente descubrieron que ya no tenían ningún deseo de pecar y fueron libres de sus adicciones.

Amigo, esta convicción de su justicia es más poderosa que conocer el bien que tiene que hacer y que no hace, o el mal que no quiere hacer y sigue haciendo (véase Romanos 7:19). El conocimiento del bien y del mal nunca ayudó, salvó o transformó a nadie. La ley es el conocimiento del bien y del mal; es santa, justa y buena, pero no le da la capacidad de hacer el bien y salir de la maldad. Solamente la abundancia de gracia y el don de la justicia por medio de Cristo pueden darle la capacidad de hacer el bien que quiere hacer y ser libre del mal que no quiere practicar.

> *Solamente la abundancia de gracia y el don de la justicia por medio de Cristo pueden darle la capacidad de hacer el bien que quiere hacer y ser libre del mal que no quiere practicar.*

La mujer que fue agarrada en adulterio tenía pleno conocimiento de que había pecado; no necesitaba ser convencida y hecha consciente de su pecado; lo que necesitaba era la convicción y la conciencia de que aunque había pecado, el Señor la seguía amando y no la condenaba (véase Juan 8:11). Como Él sabía que pagaría por su pecado en la cruz, nuestro Señor en efecto le estaba diciendo a la mujer: "Tus pecados y obras de maldad ya no los recuerdo. Ahora vete y no peques más".

¿Puede ver esto? No fue el conocimiento de su pecado lo que le dio la capacidad de no pecar más; fue la convicción de que nuestro Señor no la condenaba lo que le dio la capacidad de no pecar más. Esa es la revelación de nuestra justificación en Cristo que necesita ser predicada desde los terrados del mundo en esta revolución de la gracia. ¿Puedo escuchar un buen "amén"? Este es el evangelio de la gracia, amigo, y si entiende esto, ¡su vida jamás volverá a ser igual!

Acérquese con plena certidumbre de fe

Echemos un vistazo a los tres puntos que hemos cubierto:

- La *voluntad* del Padre

- La *obra* del Hijo

- El *testimonio* del Espíritu Santo

Cuando esté establecido en estas tres verdades, experimentará la plena certidumbre de fe de la que habla Hebreos 10:22: "acerquémonos *con corazón sincero, en plena certidumbre de fe*, purificados los corazones de mala conciencia, y lavados los cuerpos con agua pura" (énfasis del autor). Me gusta cómo lo expresa la Nueva Traducción Viviente: "entremos directamente a la presencia de Dios con corazón sincero y con plena confianza en él. Pues nuestra conciencia culpable ha sido rociada con la sangre de Cristo a fin de purificarnos, y nuestro cuerpo ha sido lavado con agua pura".

Hoy, amigo mío, ha recordado que es usted perdonado una vez para siempre por la sangre de nuestro Señor Jesús, y también ha sido lavado por el agua pura de la Palabra de Dios viva y poderosa. La revolución de la gracia es la revolución de la certidumbre. Es el final de ser inseguro, siempre temeroso, y preguntarse siempre si ha hecho lo suficiente para Dios. Comience a vivir cada día, amado y justificado, con plena certidumbre de fe y valentía para acercarse a Dios. ¡Su restauración comienza hoy!

CAPÍTULO 20

LA REVOLUCIÓN DE LA GRACIA ESTÁ AQUÍ

Todos conocemos el famoso salmo del Pastor, el Salmo 23, pero ¿sabía que Jeremías 23 también habla de pastores? Comienza con el Señor reprendiendo y corrigiendo a pastores y líderes (quienes son pastores a los ojos de Dios): "¡Ay de los pastores que destruyen y dispersan las ovejas de mi rebaño! dice Jehová" (Jeremías 23:1). Mire, Dios no aprecia a los pastores y líderes que destruyen y dispersan a sus ovejas, en lugar de amarlas y alimentarlas. El Señor entonces añade: "Vosotros dispersasteis mis ovejas, y las espantasteis, y no las habéis cuidado. He aquí que yo castigo la maldad de vuestras obras" (Jeremías 23:2).

Corrección en la casa de la gracia

Tiene que entender que hay corrección en la casa de la gracia. Esto es algo que vemos del libro de Apocalipsis, donde Dios habla a los pastores de las siete iglesias. En los capítulos 2 y 3, cuando Él corrige al "ángel" de cada iglesia, la palabra griega original utilizada para "ángel" es *angelos*, significado "un mensajero; especialmente un 'ángel'; por implicación, un pastor"[1]. Un mensajero enviado por Dios puede ser angélico o humano. Pero ya que Dios se está dirigiendo a las iglesias, *angelos* aquí se refiere al pastor de la iglesia, quien es el mensajero de Dios para su rebaño. Si se estuviera refiriendo a un ser angélico, eso sería "notable", ya que el Señor dijo: "Recuerda, por tanto, de dónde has caído" (Apocalipsis 2:5). Eso haría caer a un ángel, ¿verdad? ¡Eso no puede ser!

Por tanto, al pastor de la iglesia en Pérgamo, por ejemplo, al corregirle, el Señor dijo: "Pero tengo unas pocas cosas contra ti: que tienes ahí a los que retienen la doctrina de Balaam" (Apocalipsis 2:14). Observemos cuando estudiamos estas correcciones que pertenecen a los pastores que permiten *doctrina equivocada* en sus iglesias, dando como resultado todo tipo de inmoralidad.

La doctrina errónea conduce a creer erróneamente, y creer erróneamente siempre lleva a vivir erróneamente. Tiene el efecto contrario a creer correctamente, lo cual siempre conduce a vivir correctamente. Pero cuando el Señor dice: "yo castigo la maldad de vuestras obras" (Jeremías 23:2), o "vendré pronto a ti, y quitaré tu candelero de su lugar, si no te hubieres arrepentido" (Apocalipsis 2:5), no está hablando de creyentes que pierden su salvación. Por desgracia, esto es exactamente lo que algunos ministros han enseñado, poniendo mucho temor en los corazones de muchas personas preciosas.

Entonces ¿qué está diciendo el Señor? Primero necesita entender que estos dos versículos fueron escritos a *pastores*, de modo que son aplicables solamente a pastores. Si usted no está pastoreando un rebaño, estos versículos no son para usted. En segundo lugar, cuando el Señor dice: "quitaré tu candelero de su lugar", que está hablando de quitar al pastor y su iglesia de su *lugar de influencia*. El Señor está dispuesto a hacer eso porque es muy protector de su rebaño, que son su pueblo. Él los ha confiado a pastores, y es responsabilidad de los pastores predicar la Palabra de Dios con precisión, usándola correctamente y predicando sin comprometer el evangelio del nuevo pacto de la gracia.

Pero incluso si el Señor quita al pastor de su lugar de influencia o de su iglesia, Él se asegurará de que la congregación

de la iglesia sea cuidada. Observemos el lenguaje pastoral que
Él utiliza en Jeremías 23. Él habla como el pastor principal que
es (véase 1 Pedro 5:4). Él es el Pastor principal de los pastores
principales, y declara: "Y yo mismo recogeré el remanente de
mis ovejas de todas las tierras adonde las eché, y las haré volver
a sus moradas; y crecerán y se multiplicarán" (Jeremías 23:3).

Veamos otra escritura. En Santiago 3:1 el apóstol Santiago
dice: "Hermanos míos, no os hagáis maestros muchos de vosotros, sabiendo que recibiremos mayor condenación". De nuevo,
esta escritura no está hablando de pastores o líderes que pierden
su salvación. El apóstol Santiago simplemente dice que quienes
enseñan la Palabra tienen mayor responsabilidad y tendrán que
dar cuentas. Pastores, ministros y líderes se espera que predi-
quen con precisión, usando bien la Palabra de Dios.

Santiago tampoco está desalentando a personas para que no
sean maestros de la Palabra. Definitivamente no. Es un gran
honor y privilegio predicar y enseñar la Palabra de Dios. Santiago está destacando lo sagrado que es este privilegio, y lo sa-
biamente que los pastores necesitan administrar su ministerio
de enseñanza. Les exhorta a no ser descuidados acerca de la
doctrina; recordemos que todos los errores en las iglesias en el
libro de Apocalipsis son errores que se relacionan con la doctrina, dando como resultado pecado e idolatría. ¡Creer erróneamente conduce a vivir erróneamente! Por eso Santiago exhorta
a los maestros de la Palabra a que sean diligentes en entender
el evangelio de la gracia, dividiendo bien los pactos, y enseñando al rebaño de Dios el verdadero evangelio de Jesucristo
sin concesiones.

"El señor, justicia nuestra"

Volvamos a Jeremías 23. ¿Cómo sabemos si estamos bajo el liderazgo designado por Dios? Nuestro Pastor principal responde

esta pregunta en el versículo 4: "Y pondré sobre ellas pastores que las apacienten; *y no temerán más, ni se amedrentarán, ni serán menoscabadas*" (énfasis del autor). Estos son los tres resultados prometidos de estar bajo el liderazgo designado por Dios. Cuando los pastores y líderes predican el evangelio de la gracia no adulterado, sus rebaños no temerán más, ni se amedrentarán, ni serán menoscabados. ¿Está usted experimentando estas bendiciones de la gracia de Dios en su vida? ¿O se siente aún temeroso, desalentando, y constantemente con la sensación de no haber hecho lo suficiente?

De Jeremías 23:4 el Señor me impartió el mensaje que tenía que ser predicado y enfatizado en este tiempo de la revolución de la gracia. En el sueño que tuve hace más de quince años, Él me dijo: "En esta hora, con esto tienes que alimentar a mi pueblo", y me dio Jeremías 23:5-6:

> *He aquí que vienen días, dice Jehová, en que levantaré a David renuevo justo, y reinará como Rey, el cual será dichoso, y hará juicio y justicia en la tierra.*
> *En sus días será salvo Judá, e Israel habitará confiado; y este será su nombre con el cual le llamarán: Jehová, justicia nuestra.*

¿No le encanta que en nuestras Biblias modernas, la revelación de la revolución de la gracia, el Señor, justicia nuestra, esté ahí? En hebreo es *Jehová-Tsidkenu*.[2] Es la manera que tiene el Espíritu Santo de decirnos: "No se pierdan esto. ¡Ver esto cambiará su vida!".

Por tanto, mi querido lector, que ha proseguido hasta el último capítulo de este libro, ¿cuál es el mensaje que hace que el pueblo de Dios no tenga más temor, no sea desalentado ni carezca de nada? Tiene usted toda la razón, ¡y benditos sus ojos por ver esta verdad! Es la revelación de que *el Señor es nuestra justicia.* No nuestras obras, no nuestros esfuerzos, no la obediencia perfecta a la ley de Moisés. El Señor quiere Él mismo ser nuestra justicia. Quiere que lo tomemos como nuestra justicia. Y esta justicia que nos ofrece debe ser recibida como un regalo por la fe. ¡Fue pagada con su propia sangre! Cuando usted comience a vivir consciente del Señor como su justicia, comenzará a vivir rectamente. Desde el interior, genuinas buenas obras, obediencia, santidad y amor fluirán de una relación auténtica con su Padre celestial.

¿Cuál es el mensaje que hace que el pueblo de Dios no tenga más temor, no sea desalentado ni carezca de nada? Es la revelación de que el Señor es nuestra justicia.

¿Puede suceder división cuando se predica el evangelio?

El Señor, justicia nuestra. Este es el mensaje de la revolución de la gracia. Hoy día hay una división en el cristianismo entre quienes creen en el Señor como su justicia y quienes creen que tienen que ser su propia justicia. Algunos de quienes están en contra del evangelio de la gracia argumentan que si es del Señor, no debería estar causando ninguna división. Bueno, no olvidemos lo que sucedió cuando el apóstol Pablo predicó en Iconio:

> *Por tanto, se detuvieron allí mucho tiempo, hablando con denuedo, confiados en el Señor, el cual daba testimonio a la palabra de su gracia, concediendo que se hiciesen por las manos de ellos señales y prodigios. Y la gente de la ciudad estaba dividida: unos estaban con los judíos, y otros con los apóstoles.*
> —Hechos 14:3–4 *(énfasis del autor)*

¿Estaba predicando Pablo el evangelio de la gracia? ¿Causó una división en la ciudad?

Pero no fue intención de Pablo causar ninguna división. Él simplemente quería predicar la palabra de la gracia del Señor. La prueba de si el evangelio de la gracia que estamos oyendo es del Señor, por tanto, no es si está causando división o no. ¡La verdadera prueba es si el Señor está dando o no testimonio de la palabra que se predica mediante vidas cambiadas, sanadas, liberadas y transformadas (véase Hechos 14:3)!

La prueba de si el evangelio de la gracia que estamos
oyendo es del Señor, es si el Señor está dando o no
testimonio de la palabra que se predica mediante vidas
cambiadas, sanadas, liberadas y transformadas.

Un padre, dos madres

Todos tenemos el mismo Padre celestial, pero no todos tenemos la misma "madre". Permítame explicar lo que quiero decir. En Gálatas 4, el apóstol Pablo usó tipología para enseñar sobre la diferencia entre el viejo y el nuevo pacto. Él nos dice que la Palabra registra que Abraham tuvo dos hijos: Ismael e Isaac. Ismael nació de una sirvienta llamada Agar, mientras que Isaac nació de Sara, una mujer libre. Pablo entonces explicó que Agar es un tipo de la ley dada en el monte Sinaí, que produce esclavitud. Por otro lado, Sara es un tipo de la gracia, que produce libertad. Puede leer los detalles de la explicación de Pablo usted mismo en Gálatas 4:21–27.

Por ahora quiero mostrarle algo interesante. El apóstol Pablo dijo: "Así que, hermanos, nosotros, como Isaac, somos hijos de la promesa. Pero como entonces el que había nacido según la carne perseguía al que había nacido según el Espíritu, así también ahora" (Gálatas 4:28–29). ¿No es asombroso que la Biblia realmente nos diga que quienes nacen bajo la ley perseguirán a quienes nacen bajo la gracia? Fue Ismael quien persiguió a Isaac, y no al contrario. Como fue anunciado por la Palabra de Dios, "así también ahora"; así sigue sucediendo en la actualidad.

Aunque los cristianos tenemos el mismo Padre, por desgracia no tenemos la misma madre. Algunos han hecho a Agar (la ley) su madre, en lugar de Sara (gracia). Y los hijos de Agar siguen persiguiendo a los hijos de Sara: quienes están bajo la gracia. ¿Quiere saber lo que el Señor dice sobre Agar y Sara? "Echa fuera a la esclava y a su hijo, porque no heredará el hijo de la esclava con el hijo de la libre" (Gálatas 4:30). Dios no está a favor de mezclar ley y gracia. ¡Eche fuera el viejo pacto de la ley y enfóquese en estar bajo la gracia para heredar todo lo que Dios ha prometido en el nuevo pacto!

Enfóquese en estar bajo la gracia para heredar todo lo que Dios ha prometido en el nuevo pacto!

Sea alguien que recibe mucho del Señor

Cuando estaba volando a los Estados Unidos para el tour Power of Right Believing USA, el Señor me habló sobre Juan 3 y Juan 4. Comenzó a abrir mis ojos a los dos relatos que el Espíritu Santo registró lado a lado para nuestro beneficio. Juan 3 habla sobre Nicodemo, quien acudió a Jesús de noche. Juan 4 habla sobre la mujer samaritana en el pozo, a quien Jesús intencionalmente conoció por el día. En Juan 3 tenemos a un teólogo erudito, un fariseo de fariseos, un rabino principal a quien el Señor llamó "maestro de Israel" (Juan 3:10).

En Juan 4 tenemos a una mujer en el extremo del espectro

social: no tenía ningún logro del cual hablar, era una mujer quebrantada que había tenido cinco divorcios, y estaba viviendo con un hombre que no era su esposo. La diferencia entre los dos no podría haber sido más marcada; era literalmente como el día y la noche. Nicodemo buscó al Señor. El Señor buscó a la mujer. Nicodemo acudió al Señor *en la noche*. El Señor acudió a la mujer *a la luz del día*. Al final de estas dos conversaciones, la mujer del pozo había recibido mucho más del Señor de lo que recibió el erudito Nicodemo. De hecho, esta mujer samaritana fue a quien el Señor se reveló a sí mismo como el Mesías. No a Nicodemo, el gran teólogo.

Qué hermoso es ver que cuando ella le dijo a nuestro Señor: "cuando él venga nos declarará todas las cosas", nuestro Señor sonrió y le dijo amorosamente: "Yo soy, el que habla contigo" (Juan 4:25–26). Si mira su Biblia, notará que la palabra Yo está en cursiva. Esto significa que no estaba en el original y fue añadido por los traductores. En otras palabras, nuestro Señor se reveló a ella como el gran YO SOY. Ese es el nombre de Dios. El Dios de la zarza ardiente (véase Éxodo 3:14). ¡Aleluya!

En lo natural, podríamos pensar que nuestro Señor se revelaría a sí mismo como el Mesías al erudito, quien había estudiado las Escrituras desde su juventud. Pero no fue eso lo que sucedió. Me encanta ver cómo nuestro Señor estaba cómodo ministrando una mujer quebrantada que estaba enredada en una vida de pecado, restaurando amorosamente su dignidad y edificándola de nuevo. A Nicodemo, nuestro Señor habló el lenguaje del Antiguo Testamento, pero con la mujer utilizó el lenguaje de las cosas cotidianas; le habló sobre el agua que estaba delante de ella. Con maestría divina, Él utilizó ilustraciones simples, comprensibles y prácticas para decirle con tacto que ella había estado bebiendo de todos los pozos equivocados, que no le daban satisfacción. Escuchemos lo que le dijo:

> *"Si conocieras el don de Dios, y quién es el que te*
> *dice: Dame de beber; tú le pedirías, y él te daría agua*
> *viva… mas el que bebiere del agua que yo le daré, no*
> *tendrá sed jamás; sino que el agua que yo le daré será*
> *en él una fuente de agua que salte para vida eterna".*
>   —Juan 4:10, 14

Nuestro Señor no utilizó lenguaje o conceptos teológicos, y no le dijo que ella tenía que "nacer de nuevo". Como contraste, leamos lo que le dijo a Nicodemo:

> *De cierto, de cierto te digo, que el que no naciere de*
> *nuevo, no puede ver el reino de Dios.*
>   —Juan 3:3

Al final de estas dos conversaciones, el teólogo Nicodemo, que acudió en la noche porque no quería ser visto con el Señor, se fue sin verlo como el Mesías. Tenía ojos pero no podía ver, y lo último registrado de lo que él dijo fue: "¿Cómo puede hacerse esto?". La respuesta del Señor fue: "¿Eres tú maestro de Israel, y no sabes esto? De cierto, de cierto te digo, que lo que sabemos hablamos, y lo que hemos visto, testificamos; y no recibís nuestro testimonio" (Juan 3:9–11). Mire, aunque Nicodemo conocía la Biblia, no conocía al Autor de la Biblia, quien estaba precisamente delante de él.

Amado, solamente porque usted no conozca la Biblia de tapa a tapa, no sea intimidado por teólogos con conocimiento que utilizan palabras teológicas muy rimbombantes para impresionarle o intimidarle. El evangelio de la gracia es tan sencillo que incluso pescadores como Pedro, que no tenían una educación tan elevada como los fariseos, podían entenderlo. Y sin embargo, también podía confundir a los eruditos más intelectuales en Jerusalén entonces. Ahora bien, por favor entienda que de ninguna manera estoy en contra de los teólogos, los eruditos de la Biblia o el estudio profundo de la Palabra de Cristo. De hecho, creo que algún día, ¡nuestra iglesia tendrá una escuela bíblica para quienes están en todo el mundo y desean estudiar la Palabra más profundamente!

No se pierda el bosque por mirar los árboles

Creo que al comparar y contrastar los relatos de Nicodemo y de la mujer samaritana, el Señor quiere demostrar que es totalmente posible que alguien se pierda el bosque por mirar los árboles. Es posible que alguien pase por alto por completo la voluntad del Padre, la obra del Hijo y el testimonio del Espíritu Santo en el evangelio de la gracia.

Los Nicodemos eruditos de la actualidad podrían oír el evangelio de la gracia predicado e irse con la pregunta: "¿Cómo puede ser esto?". Por contraste, veremos lo que le sucedió en la mujer que estaba viviendo en vergüenza, que fue a sacar agua del pozo a la hora más calurosa del día para evitar encontrarse con las miradas condenatorias de otros. Terminó siendo completamente cambiada y transformada por el amor y la gracia del Señor. Después de tener un encuentro con Él, dejó atrás su vasija de agua (¡quién necesita una vasija de agua cuando ha sido lleno de agua viva!) y se convirtió en una evangelista en la ciudad, diciendo: "Venid, ved a un hombre que me ha dicho todo cuanto he hecho" (Juan 4:29). Y la Biblia registra para nosotros como memorial y honor para ella que "muchos de los samaritanos de aquella ciudad creyeron en él por la palabra de la mujer" (Juan 4:39). ¡Qué impacto tuvo en ella el encuentro con Jesús!

Hoy, la revolución de la gracia es dirigida por personas preciosas como la mujer del pozo. Los testimonios registrados en este libro son tan sólo unos pocos ejemplos de cómo personas imperfectas, cuyas vidas podrían haberse parecido a la de la mujer del pozo, se han levantado para convertirse en evangelistas del evangelio de la gracia. Puede que no estén tan calificados como los Nicodemos de este mundo, pero lo que sí tienen es una vida transformada y restaurada después de un encuentro con nuestro Señor Jesucristo. Cuando han gustado por sí mismos su abundante gracia y el don de la justicia, sus vidas nunca vuelven a ser igual, y no pueden evitar proclamar: "Vengan a ver a un hombre", ¡y señalar a la gente hacia el Salvador!

Una vida transformada y restaurada

Edwina es uno de esos casos. Este es su testimonio:

> *Me criaron memorizando los Diez Mandamientos. Sin embargo, mi familia era disfuncional, y me crié con violencia y juego, y me enseñaron a mentir y engañar. Cuando tenía dieciséis años, una amiga de la universidad hizo que yo naciera de nuevo. Sentí mucho gozo y asistía a una iglesia cristiana; pero después de algún tiempo, mi gozo se desvaneció. Aprendí que era salva del infierno pero que aún tenía que agradar a Dios. Me dijeron que debía comportarme bien, vestir de un modo conservador y cumplir los mandamientos de Dios. Sentía que ponían sobre mí una pesada demanda.*
>
> *Cada iglesia a la que asistí me enseñó que debía guardar las leyes de Dios para agradarle. Sentía que Dios estaba a la espera de mi próximo error para condenarme. Como resultado, me volví rebelde. Comencé a practicar sexo prematrimonial, tuve un aborto, y terminé intentando suicidarme en más de una ocasión.*
>
> *Me casé y tuve hijos a una edad joven. Cuando fui más mayor, intenté todo lo que pude para mantener*

*mi vida en orden. Asistía a la iglesia, me mantenía
fiel a mi esposo y trabajaba duro; sin embargo, mi
vida seguía siendo un desastre porque creía que yo
entraba y salía de la comunión con Dios.*

*Mi esposo era un mujeriego, fumaba mucho, ju-
gaba, era drogadicto y alcohólico. Para mantenerlo
alejado de las drogas, lo envíe a trabajar a Singapur.
Finalmente también fui allí para ganar dinero y can-
celar mis deudas. En Singapur, descubrí que él tenía
una inmensa deuda, seguía siendo alcohólico y tenía
varias novias. Sentí que solamente me quería para
ayudarle a pagar su deuda, y que no valía la pena
permanecer fiel. Comencé una relación por el chat
en línea que condujo a una aventura amorosa. Me
sentía de nuevo querida, pero sencillamente no sentía
que estuviera bien.*

*Devastad, clamé a Dios. Entonces recordé que mi
pastor había mencionado la Iglesia New Creation.
Así que asistí a uno de los servicios con mi esposo,
y me pasé llorando todo el sermón. El pastor Prince
compartió que Jesús amaba incondicionalmente a la
mujer que fue agarrada en adulterio, dándole el regalo de la no condenación y capacitándola para que
dejara de pecar. Fue la primera vez que oí sobre un
Dios que no me condena.*

*Seguí regresando a la iglesia, con o sin mi esposo.
También escuchaba los sermones del pastor Prince de
camino de ida y regreso al trabajo. Mi aventura amorosa no sólo llegó a su fin, sino que Jesús también
cambió el agua en vino en mi matrimonio. Amo a mi
esposo incluso más que antes, y mi esposo también
me ama. Ha dejado de fumar, de jugar y de beber.*

Creemos que su cancelación de la deuda también está en camino, ¡en el nombre de Jesús!

Ahora estoy enamorada de Jesús y me siento cómoda en su presencia, haya hecho el bien o no. Y ahora estoy viendo que vivo más correctamente. Soy más honesta y amorosa. No presumo de mí misma, sino presumo de lo que el Señor ha hecho en mí. Gracias, pastor Prince, por ser fiel en predicar la verdad. Y gracias, Señor Jesús, por amarme.

¡Gracias por compartir su testimonio, Edwina! ¡Qué poderoso testimonio de la diferencia que nuestro Señor Jesús puede marcar en cada vida quebrantada que tiene un encuentro con su gracia!

Experimente un amor perfecto e incondicional

Ahora, quiero que observe lo que más sorprendió a Edwina cuando oyó por primera vez el evangelio y tuvo un encuentro con Jesús: "Fue la primera vez que oí sobre un Dios que no me condena". Eso es exactamente lo que la mujer del pozo experimentó. Ella tuvo un encuentro con nuestro Señor, quien sabía cada detalle de los fracasos de su pasado y de su presente, y aun así no la condenó.

De hecho, sus palabras para ella estaban llenas de gracia. Cuando ella intentó ocultar su situación presente (de la que no estaba orgullosa) y dijo: "No tengo marido", el Señor no la reprendió. En cambio, la elogió diciendo: "Bien has dicho: No tengo marido; porque cinco maridos has tenido, y el que ahora tienes no es tu marido; *esto has dicho con verdad*" (Juan 4:17–18, énfasis del autor). ¿Ve el "bocadillo divino"? Él la elogió primero ("Bien has dicho"), mencionó amablemente sus pecados, y después terminó con otro elogio (esto has dicho con verdad"). Así es la abundante misericordia de nuestro Señor.

Ahora bien, ¿por qué el Señor reveló sus pecados a esta mujer inicialmente incrédula? Porque quería que ella supiera que Él sabía todo sobre ella y aun así la amaba. Amado, Él se sabe todo sobre usted: cada fracaso, cada pecado y cada error. Pero le sigue amando con un amor eterno, un amor que es completamente incondicional, un amor que le clavó a la cruz. Solamente nuestro Señor, quien tiene perfecto conocimiento sobre nosotros, puede seguir amándonos perfectamente. No hay nada que tengamos que ocultar de Él. Podemos hablarle a Él abiertamente y confesarle nuestros errores y fracasos, sabiendo que ya los conoce todos y aun así nos sigue amando.

Podemos hablarle a Él abiertamente y confesarle nuestros errores y fracasos, sabiendo que ya los conoce todos y aun así nos sigue amando.

La verdad es que usted *es*, en este momento, la justicia de Dios mediante la sangre preciosa de Jesús. Puede tener una relación verdadera e íntima con el Señor porque cuando confiesa sus pecados, no lo hace *a fin de ser perdonado*; confiesa sus pecados sabiendo que *ya ha sido perdonado*, y que está manteniendo conversaciones con el Señor, justicia nuestra. ¡Hay una inmensa diferencia!

La definición de Dios de básico y maduro

Hay algunas personas que menosprecian lo que Dios está haciendo en el evangelio de la gracia considerándolo "básico". Nunca dirán abiertamente que están en contra del evangelio de la gracia, pero lo ven como demasiado simple, demasiado fácil. Preguntan: "¿Dónde está la parte del hombre?". Creen que la gracia es buena para creyentes nuevos, pero creen que tienen que madurar y pasar a cosas más "importantes" y "avanzadas", como la santidad y el arrepentimiento. Bien, permítame por favor demostrarle lo que es "básico" y lo que es "maduro" a los ojos de Dios. Leamos juntos Gálatas 4:

> *Entre tanto que el heredero es niño, en nada difiere del esclavo, aunque es señor de todo; sino que está bajo tutores y curadores hasta el tiempo señalado por el padre. Así también nosotros, cuando éramos niños, estábamos en esclavitud bajo los rudimentos del mundo. Pero cuando vino el cumplimiento del tiempo, Dios envió a su Hijo, nacido de mujer y nacido bajo la ley, para que redimiese a los que estaban bajo la ley, a fin de que recibiésemos la adopción de hijos. Y por cuanto sois hijos, Dios envió a vuestros corazones el Espíritu de su Hijo, el cual clama: ¡Abba, Padre! Así que ya no eres esclavo, sino hijo; y si hijo, también heredero de Dios por medio de Cristo.*
>
> —Gálatas 4:1–7

En este pasaje, la palabra griega utilizada para "hijo" es *nepios*, que significa "un niño pequeño, un infante".[3] Cuando Israel como nación era un *nepios*, fue puesto bajo la ley. Cuando llegó el cumplimiento del tiempo, Dios envió a su Hijo a redimir a quienes estaban bajo la ley, para que pudieran recibir la "adopción como hijos". La palabra griega utilizada para "hijos" es *huios*, que habla de "hijos que han crecido hacia la madurez".[4] En otras palabras, cuando Israel era un bebé, Dios lo puso bajo la ley; pero cuando vino Cristo, Dios puso a los que creyeron en su Hijo bajo la condición de hijos maduros. Esto nos dice que ante los ojos de Dios, la ley es básica y la gracia es madurez.

Veámoslo de este modo: cuando sus amigos llegan de visita a su casa con sus hijos pequeños, usted pone leyes a esos niños pequeños. Les dice que no jueguen en la cocina, que no toquen los cuchillos de la cocina y que no toquen la estufa. Inevitablemente termina declarando muchas cosas que "no tienen que hacer" porque los niños son jóvenes y no saben. Pero estoy seguro de que no les dice a sus amigos adultos: "no entres en la cocina", "no juegues con cuchillos de la cocina" o "no toques la estufa". Sería ridículo imponer tales leyes a adultos maduros.

De la misma manera, la ley del viejo pacto es para los inmaduros, mientras que la gracia es para aquellos que son hijos e hijas de Dios maduros. La Biblia también nos dice: "Y todo aquel que participa de la leche es inexperto en la palabra de justicia, porque es niño" (Hebreos 5:13). En otras palabras, tal persona es inexperta en la revelación de la revolución de la gracia: el Señor, justicia nuestra.

Una restauración de certidumbre

En uno de los primeros encuentros de Pedro con el Señor, vio cómo el Señor le dio tantos peces que su red comenzó a romperse y su barca comenzó a hundirse. Su respuesta fue caer de rodillas y decir: "Apártate de mí, Señor, porque soy hombre pecador." (Lucas 5:8). Nadie tuvo que enseñarle que era pecador. Ahora bien, en este encuentro con el Señor, ¿de qué aspecto del Señor fue consciente? ¿De su amor o su santidad? Por la frase de Pedro, está claro que era más consciente de la santidad del Señor, en contraste con su propio estado indigno de ser pecador.

Ahora avancemos hasta la última cena de Jesús con sus discípulos en el aposento alto, donde el Señor le dijo a Pedro: "Pedro, te digo que el gallo no cantará hoy antes que tú niegues tres veces que me conoces" (Lucas 22:34). Sabemos cómo se desarrolló todo esto, pero me gusta en particular el relato que hace Lucas de lo que sucedió. Lucas describe cómo nuestro Señor Jesús fue arrestado y llevado dentro de la casa del sumo sacerdote. Fuera en el patio, mientras Pedro seguía negando vehementemente que conocía a Jesús, cantó el gallo. Nuestro Señor entonces se giró y miró directamente a Pedro, y Pedro recordó las palabras de Jesús (véase Lucas 22:55–62).

Debió de haber habido algo en esa mirada.

No fue una mirada de juicio y condenación. Fue una mirada que decía: "Pedro, te sigo amando. No te desesperes. Yo sabía que esto sucedería y he orado por ti, mi querido Pedro". La mirada de amor del Señor fue lo que quebrantó a Pedro e hizo que este rudo pescador se fuera y llorara amargamente.

Después de aquello, unas dos semanas después de que nuestro Señor Jesús hubiera sido crucificado, la Biblia nos dice que Pedro estaba pescando con algunos de los discípulos (véase Juan 21:3). Un hecho poco conocido es que Pedro ya había tenido una audiencia privada con el Señor antes de esta escena (véase Lucas 24:34, 1 Corintios 15:5). Toda la reunión estuvo velada a otros ojos, ya que fue un tiempo personal de restauración para Pedro. Ahora, en Juan 21, vemos al Señor restaurando a Pedro, esta vez al *ministerio*. El Señor resucitado se apareció y estaba de pie en la orilla, pero los discípulos no lo reconocieron. Cuando Pedro se dio cuenta de que era el Señor, inmediatamente se sumergió en el agua y fue nadando hacia Él.

Ahora bien, ¿qué cree que fue lo que hizo que Pedro nadara hacia nuestro Señor Jesús? ¿Fue la santidad del Señor, o su gracia? ¿De qué era más consciente Pedro esta vez? Vamos, si hubiera sido la santidad del Señor, ¡Pedro habría saltado de la barca y habría ido nadando en la dirección contraria para alejarse de Jesús! Su vergüenza por haber negado tres veces al Señor le habría apartado. Pero no fue eso lo que sucedió. Pedro ni siquiera esperó a que la barca llegara a la orilla; se lanzó al mar y nadó hacia el Señor.

En los primeros días de Pedro con el Señor, no entendía quién era el Señor, y fue el *sentimiento de su santidad* de lo que era más consciente. Pero después de que Pedro hubiera caminado con el Señor, conocía al Señor. Conocía su corazón y sabía que el Señor ya le había perdonado. Fue la hermosa gracia y el amor del Señor lo que le dio a Pedro la valentía de acercarse a Él con plena certidumbre de fe. Ahora, esto es *verdadera madurez: una revelación creciente de su gracia y su perdón.*

Esto es verdadera madurez: una revelación creciente de su gracia y su perdón.

Venga confiadamente, incluso cuando haya fallado

Lo que Pedro experimentó es lo que muchas personas están experimentando en todo el mundo en la revolución de la gracia. Están recibiendo una restauración de la seguridad de que pueden acercarse confiadamente a su Señor en el salón del trono de la gracia, ¡incluso cuando han fallado!

El enemigo puede que haya probado la intimidad y la cercanía entre usted y el Señor, pero quiero que sepa que el Señor está restaurando relaciones hoy. La revolución de la gracia es una revolución de restauración, y la revolución de la gracia está aquí. Tal como ha prometido nuestro Padre celestial, Él está poniendo pastores por todo el mundo que predican al Señor, justicia nuestra. Y estas preciosas personas ya no serán temerosas, ya no estarán desalentadas y ya no tendrán carencia.

En este momento oro para que a medida que usted reciba las buenas nuevas del evangelio de la gracia, sea hecho libre de toda atadura que le esté aplastando. En el nombre de nuestro Señor Jesús, le veo sanado desde la coronilla hasta los pies. Le veo liberado de esa adicción secreta que le ha tenido cautivo durante años. Le veo restaurado en todas sus relaciones. ¡Amén!

PALABRAS FINALES

Ha sido un privilegio y un honor para mí hacer con usted este viaje transformador, un viaje en el que hemos profundizado en el entendimiento de lo que se trata la revolución de la gracia. La revolución de la gracia no se trata de un movimiento, enseñanza o doctrina. Se trata de nuestro Señor Jesús. Es Él quien produce transformación desde dentro hacia fuera de incontables vidas para la gloria de su nombre. Es Él quien produce la abundante restauración de Dios, poniendo fin a años desperdiciados, salud perdida, relaciones difíciles y sueños rotos, y quien produce nuevos comienzos. Y ha sido un gozo poner el foco central de luz sobre nuestro hermoso Salvador, la persona de gracia, ¡para ver su amor, sacrificio y obra terminada!

Muchos creyentes viven vidas derrotadas hoy porque no saben lo preciosos que son para Dios, y que mediante la cruz, su Hijo les ha hecho libres para vivir por encima de cualquier derrota y relación con el pecado. Por medio de las poderosas verdades y muchas historias de la vida real inspiradoras compartidas en este libro, espero que haya sido bendecido para ver cómo un encuentro con Jesús y con su gracia ha hecho libres y sigue haciendo libres a personas de las ataduras del pecado. La verdad del asunto es que las personas comienzan a vivir vidas santas y victoriosas de modo inconsciente cuando se vuelven conscientes de nuestro Señor Jesús y todo lo que Él ha logrado en el Calvario.

Mi querido amigo, hemos revelado el evangelio que ha dado nacimiento y ha alimentado la revolución de la gracia. Es mi oración que las poderosas verdades del perdón de Dios y su don de la justicia entren a lo profundo de su corazón, le establezcan en la seguridad de su salvación eterna, y le liberen de todo tipo de derrota. Creo que Dios le restaurará todos los años perdidos que la langosta ha comido a medida que permita que su gracia renueve su mente y cambie su corazón desde dentro hacia fuera.

Es mi oración que todo los que ha leído en este libro le libere para tener la relación más cercana y más amorosa que pudiera pedir nunca con su Padre celestial. Que incluso ahora esté experimentando la dulzura de enamorarse de nuestro Señor Jesús al apoyarse a su amor por usted. Amado, cuanto más crezca hacia tener una revelación de Jesús y de su gracia del tamaño de un toro, más se inundará su vida de la fragancia de su presencia, su paz y su victoria.

Con este fin, le aliento a que se haga con *Destinados para reinar, Favor inmerecido* y *El poder de creer correctamente*, y que permita que las verdades del evangelio que encontrará también en estos libros establezcan su corazón y le den un fundamento fuerte para tener victorias duraderas. También quiero alentarlo a que se plante en una iglesia local, como he enfatizado a lo largo de *La revolución de la gracia*, porque es ahí donde puede seguir creciendo y recibiendo del Señor en cada área de la vida.

Una vez más, gracias por hacer este viaje conmigo y por darme la oportunidad de revelar más de nuestro glorioso Señor Jesús. Espero oír sobre la manifestación de la victoria, libertad y restauración por la cual ha estado confiando usted en el Señor. ¡Creo que ya está experimentando la revolución de la gracia en su vida y está comenzando a vivir por encima de la derrota! Escríbame a praise@josephprince.com y permítame compartir su alegría.

Hasta que volvamos a encontrarnos, sepa que mi amor y mis oraciones están con usted y con su familia.

En su amorosa gracia,
Joseph Prince

NOTAS

CAPÍTULO 1: *Que comience la revolución*

1. NT: 266, Joseph Henry Thayer, *Thayer's Greek Lexicon*, base de datos electrónica. Copyright © 2000, 2003, 2006 por Biblesoft, Inc. Todos los derechos reservados.

CAPÍTULO 2: *Transformación de adentro hacia afuera*

1. Bajado el 27 de abril de 2015, de www.hebrew4christians .com/Holidays/Fall_Holidays/Elul/Teshuvah/teshuvah .html.
2. Bajado el 27 de abril de 2015, de www.hebrew4christians .com/Grammar/Unit _One/Pictograms/pictograms.html.
3. Bajado el 27 de abril de 2015, de www.hebrew4christians .com/Grammar/Unit_One/Numeric_Values/numeric _values.html.
4. AT: 7725, William Edwy Vine, *Vine's Expository Dictionary of Biblical Words.* Copyright © 1985, Thomas Nelson Publishers.
5. NT: 3341, Joseph Henry Thayer, *Thayer's Greek Lexicon*, base de datos electrónica. Copyright © 2000, 2003, 2006 por Biblesoft, Inc. Todos los derechos reservados.

CAPÍTULO 3: *Oiga la palabra de su gracia*

1. Bajado el 27 de enero de 2015, de www.preceptaustin.org /ephesians_115-17.htm.

CAPÍTULO 4: *Reciba la mayor bendición*

1. Bajado el 23 de octubre de 2014, de www.preceptaustin .org/ephesians_17-8.htm.
2. Bajado el 13 de febrero de 2015, de www.preceptaustin.org /new_page_40.htm.

3. NT: 3956, William Edwy Vine, *Vine's Expository Dictionary of Biblical Words.* Copyright © 1985, Thomas Nelson Publishers.

4. NT: 3956, James Strong, *Biblesoft's New Exhaustive Strong's Numbers and Concordance with Expanded Greek-Hebrew Dictionary.* Copyright © 1994, 2003, 2006 Biblesoft, Inc. e International Bible Translators, Inc.

5. Bajado el 23 de octubre de 2014, de www.merriam-webster.com/dictionary/sanctification.

CAPÍTULO 5: *Comience a vivir con confianza*

1. Lizzie Alldridge, *Florence Nightingale, Frances Ridley Havergal, Catherine Marsh, Mrs. Ranyard (L.N.R.),* London; Paris; New York & Melbourne: Cassell & Company, Limited, 1890.

2. Jennie Chappell, *Women Who Have Worked and Won: The Life Story of Mrs. Spurgeon, Mrs. Booth-Tucker, F. R. Havergal, and Ramabai,* London: S.W. Partridge & Co. Ltd., 1904.

3. Bajado el 23 de octubre de 2014, de www.preceptaustin.org/1john_17_commentary.htm.

4. J. Gilchrist Lawson, *Deeper Experiences of Famous Christians: Gleaned from Their Biographies, Autobiographies and Writings,* Chicago: Glad Tidings Publishing Company, 1911.

5. Bajado el 11 de febrero de 2015 de nethymnal.org/htm/l/i/likriver.htm.

6. Bajado el 11 de febrero de 2015 de www.cyberhymnal.org/htm/t/f/tfountfb.htm.

7. NT: 2920, Joseph Henry Thayer, *Thayer's Greek Lexicon,* base de datos electrónica. Copyright © 2000, 2003, 2006 by Biblesoft, Inc. Todos los derechos reservados.

8. Joseph Prince, *Unmerited Favor*, Florida: Charisma House, 2011.

9. NT: 3670, Joseph Henry Thayer, *Thayer's Greek Lexicon*, base de datos electrónica. Copyright © 2000, 2003, 2006 por Biblesoft, Inc. Todos los derechos reservados.

10. NT: 264, William Edwy Vine, *Vine's Expository Dictionary of Biblical Words*. Copyright © 1985, Thomas Nelson Publishers.

CAPÍTULO 6: *¿Por qué predicar la gracia?*

1. NT: 2098, Joseph Henry Thayer, *Thayer's Greek Lexicon*, base de datos electrónica. Copyright © 2000, 2003, 2006 por Biblesoft, Inc. Todos los derechos reservados.

2. NT: 2097, Joseph Henry Thayer, *Thayer's Greek Lexicon*, base de datos electrónica. Copyright © 2000, 2003, 2006 por Biblesoft, Inc. Todos los derechos reservados.

3. NT: 1096, Joseph Henry Thayer, *Thayer's Greek Lexicon*, base de datos electrónica. Copyright © 2000, 2003, 2006 por Biblesoft, Inc. Todos los derechos reservados.

4. NT: 4991, Joseph Henry Thayer, *Thayer's Greek Lexicon*, base de datos electrónica. Copyright © 2000, 2003, 2006 por Biblesoft, Inc. Todos los derechos reservados.

CAPÍTULO 7: *¿Puede ponerse de pie el verdadero evangelio, por favor?*

1. Bajado el 27 de octubre de 2014, de www.bibletools.org /index.cfm/fuseaction/topical.show/rtd/cgg/id/2074 /epagonizomai-.htm.

CAPÍTULO 10: *Gloriosa gracia*

1. NT: 38, James Strong, *Biblesoft's New Exhaustive Strong's Numbers and Concordance with Expanded Greek-Hebrew*

Dictionary. Copyright © 1994, 2003, 2006 Biblesoft, Inc. e International Bible Translators, Inc.

CAPÍTULO 11: *Crezca en gracia al oírlo a Él*

1. "Whoever Takes the Son Gets It All", Bible Probe, bajado el 29 de diciembre de 2014, de prorege-forum.com /messages/781.html.
2. OT: 7965, Joseph Henry Thayer, Francis Brown, Samuel Rolles Driver, y Charles Augustus Briggs, *The Online Bible Thayer's Greek Lexicon and Brown Driver & Briggs Hebrew Lexicon.* Copyright © 1993, Woodside Bible Fellowship, Ontario, Canada. Licencia del Institute for Creation Research.
3. NT: 1453, James Strong, *Biblesoft's New Exhaustive Strong's Numbers and Concordance with Expanded Greek-Hebrew Dictionary.* Copyright © 1994, 2003, 2006 Biblesoft, Inc. e International Bible Translators, Inc.
4. NT: 4074, Joseph Henry Thayer, *Thayer's Greek Lexicon*, base de datos electrónica. Copyright © 2000, 2003, 2006 by Biblesoft, Inc. Todos los derechos reservados.
5. OT: 3290, Joseph Henry Thayer, Francis Brown, Samuel Rolles Driver, y Charles Augustus Briggs, *The Online Bible Thayer's Greek Lexicon and Brown Driver & Briggs Hebrew Lexicon.* Copyright © 1993, Woodside Bible Fellowship, Ontario, Canada. Licencia del Institute for Creation Research.
6. Bajado el 14 de abril de 2015, de www.abarim-publications .com/Meaning/John .html.

CAPÍTULO 12: *Una revolución de relación*

1. OT: 6726, Joseph Henry Thayer, Francis Brown, Samuel Rolles Driver, y Charles Augustus Briggs, *The Online Bible Thayer's Greek Lexicon and Brown Driver & Briggs*

Hebrew Lexicon. Copyright © 1993, Woodside Bible Fellowship, Ontario, Canada. Licencia del Institute for Creation Research.

2. OT: 1657, Joseph Henry Thayer, Francis Brown, Samuel Rolles Driver, y Charles Augustus Briggs, *The Online Bible Thayer's Greek Lexicon and Brown Driver & Briggs Hebrew Lexicon.* Copyright © 1993, Woodside Bible Fellowship, Ontario, Canada. Licencia del Institute for Creation Research.

CAPÍTULO 14: *Posea plenamente la obra terminada*

1. NT: 3364, James Strong, *Biblesoft's New Exhaustive Strong's Numbers and Concordance with Expanded Greek-Hebrew Dictionary.* Copyright © 1994, 2003, 2006 Biblesoft, Inc. e International Bible Translators, Inc.

2. Bajado el 29 de abril de 2015, de http://goldengatebridge .org/research/ConstructionPrimeContr.php.

3. Bajado el 4 de febrero de 2015, de http://science.kqed.org/ quest/audio/life-on-the-gate-working-on-the-golden-gate -bridge-1933-37/.

4. Bajado el 4 de febrero de 2015, de www.pbs.org/wgbh /americanexperience/features/general-article/goldengate -safety/.

5. NT: 5487, James Strong, *Biblesoft's New Exhaustive Strong's Numbers and Concordance with Expanded Greek-Hebrew Dictionary.* Copyright © 1994, 2003, 2006 Biblesoft, Inc. e International Bible Translators, Inc.

6. NT: 5487, Joseph Henry Thayer, *Thayer's Greek Lexicon*, base de datos electrónica. Copyright © 2000, 2003, 2006 by Biblesoft, Inc. Todos los derechos reservados.

7. NT: 2101, Joseph Henry Thayer, *Thayer's Greek Lexicon*, base de datos electrónica. Copyright © 2000, 2003, 2006 by Biblesoft, Inc. Todos los derechos reservados.

CAPÍTULO 15: *Ame la vida y vea días buenos*

1. NT: 2127, James Strong, *Biblesoft's New Exhaustive Strong's Numbers and Concordance with Expanded Greek-Hebrew Dictionary*. Copyright © 1994, 2003, 2006 Biblesoft, Inc. e International Bible Translators, Inc.

2. NT: 5056, Joseph Henry Thayer, *Thayer's Greek Lexicon*, PCstudyBible–formatted base de datos electrónica. Copyright © 2006 by Biblesoft, Inc. Todos los derechos reservados.

3. Bajado el 5 de mayo de 2015, de http://dictionary.reference .com/browse/l'chaim.

CAPÍTULO 16: *El poder de la identidad*

1. Zig Ziglar, *See You At The Top*. Gretna, Louisiana: Pelican Publishing Company, 1986.

CAPÍTULO 17: *Libere el poder para reinar*

1. Bajado el 17 de febrero de 2015, de www.loc.gov/exhibits /americancolony/amcolony-family.html and www .spaffordcenter.org/history.

CAPÍTULO 18: *Reciba la restauración abundante de Dios*

1. NT: 1184, Joseph Henry Thayer, *Thayer's Greek Lexicon*, PC study Bible–formatted base de datos electrónica. Copyright © 2006 by Biblesoft, Inc. Todos los derechos reservados.

CAPÍTULO 19: *Viva con plena certidumbre de fe*

1. NT: 1184, Joseph Henry Thayer, *Thayer's Greek Lexicon*, PC study Bible–formatted base de datos electrónica. Copyright © 2006 by Biblesoft, Inc. Todos los derechos reservados.

CAPÍTULO 20: *La revolución de la gracia está aquí*

1. NT: 32, James Strong, *Biblesoft's New Exhaustive Strong's Numbers and Concordance with Expanded Greek-Hebrew Dictionary.* Copyright © 1994, 2003, 2006 Biblesoft, Inc. e International Bible Translators, Inc.

2. OT: 3072, James Strong, *Biblesoft's New Exhaustive Strong's Numbers and Concordance with Expanded Greek-Hebrew Dictionary.* Copyright © 1994, 2003, 2006 Biblesoft, Inc. e International Bible Translators, Inc.

3. NT: 3516, Joseph Henry Thayer, *Thayer's Greek Lexicon*, base de datos electrónica. Copyright © 2000, 2003, 2006 by Biblesoft, Inc. Todos los derechos reservados.

4. Gálatas 4:1-7, Matthew Henry, *Matthew Henry's Commentary on the Whole Bible*, PC study Bible-formatted base de datos electrónica. Copyright © 2006 by Biblesoft, Inc. Todos los derechos reservados.

AGRADECIMIENTO ESPECIAL

Gratitud y agradecimiento especiales a todos los que nos han enviado sus testimonios y declaraciones de alabanza. Por favor noten que todos los testimonios son recibidos en buena fe y editados solamente por razones de brevedad y fluidez. Los nombres se han cambiado para proteger la intimidad de los escritores.

ORACIÓN DE SALVACIÓN

Si quisiera recibir todo lo que Jesús ha hecho por usted y hacerle su Señor y Salvador, por favor haga esta oración:

> *Señor Jesús, gracias por amarme y morir por mí en la cruz. Tu preciosa sangre me limpia de todo pecado. Tú eres mi Señor y mi Salvador, ahora y para siempre. Creo que resucitaste de la muerte y que estás vivo hoy. Debido a tu obra terminada, ahora soy un amado hijo de Dios y el cielo es mi hogar. Gracias por darme vida eterna y llenar mi corazón con tu paz y gozo. Amén.*

NOS GUSTARÍA SABER DE USTED

Si ha hecho la oración de salvación o si tiene un testimonio que compartir después de leer este libro, por favor envíelo vía www.josephprince.com/testimony.